Muhammad Yunus

Ein anderer Kapitalismus ist machbar

Wie Social Business Armut beseitigt, Arbeitslosigkeit abschafft und Nachhaltigkeit fördert

Unter Mitarbeit von Karl Weber

Aus dem Englischen übersetzt von Monika Ottermann

Den jungen Menschen,
die eine neue Gesellschaft schaffen werden

INHALT

**ERSTER TEIL:
DIE HERAUSFORDERUNG**

1 Das Versagen des Kapitalismus **8**

2 Eine andere Zivilisation ist möglich:
Social Business als wirtschaftliches
Gegenmodell **23**

**ZWEITER TEIL:
EIN ANDERER KAPITALISMUS**

3 Armut beseitigen:
Die ungleiche Einkommensverteilung beenden **42**

4 Arbeitslosigkeit abschaffen:
Wir suchen keine Jobs, wir schaffen sie **75**

5 Nachhaltigkeit fördern:
Eine umweltverträgliche Wirtschaft schaffen **106**

6 Der Fahrplan in eine bessere Zukunft **130**

**DRITTER TEIL:
DIE MEGAKRÄFTE ZUR
VERÄNDERUNG DER WELT**

7 Jugend:
Den jungen Menschen der Welt
Energie und Macht verleihen **156**

8 Technologie:
Die Macht der Technologie entfesseln,
um alle Menschen zu befreien **184**

9 Gute Regierungen und Menschenrechte:
Fundamente einer Gesellschaft,
die für alle funktioniert **212**

VIERTER TEIL:
SPRUNGBRETTER IN DIE ZUKUNFT

10 Die rechtliche und finanzielle
Infrastruktur, die wir brauchen **242**

11 Die Welt von morgen neu gestalten **273**

Anmerkungen **282**
Sachregister **287**
Zum Autor **301**

ERSTER TEIL

DIE HERAUSFORDERUNG

1 DAS VERSAGEN DES KAPITALISMUS

Den größten Teil meines Lebens habe ich mich für die Ärmsten eingesetzt, besonders für die Ärmsten unter den Frauen. Ich habe versucht, die Hindernisse zu beseitigen, auf die sie stoßen, wenn sie ihre Lebensbedingungen verbessern wollen. In meiner Heimat Bangladesch gründete ich darum 1976 die *Grameen-Bank*, die vor allem armen Frauen in den Dörfern mit Hilfe der sogenannten »Mikrokredite« Kapital zur Verfügung stellt. Seitdem haben Mikrokredite die unternehmerischen Fähigkeiten von mehr als 300 Millionen armer Menschen in aller Welt freigesetzt und ihnen geholfen, die Ketten der Armut und der Ausbeutung zu sprengen.

Diese Mikrokredite haben auch dazu beigetragen, die Defizite des traditionellen Bankensystems aufzuzeigen, das seine Dienste gerade denen verweigert, die sie am meisten brauchen – den Ärmsten der Welt.

Das Fehlen von Kapital ist aber nur eins von vielen miteinander verknüpften Problemen armer Menschen. Dazu kommen das Fehlen institutioneller Dienstleistungen, der fehlende Zugang zu sauberem Trinkwasser, zu Sanitäreinrichtungen, zur Gesundheits- und Stromversorgung sowie unzureichende Bildung, schlechte Wohnverhältnisse, Vernachlässigung im Alter und vieles mehr. Und diese Probleme gibt es nicht nur in Entwicklungsländern. Auf meinen Reisen durch die ganze Welt habe ich festgestellt, dass Menschen mit niedrigem Einkommen selbst in den reichsten Ländern der Erde vielfach unter denselben Problemen zu leiden haben. Eine Tatsache, die Angus Deaton, Träger des Nobelpreises für Wirtschaftswissenschaften, zu folgendem Satz veranlasste: »Wenn du wählen müsstest zwischen dem Leben in einem armen Dorf in Indien oder im Mississippidelta oder einer Wohnwagensiedlung in einem Vorort von Milwaukee, dann weiß ich nicht, wer das bessere Leben hätte.«[1]

Die zunehmende Konzentration des Reichtums

Die Sorgen armer Menschen in der ganzen Welt spiegeln ein weitaus größeres wirtschaftliches und soziales Problem wider: das Problem der wachsenden Ungleichheit, verursacht durch die fortschreitende Konzentration des Reichtums.

In der politischen Debatte ist diese Ungleichheit seit Langem ein heißes Thema. In den letzten Jahren wurden viele machtvolle politische und soziale Bewegungen und zahlreiche ehrgeizige Initiativen gestartet mit dem Ziel, dieses Problem in den Griff zu bekommen. Aber obwohl schon viel Blut deswegen vergossen worden ist, so sind wir heute genauso weit von einer Lösung entfernt wie zu allen Zeiten. Ja, viele Daten zeigen im Gegenteil, dass sich in den letzten Jahrzehnten die Schere zwischen Arm und Reich immer weiter geöffnet hat. Im selben Maße, wie die Wirtschaft wächst, wächst auch die Konzentration des Reichtums. Dieser Trend hat sich trotz aller nationalen und internationalen Entwicklungsprogramme und Maßnahmen zur besseren Einkommensverteilung fortgesetzt und sogar beschleunigt. Mikrokredite und andere Programme haben zwar vielen Menschen geholfen, sich aus der Armut zu befreien, gleichzeitig aber beanspruchen die Wohlhabendsten einen immer größer werdender Anteil am Reichtum der Welt.

Dieser Trend der ständig zunehmenden Konzentration des Reichtums ist gefährlich. Er bedroht den menschlichen Fortschritt, den gesellschaftlichen Zusammenhalt, die Menschenrechte und die Demokratie. Eine Welt, in der sich der Reichtum in den Händen einiger weniger konzentriert, ist auch eine Welt, in der die politische Macht von einigen wenigen kontrolliert und zum eigenen Vorteil eingesetzt wird.

Und was für die Reichtumskonzentration innerhalb der Länder gilt, gilt ebenso für das Verhältnis zwischen den Staaten: Der Reichtum der Welt konzentriert sich in einem halben Dutzend Ländern.

In dem Maße, wie die ungleiche Verteilung von Reichtum und Macht sich vergrößert, vertiefen sich aber auch Misstrauen, Verbitterung und Wut, sodass die Gefahr von sozialen Unruhen und bewaffneten Konflikten zwischen den Ländern wächst.

Oxfam, ein internationaler Verband von achtzehn Non-Profit-Organisationen, die sich für die Linderung der globalen Armut einsetzen, hat das Problem der wachsenden Reichtumskonzentration analysiert, und die von den Oxfam-Experten veröffentlichten Daten sind wahrhaft erschreckend.

Im Jahr 2010 berichtete die Organisation, dass die 388 reichsten Menschen der Welt mehr besaßen als die gesamte ärmere Hälfte der Weltbevölkerung, die geschätzte 3,3 Milliarden Menschen umfasst. Schon damals wurden diese Daten mit Bestürzung wahrgenommen. Und zwischenzeitlich hat sich das Problem weiter zugespitzt. Im Januar 2017 gab Oxfam bekannt, dass die ultraprivilegierte Gruppe jener, deren Reichtum größer ist als der Gesamtbesitz der ärmeren Hälfte der Weltbevölkerung, inzwischen auf nur acht Menschen geschrumpft ist, während gleichzeitig die Zahl der Menschen, die der ärmeren Hälfte angehören, auf 3,6 Milliarden gestiegen ist.[2] Die Gesichter dieser acht Menschen sind bekannt: US-amerikanische Wirtschaftsgrößen wie Bill Gates, Warren Buffett und Jeff Bezos, aber auch Männer aus einigen anderen Ländern, zum Beispiel Amancio Ortega aus Spanien und Carlos Slim Helú aus Mexiko.

Was geschieht mit dem sozialen Gefüge eines Landes, in dem eine Handvoll Menschen den Großteil des nationalen Reichtums kontrolliert? Wenn eine einzige Person einen gewaltigen Teil des Reichtums eines Landes allein in der Hand hält, was könnte diese Person daran hindern, diesem Land ihren Willen aufzuzwingen? Die Wünsche dieses Menschen werden implizit oder explizit zum Gesetz dieses Landes werden. Und das nicht nur in einem Land wie Bangladesch!

Im Präsidentschaftswahlkampf 2016 in den USA betonte Senator Bernie Sanders, dass die reichsten 0,1 Prozent der US-Amerikaner genauso viel besitzen wie die untersten 90 Prozent – Daten, die vom unabhängigen *National Bureau of Economic Research* untermauert wurden.[3] Er wies auch darauf hin, dass die Familie Walton, der die Supermarktkette Walmart gehört, mehr besitzt als die ärmsten 40 Prozent der US-Bevölkerung, was ebenfalls von unabhängigen Faktencheckern bestätigt wurde.[4]

Für ein Land ist es gefährlich, die Konzentration von so viel Reichtum und Macht in einigen wenigen Händen zuzulassen. Vielleicht ist es nicht überraschend, dass der Präsidentschaftswahlkampf in den USA mit der Wahl eines Mannes endete, der als Qualifikation praktisch nichts anderes vorzuweisen hatte als seinen großen persönlichen Reichtum.

Wie der Kapitalismus Ungleichheit hervorbringt

Viele spezifische Faktoren in den Strukturen der Finanzwelt und Politik der Gegenwart haben zum Problem der Reichtumskonzentration beigetragen. Doch der entscheidende Faktor ist: Dem gegenwärtigen Wirtschaftssystem wohnt ein grundsätzlicher Trend zur Konzentration des Reichtums inne. Gegen einen weitverbreiteten Glauben müssen wir feststellen, dass die reichsten Menschen nicht notwendigerweise böswillige Manipulatoren sind, die das System mit Hilfe von Schmiergeldern oder Korruption zu ihren Gunsten beeinflusst haben. Vielmehr arbeitet das derzeitige kapitalistische System ganz von selbst zu ihrem Vorteil. Reichtum funktioniert wie ein Magnet. Der größte Magnet zieht die kleineren auf natürliche Weise an. Genau so funktioniert auch das heutige Wirtschaftssystem. Und die meisten Menschen unterstützen dieses System stillschweigend: Man beneidet die ganz Reichen, aber für gewöhnlich greift man sie nicht an. Im Gegenteil: Man ermutigt seine Kinder, reich zu werden, wenn sie einmal groß sind.

Im Gegensatz dazu ist es für arme Menschen – für Menschen ohne Magnet – schwer, auf irgendetwas eine Anziehungskraft auszuüben. Wenn sie es irgendwie schaffen, einen kleinen Magneten zu ergattern, müssen sie darum kämpfen, ihn auch zu behalten. Die größeren Magnete üben eine fast unwiderstehliche Anziehungskraft aus. Die Konzentrationskräfte verändern unaufhörlich die Form der Reichtumskurve. Und diese Konzentrationskräfte wirken ausschließlich in eine Richtung. Auf der einen Seite reichen die Säulen der Reichtumsskala bis in den Himmel, während sie sich beim Rest der Bevölkerung kaum über das Niveau des Bodens erheben.

Eine solche Struktur ist nicht nachhaltig. Im Gegenteil, sowohl sozial als auch politisch ist sie eine tickende Zeitbombe, die alles zerstören kann, was wir in den letzten Jahren geschaffen haben. Und dennoch ist das die erschreckende Realität, die sich um uns herum etabliert hat, während wir mit unserem alltäglichen Leben beschäftigt waren und die Zeichen der Zeit nicht wahrgenommen haben.

Das ist nicht das, was die Verfechter klassischer Kapitalismustheorien uns zu erwarten lehrten. Seit der Entstehung des modernen Kapitalismus vor ungefähr 250 Jahren ist das Konzept des freien Marktes als natürliches Regulativ der Verteilung von Reichtum weithin akzeptiert. Man hat uns beigebracht, dass eine »unsichtbare Hand« den Wettbewerb garantiert, der zum Gleichgewicht der Kräfte auf den Märkten beiträgt und den gesellschaftlichen Nutzen erzeugt, an dem automatisch alle teilhaben. Von freien Märkten, die der Vermehrung der Gewinne dienen, erwartet man, dass sie einen besseren Lebensstandard für alle produzieren.

Zwar hat der Kapitalismus Innovationen und Wirtschaftswachstum gefördert. Aber in einer Welt von himmelschreiender Ungleichheit fragen immer mehr Menschen: »Produziert diese unsichtbare Hand tatsächlich Nutzen für alle in der Gesellschaft?« Die Antwort scheint klar. Irgendwie muss diese unsichtbare Hand eine starke Voreingenommenheit zugunsten der Reichsten haben – wie sonst könnte die heute schon enorme Reichtumskonzentration immer weiter zunehmen?

Viele von uns glaubten dem Satz: »Das Wirtschaftswachstum ist eine steigende Flut, die alle Boote emporhebt.« Doch dieser Spruch übersieht die verzweifelte Lage jener Millionen, die sich an lecke Flöße klammern oder gar keine Boote haben.

In seinem Bestseller *Das Kapital im 21. Jahrhundert* bietet der Wirtschaftswissenschaftler Thomas Piketty eine umfassende Analyse der aktuellen Tendenz des derzeitigen Kapitalismus, die wirtschaftliche Ungleichheit zu vergrößern. Seine Diagnosen regten Debatten in aller Welt an. Piketty hat grundsätzlich Recht, was die Analyse des Problems angeht. Aber die von ihm vorgeschlagene Lösung, nämlich das Ungleichgewicht der Einkommen durch progressive Besteuerung auszugleichen, ist nicht auf der Höhe des Problems.

Wir müssen viel grundsätzlicher neu über Wirtschaft nachdenken. Und wir müssen endlich wahrnehmen, dass die neoklassische Sicht des Kapitalismus keine Lösung für die wirtschaftlichen Probleme bietet, mit denen wir heute konfrontiert sind. Der Kapitalismus hat beeindruckende technologische Fortschritte und gewaltigen Reichtum hervorgebracht. Doch dies ging einher mit massiver Ungleichheit und furchtbaren Menschheitsproblemen, die durch die Ungleichheit hervorgerufen werden. Wir müssen unseren unhinterfragten Glauben daran aufgeben, dass an persönlichen Gewinnen orientierte Märkte alle Probleme lösen. Stattdessen müssen wir einsehen, dass die Probleme der Ungleichheit nicht mit Hilfe der Ökonomie, wie sie gegenwärtig strukturiert ist, gelöst werden. Im Gegenteil, die Probleme werden, wenn alles bleibt, wie es ist, sehr schnell immer akuter werden.

Und dabei handelt es sich nicht um Probleme, die allein die »Verlierer« im Spiel des kapitalistischen Wettbewerbs betreffen, auch wenn diese Verlierer des kapitalistischen Wettbewerbs die überwältigende Mehrheit der Weltbevölkerung darstellen. Nein, diese Probleme wirken sich aus auf die nationale und global soziale und politische Situation, den wirtschaftlichen Fortschritt und die Lebensqualität von uns allen. Sie betreffen auch diejenigen, die der reichen Minderheit angehören.

Die zunehmende Ungleichheit hat zu sozialen Unruhen, politischer Polarisierung und wachsenden Spannungen zwischen Bevölkerungsgruppen geführt. Sie ist der Hintergrund von so unterschiedlichen Phänomenen wie der *Occupy Bewegung*, der *Tea Party Bewegung* und dem Arabischen Frühling, dem Brexit-Entscheid Großbritanniens, der Wahl von Donald Trump und dem Anwachsen von rechtsgerichtetem Nationalismus, Rassismus und Gruppen von Wutbürgern in Europa und den USA. Menschen, die sich abgehängt fühlen und glauben, keine Zukunftsperspektive zu haben, werden zunehmend enttäuschter und wütender. In unserer Welt herrscht eine scharfe Trennung zwischen den Wohlhabenden und den Habenichtsen– zwei Gruppen, die außer dem Gefühl gegenseitigen Misstrauens, der Angst und Feindschaft wenig miteinander gemein haben. Dieses Misstrauen verstärkt sich in dem Maße, wie Informations- und Kommunikationstechnologien sich auch innerhalb der ärmsten Bevölkerungsschichten ausbreiten, sodass ihnen immer mehr bewusst wird, wie ungleich die Karten gemischt sind.

Diese Situation ist für niemanden angenehm, auch nicht für jene, die in den gesellschaftlichen Hierarchien ganz oben stehen. Können die Reichen und Mächtigen wirklich ihr Leben innerhalb von abgeriegelten Wohnbereichen genießen, wo sie sich vor der Lebenswirklichkeit der restlichen 99 Prozent verstecken? Macht es Spaß wegzusehen, wenn man auf der Straße den Armen und Obdachlosen begegnet? Ist es ihnen eine Freude, staatliche Instrumente wie Polizeikräfte und andere Zwangsmaßnahmen zu benutzen, um die unvermeidlichen Proteste derer zu unterdrücken, die in der Hierarchie ganz unten stehen? Möchten sie ihren Kindern und Enkeln wirklich eine solche Welt hinterlassen?

Ich glaube, dass die meisten Reichen diese Fragen mit »Nein!« beantworten.

Ich glaube nicht, dass reiche Menschen reich geworden sind, weil sie schlechte Menschen sind. Viele von ihnen sind gute Menschen, die einfach das bestehende Wirtschaftssystem genutzt haben, um auf der sozialen Leiter aufzusteigen. Und vielen von ihnen ist es unangenehm, in einer Welt mit einer scharfen Trennung zwischen Armen und Reichen zu leben.

Ein Indiz dafür sind die großen Geldsummen, die Menschen an Non-Profit-Organisationen oder durch Stiftungen für wohltätige Zwecke spenden. Jedes Jahr gehen Hunderte Milliarden Dollar an Wohlfahrtsverbände. Auch die meisten Konzerne zweigen als Ausdruck ihrer »sozialen Verantwortung« einen gewissen Prozentsatz ihrer Gewinne für Projekte im Dienste der Allgemeinheit und wohltätiger Organisationen ab, selbst wenn Gewinnmaximierung die unternehmerische Zielsetzung ist.

Darüber hinaus investiert praktisch jede Gesellschaft einen signifikanten Teil ihrer Steuereinnahmen für Soziales, also für Gesundheitsversorgung, für Lebensmittel- und Wohnungsbeihilfen und andere Formen von Unterstützung der Ärmsten. Diese Bemühungen sind zwar oft unzureichend und schlecht konzipiert. Aber allein die Tatsache, dass es sie gibt, zeigt, dass die meisten Mitglieder einer Gesellschaft sich verpflichtet fühlen, zur Reduzierung der extremen Ungleichheit beizutragen, in der so viele Millionen Menschen nicht die notwendigen Mittel für ein sicheres und erfülltes Leben haben.

Wohltätigkeit und Sozialprogramme sind gut gemeinte Bemühungen, um die vom kapitalistischen System verursachten Verwerfungen einzudämmen. Aber um das Problem wirklich zu lösen, muss das System als solches grundlegend verändert werden.

Der Kapitalistische Mensch und das Wesen des Menschen

Das systembedingte Problem hat seinen Ausgangspunkt in unseren Grundannahmen über die menschliche Natur. Eine der konzeptionellen Rahmenbedingungen der gegenwärtigen Wirtschaft ist die Grundannahme, dass Menschen einander gleichgültig sind. Die neoklassische Wirtschaftstheorie meint, dass der Mensch grundsätzlich nur seinen persönlichen Gewinn sucht. Diese Theorie geht davon aus, dass die Maximierung des persönlichen Gewinns das Ziel des wirtschaftlichen Handelns ist. Diese Annahme zieht ein Verhalten anderen Menschen gegenüber nach sich, das man mit weit härteren Worten als »*Gleichgültigkeit*« bezeichnen muss. *Habgier, Ausbeutung und Egoismus* sind die richtigen Worte für solche Verhaltensweisen. Aber vielen Wirtschaftstheoretikern zufolge ist Egoismus gar kein Problem, im Gegenteil: Er ist de facto die höchste Tugend des Kapitalistischen Menschen.

Ich für meinen Teil würde nicht in einer Welt leben wollen, in der der Egoismus die höchste Tugend ist. Aber das Problem dieser Wirtschaftstheorie ist grundsätzlicher: Sie entspricht nicht der Realität. Denn zum Glück verhält sich im wirklichen Leben fast niemand so absolut egoistisch, wie es der Kapitalistische Mensch angeblich tut.

Statt vom Kapitalistischen Menschen sollten wir lieber vom Wesen des Menschen sprechen:

Das Wesen des Menschen setzt sich aus einer Vielzahl von Eigenschaften zusammen. Menschen leben in Beziehungen zu anderen Menschen. Dabei verhalten sich Menschen zwar manchmal egoistisch, aber genauso oft sind sie auch fürsorglich und selbstlos. Sie arbeiten nicht nur, um Geld zu verdienen, sondern auch, um andere zu unterstützen, um die Gesellschaft weiterzuentwickeln, die Umwelt zu schützen, und sie wollen die Welt mit Freude, Schönheit und Liebe bereichern.

Selbstlosigkeit zeigt sich an vielen Punkten. Ohne Selbstlosigkeit würde niemand einen schwierigen Job auf sich nehmen, um die Welt zu verbessern. Millionen Menschen arbeiten als Lehrer, Sozialarbeiter, Krankenschwestern und Feuerwehrleute für andere Menschen. Das ist ein klarer Beweis dafür, dass Egoismus nicht die Welt regiert. Dasselbe beweist die Tatsache, dass Millionen Menschen als gesellschaftliche Aktivisten, Non-Profit-Arbeiter, Freiwillige, Ratgeber und Betreuer sich für ihre Mitmenschen einsetzen.

Sogar in der Welt der Unternehmen, wo man annehmen könnte, dass der Kapitalistische Mensch völlig die Oberhand hat, spielen Selbstlosigkeit und Vertrauen eine bedeutende Rolle. Ein gutes Beispiel dafür ist die Grameen-Bank in Bangladesch. Die ganze Bank basiert auf Vertrauen. Es werden weder Sicherheiten noch offizielle Dokumente verlangt, und es ist kein Nachweis von »Kreditwürdigkeit« erforderlich. Die meisten der Kreditnehmer können weder lesen noch schreiben und haben kein Eigentum; viele haben sogar noch nie zuvor mit Geld zu tun gehabt. Es sind Frauen, die bisher vom Finanzsystem ausgeschlossen waren. Die Idee, ihnen Geld zu leihen, damit sie ihr eigenes Unternehmen starten können, war von konventionellen Bankern und Wirtschaftswissenschaftlern als verrückt bezeichnet worden.

Ja, man hatte sogar das gesamte System der Grameen-Bank für unmöglich gehalten.

Aber heute leiht die Grameen-Bank jährlich mehr als 2,5 Milliarden US-Dollar an neun Millionen arme Frauen, einzig und allein auf Vertrauensbasis. Die Rückzahlungsquote lag 2016 bei 98,96 Prozent. Und Mikrokreditbanken, die nach denselben Prinzipien arbeiten, funktionieren auch in vielen anderen Ländern erfolgreich. In den USA hat Grameen America neunzehn Filialen in zwölf US-Städten. 86.000 Kreditnehmerinnen haben Startup-Kredite in Höhe von durchschnittlich 1.000 US-Dollar erhalten. Im Jahr 2017 lagen die von Grameen America gewährten Kredite schon bei mehr als 600 Millionen US-Dollar. Und die Rückzahlungsquote liegt bei über 99 Prozent.

Würden die Menschen wirklich den Grundannahmen über den Kapitalistischen Menschen entsprechen und einzig und allein von Egoismus getrieben sein, würden die Kreditnehmer dieser auf Vertrauen basierenden Banken ihre Kredite einfach nicht zurückzahlen und das Geld für sich behalten. Das wäre dann bald der Bankrott der Grameen-Bank. Ihr Langzeiterfolg beweist aber, dass das Wesen des Menschen ein ganz anderes und viel besseres ist.

Dennoch denken und handeln viele Wirtschaftswissenschaftler, Wirtschaftsführer und Regierungen auch weiterhin so, als ob der Egoismus die einzige Motivation für menschliches Verhalten wäre. Das hat zur Folge, dass sie wirtschaftliche, soziale und politische Systeme aufrechterhalten, die den Egoismus bestärken und es den Menschen erschweren, sich selbstlos und vertrauensvoll zu verhalten, wie Millionen es aus sich heraus instinktiv am liebsten tun würden.

Sehen wir uns einmal an, wie wir Wirtschaftswachstum üblicherweise messen. Das Berechnungssystem dafür ist das sogenannte Bruttoinlandsprodukt (BIP). Das Bruttoinlandsprodukt (BIP) misst den Geldwert aller Waren und

Dienstleistungen, die in einer bestimmten Zeit innerhalb der Grenzen eines Landes produziert bzw. erbracht werden. Das BIP wird als Maßstab für den wirtschaftlichen Erfolg eines Landes angesehen und mangelndes Wachstum des BIP hat schon Regierungen zu Fall gebracht.

Die menschliche Gesellschaft ist aber ein großes Ganzes. Sie besteht aus viel mehr als nur aus wirtschaftlichen Aktivitäten, die sich in Zahlen messen lassen. Ihr Erfolg oder Versagen sollte umfassender bewertet werden als ausschließlich auf der Basis stark selektiver ökonomischer Daten.

Das Bruttoinlandsprodukt kann nicht alles abbilden und tut es auch nicht. Aktivitäten, bei denen kein Geld fließt, werden nicht als Teil des BIP gerechnet. Das bedeutet in der Praxis: Vieles von dem, was Menschen zutiefst wertschätzen und was das Wesen des Menschen ausmacht, wird behandelt, als ob es keinen Wert hätte, einfach deshalb, weil kein Geld dabei im Spiel ist. Stattdessen werden die Geldsummen, die für Kriegsgerät und andere Aktivitäten ausgegeben werden, die die Gesundheit der Menschen schädigen oder die Umwelt ausbeuten, dem BIP hinzugerechnet, ungeachtet der Tatsache, dass das dadurch umgesetzte Geld Leid verursacht und nichts zum Glück der Menschen beiträgt.

In diesem Sinne misst das BIP zwar ganz akkurat das egoistische Verhalten des Kapitalistischen Menschen. Aber es erfasst nicht das Wesen des Menschen und sein nach Maßstäben der Menschlichkeit erfolgreiches Verhalten. Um dieses beurteilen zu können, bräuchten wir eine neue Messform. Vielleicht sollten wir für die Bemessung des BIP Formen suchen, die den Menschen zugefügten Schaden herausrechnen. Das ergäbe ein BIP minus der Kosten für Verhaltensweisen, die Menschen schädigen und sie daran hindern, ihr Potenzial zu entfalten – Armut, Arbeitslosigkeit, Analphabetismus, Kriminalität, Gewalt, Rassismus, Unterdrückung von Frauen und so fort. Natürlich gibt es Herausforderungen für die genaue Definition und Messung dieses neuen, bereinigten BIPs. Aber wir sollten die Idee nicht einfach verwerfen, nur weil sie kompliziert ist. Warum sollten wir an einem Messsystem festhalten, das zwar leicht zu handhaben ist, aber zu einer verzerrten Bewertung weltwirtschaftlicher Wirklichkeit führt?[5]

Doch unzureichende, irreführende Messsysteme sind nur ein Symptom der Probleme, die unser verfehltes wirtschaftliches Denken verursacht. Ein anderes Problem ist unser Versagen, technologische und gesellschaftliche Veränderungen in solche Bahnen zu lenken, dass sie allen Menschen und nicht nur ein paar wenigen Auserwählten zugutekommen. Verbesserungen in Transport, Kommunikation und Informationstechnologie haben in den letzten fünfzig Jahren zur Expansion des Welthandels und wirtschaftlicher Integration geführt und politische und soziale Schranken abgebaut. Diese neue Ära der Globalisierung hätte zur Bildung einer weltumfassenden Menschheitsfamilie führen können und die Menschheit müsste eigentlich in größerer Nähe, Harmonie und Freundschaft leben als je zuvor. Stattdessen hat die Globalisierung zu enormen Konflikten beigetragen und Feindschaften verstärkt. Sie bringt Menschen und Länder in Konfrontationsstellung zueinander, weil alle bemüht sind, ihre eigenen egoistischen Interessen durchzusetzen. Die Nullsummenannahmen innerhalb unserer Wirtschaftstheorie ermuntern den Menschen, »Gewinner« werden zu wollen – und dafür ist es nötig, dass jeder andere ein »Verlierer« wird. Ein Resultat dieser Haltung ist ein alarmierender Anstieg von Nationalismus, Ausländerfeindlichkeit, Misstrauen und Angst.

Vor diesem Hintergrund leben wir mit einem philosophischen Paradox. Viele Wirtschaftstheoretiker, Journalisten, Experten und politische Führer verkünden immer noch, dass der Kapitalismus des freien Marktes ein perfekter Mechanismus ist, der nur voll freigesetzt werden müsste, um alle Probleme der Menschheit zu lösen. Aber gleichzeitig akzeptiert unsere Gesellschaft stillschweigend die Defizite des freien Marktes und lässt jedes Jahr Milliarden Dollar in Fördermittel fließen. Leider sind diese Bemühungen weitgehend uneffektiv, wie die bestehende Konzentration des Reichtums in den Händen einiger weniger und seine schmerzlichen Auswirkungen auf uns alle zeigen.

Wir müssen den Kapitalismus neu denken.

Eine neu konzipierte Wirtschaft

Tief in unseren Herzen erkennen wir alle, dass die alten Träume der Wirtschaftstheoretiker sich als Märchen erwiesen haben. Der real existierende Kapitalismus produziert mehr Schaden als Nutzen. Er muss Stück für Stück neu konzipiert oder durch ein völlig neues System ersetzt werden.

Aufgrund meiner Erfahrungen mit der Grameen-Bank habe ich eine Idee dafür, wie ein solch neu konzipiertes System aussehen könnte. Ich habe diese Bank ohne irgendwelche ehrgeizigen Ziele gegründet. Ursprünglich wollte ich einfach nur das Leben der armen Frauen in den Dörfern meines Heimatlandes ein bisschen besser machen. Aber in den letzten Jahrzehnten habe ich mich immer intensiver dafür eingesetzt, das Wirtschaftssystem grundlegend neu zu konzipieren und dieses neue Modell in der realen Welt auszuprobieren. Und ich sehe mit Freude, wie wirkungsvoll dieses System die Probleme angeht, die das alte System geschaffen hat.

Dieses neu konzipierte Wirtschaftssystem besteht aus drei Grundelementen. Erstens: Wir müssen nach dem Konzept des Social Business vorgehen, also eine Form des unternehmerischen Handelns entwickeln, die auf der menschlichen Tugend der Selbstlosigkeit basiert und sich die Tatsache zunutze macht, dass der Mensch von seinem Wesen her nicht auf Egoismus, sondern auf Altruismus angelegt ist. Zweitens: Wir müssen die Annahme, dass die Menschen Jobsuchende sind, durch die neue Annahme ersetzen, dass die Menschen Unternehmer sind. Und drittens: Wir müssen das gesamte Finanzsystem neu konzipieren, sodass es für die Menschen am unteren Ende der wirtschaftlichen Leiter effizient funktioniert.

In der ganzen Welt haben sich Tausende Menschen dem Ziel verschrieben, eine neue Version des Kapitalismus zu schaffen. Über die Social Business-Unternehmen hinaus, die ich in Bangladesch seit der Gründung der Grameen-Bank geschaffen habe, sind in der ganzen Welt Hunderte solcher Unternehmen entstanden, um die vom traditionellen Kapitalismus verursachten Probleme zu bekämpfen.

In den nun folgenden Kapiteln beschreibe ich diese Erfahrungen und die Lehren, die wir daraus ziehen können. In diesem neuen wirtschaftlichen Denken und Handeln liegt ein enormes Potenzial, um die menschliche Gesellschaft nachhaltig zu verändern. Wenn wir die der neoklassischen Wirtschaft zugrunde liegenden Annahmen überdenken, können wir ein neues Wirtschaftssystem entwerfen, das am Wesen des Menschen orientiert ist. Und wir können eine Welt schaffen, in der alle Menschen ihr kreatives Potenzial verwirklichen können.

EINE ANDERE ZIVILISATION IST MÖGLICH: SOCIAL BUSINESS ALS WIRTSCHAFTLICHES GEGENMODELL

Wie wir gesehen haben, hat sich die Reichtumskonzentration in den letzten Jahren immer weiter zugespitzt. Und in einem Land nach dem anderen sind die kleinen Leute voller Zorn gegen die Ungerechtigkeit des gegenwärtigen Wirtschaftssystems auf die Straße gegangen. Einige Politiker haben sich das zunutze gemacht, um Stimmen zu gewinnen, und um eine Stimmung von Hass und Feindschaft gegen Einwanderer, Migranten und Minderheiten zu schüren. Aber dem Trend zur steigenden Konzentration des Reichtums ist nicht Einhalt geboten worden. Kann er gestoppt werden? Oder ist er eine unvermeidliche Nebenwirkung der freien Marktwirtschaft?

Ich antworte mit einem entschlossenen: Ja, er kann gestoppt werden. Der Trend zur Reichtumskonzentration ist nicht die Schuld des freien Marktes. Vielmehr müssen wir unseren Blick darauf lenken, wie wir die menschliche Natur in der kapitalistischen Theorie interpretiert haben. Hier liegen die Wurzeln des Problems. Wem erlauben wir, auf dem freien Markt mitzuspielen? Heutzutage wird der freie Markt von Akteuren beherrscht, deren Triebfeder der Egoismus ist. Sobald aber Menschen, die von Selbstlosigkeit angetrieben werden, am Markt teilnehmen, wird die Situation sich vollständig verändern.

Karitative Maßnahmen und Regierungsprogramme können das Problem der Ungleichheit nicht lösen. Es kann nur gelöst werden von Menschen, die das traditionelle kapitalistische Denkschema durchbrechen und dementsprechend handeln. Was müssen sie tun? Sich an der Schaffung von Unternehmen beteiligen, die von Selbstlosigkeit angetrieben werden: ein Social Business gründen, das zu ihren eigenen Möglichkeiten, menschliche Probleme zu lösen, passt.

Diese einfache Tat verändert die ganze Welt. Indem Millionen Menschen in den unterschiedlichsten wirtschaftlichen Situationen sich für die Lösung menschlicher Probleme einzusetzen beginnen, wird sich der gesamte Prozess der Reichtumskonzentration verlangsamen und wir werden schließlich den Trend umkehren. Das wird Firmen anspornen, sich ihre Erfahrungen und Technologien zunutze zu machen und ebenfalls starke Social Business-Unternehmen zu gründen. Regierungen werden die richtigen politischen Programme zur Unterstützung dieser Initiativen von Menschen und Unternehmen schaffen. Im Ergebnis wird diese Dynamik der Veränderung unaufhaltsam sein.

Das Abkommen von Paris – Ein Sieg für die Menschen

Lassen Sie mich hier einen Vergleich zu einem anderen globalen Problem heranziehen, einem Problem, das zudem eng mit dem Problem der steigenden Reichtumskonzentration zusammenhängt: dem Klimawandel.

Genauso, wie ihnen das Problem der wachsenden Reichtumskonzentration bewusst geworden ist, haben Menschen in aller Welt in wachsendem Maße die Gefahren erkannt, die vom durch Menschen verursachten Klimawandel ausgehen. Dennoch verschlechtern sich die Klimabedingungen zusehends.

In den letzten Jahren gab es auf unserem Planeten viele Monate, in denen die höchsten Temperaturen seit Beginn der Wetteraufzeichnungen gemessen wurden. Das arktische Eis schmilzt in rasantem Tempo, die Meeresspiegel steigen an und extreme Wetterphänomene kommen immer häufiger vor. Alle diese Veränderungen gingen relativ lautlos vonstatten und haben jedenfalls nicht die Aufmerksamkeit ausgelöst, die sie verdienen.

Viele Klimaaktivisten haben ihr Bestes getan, um die Aufmerksamkeit der Menschen im Allgemeinen und der politischen Entscheidungsträger im Besonderen auf dieses Problem zu lenken. Dasselbe gilt für die überwältigende Mehrheit der Wissenschaftler, die zu diesem Thema geforscht haben. Sie warnen die Welt, dass man diese besorgniserregenden Zeichen ernst nehmen muss, um nicht schon sehr bald den »Point of no return« zu erreichen – den Punkt, an dem die Situation umkippen und das »positive Feedback« der natürlichen Systeme es fast unmöglich machen wird, den katastrophalen Zerstörungstrend umzukehren.[6] Menschen in aller Welt, vor allem junge Leute, initiieren seit Jahren Kampagnen, um ihre Regierungen dazu zu bringen, diese globale Gefahr anzuerkennen und etwas dagegen zu unternehmen.

Nach vierzig Jahren intensiver Bemühungen begannen die Regierungen 2015 endlich damit. Bei der Pariser Klimakonferenz, auch COP21 genannt, einigten sich Regierungsvertreter aus aller Welt zum ersten Mal auf konkrete Maßnahmen zur Reduktion von Treibhausgasen, die für den globalen Klimawandel verantwortlich sind. Am 12. Dezember 2015 wurde das Pariser Abkommen einstimmig angenommen, und bis dato wurde es von 195 Ländern unterzeichnet, die dadurch Mitglieder der Klimarahmenkonvention der Vereinten Nationen über Klimaänderungen (UNFCCC) wurden.

Das Ergebnis von COP21 faszinierte und ermutigte mich. Nach einem vierzigjährigen Kampf zwischen denen, die den Klimawandel ernst nehmen, und denen, die ihn leugnen, hatten die Ersteren endlich gewonnen. Engagierte Wissenschaftler und Aktivisten überzeugten Menschen überall auf der Welt, dass der Erde eine echte Gefahr droht und dass wir gemeinsam handeln müssen, um diese abzuwenden. Am Ende unterschrieben kleine und große, arme und reiche Länder ein bindendes Übereinkommen, in dem das Potenzial steckt, unseren Planeten vor der drohenden Klimakatastrophe zu bewahren.

Politische Führer vieler Länder spielten bei diesem Sieg eine wichtige Rolle. Aber was noch wichtiger ist: Für mich ist das Abkommen von Paris ein Sieg der einfachen Menschen unter der Leitung von engagierten Aktivisten, die den Kampf für ihre Sache niemals aufgaben.

Normalerweise warten wir darauf, dass Regierungen die Öffentlichkeit mobilisieren. Im Fall der Erderwärmung war es umgekehrt. Es waren die Bürger der Welt, die ihre Regierungen mobilisierten. Tausende von Aktivisten fochten einen harten Kampf, um Politiker, Wirtschaftsführer und ihre Mitbürger davon zu überzeugen, dass der Klimawandel real und ernst, aber auch umkehrbar ist. Millionen von Menschen, die zunächst nur Sympathisanten waren, wurden allmählich selbst zu Aktivisten. Sie wählten Politiker, die Klimamaßnahmen unterstützen. Politische Parteien mit einem Umweltprogramm begannen, Wahlen zu gewinnen. Und während der Konferenz von Paris demonstrierten Hunderttausende Menschen bei Kundgebungen überall auf der Welt, vereint in der Forderung nach einer Zukunft mit sauberer Energie, um all das zu retten, was sie lieben.[7] Aktionen wie diese halfen, Druck auf die Politiker auszuüben, damit sie gemeinsam im Dienst der Sache handelten.

Das Problem des Klimawandels ist noch lange nicht gelöst. Es gibt immer noch machtvollen Widerstand, den Produzenten von fossilem Treibstoff und andere Gruppen organisieren, die sich der Veränderung aus rein egoistischen Gründen entgegenstellen. In den Vereinigten Staaten zeigt die Wahl von Donald Trump, der Pläne zum Ausstieg der USA aus dem Pariser Abkommen umsetzt, dass der Kampf gegen die böswillige Ignoranz weitergehen muss. Aber die Dynamik scheint sich endlich in die richtige Richtung zu entwickeln.

COP21 gab mir die Hoffnung, dass eine Bürgerbewegung die Welt dazu bringen kann, auch eine andere drohende Katastrophe zu überwinden. Sowohl der Klimawandel als auch die Konzentration des Reichtums sind ernsthafte Gefahren für die Zukunft der menschlichen Gesellschaft. Der Klimawandel ist eine Bedrohung der natürlichen Systeme, die das Leben auf diesem Planeten möglich machen. Die Reichtumskonzentration ist eine gesellschaftliche, politische und wirtschaftliche Bedrohung des Rechtes aller Menschen, in Würde, Freiheit und Frieden zu leben und Ziele zu verfolgen, die über das bloße Überleben hinausgehen. Diese beiden Probleme sind aber auch innerlich miteinander verknüpft, wie Trumps Wahlsieg gezeigt hat. Die Wut auf Seiten von Menschen, die sich als Opfer des Wirtschaftssystems fühlen, hat Trump zu einem Sieg verholfen, der jetzt die Zukunft des Pariser Abkommens bedroht.

Die gemeinsamen Anstrengungen von Bürgern aller Gesellschaftsschichten unter Leitung einer engagierten Gruppe von Wissenschaftlern und Aktivisten haben es vermocht, die öffentliche Meinung über den Klimawandel zu verändern und politische Führer zum Handeln zu zwingen. Deshalb glaube ich, dass wir dieselben Strategien anwenden können, wenn es darum geht, die Menschheit vor den Gefahren einer sich ständig zuspitzenden Reichtumskonzentration zu schützen.

Die extreme Konzentration von Reichtum ist kein unabänderliches Schicksal, das der Menschheit in die Wiege gelegt wurde. Wir haben dieses Problem selbst geschaffen, und deshalb können wir es auch selbst lösen. Unsere Denkblockaden hindern uns wahrzunehmen, dass wir uns auf eine unvermeidliche gesellschaftliche Explosion zubewegen. Wir müssen unsere Denkblockaden überwinden. Und wir müssen an den Stellschrauben drehen, die uns in dieses Problem hineinmanövriert haben.

Die meisten Versuche, das Problem der Reichtumskonzentration zu reduzieren, legen ihr Augenmerk auf die Einkommensumverteilung: Durch progressive Besteuerung soll Geld an der Spitze der Pyramide weggenommen und durch verschiedene Transferprogramme an der Basis der Pyramide dazugegeben werden.

Allerdings ist es für eine demokratische Regierung nahezu unmöglich, ein Umverteilungsprogramm durchzusetzen. Die reichsten Menschen, von denen die Regierung hohe Steuern kassieren müsste, nutzen ihre politische Macht, um die Regierung von allen substanzielleren Schritten gegen ihre Interessen abzuhalten.

Die wirkliche Lösung ist, die Ursache zu bekämpfen und nicht die Folgen. Wir müssen die wirtschaftlichen Rahmenbedingungen unserer Gesellschaft neu gestalten: Ein System, das von rein persönlichen Interessen getrieben wird, muss zu einem System umgestaltet werden, dessen Triebfedern sowohl die Interessen des Einzelnen als auch die Interessen der Gemeinschaft sind. Und diese persönlichen und gemeinschaftlichen Interessen müssen als solche wahrgenommen, unterstützt und wertgeschätzt werden.

Die Grameen-Bank: Das Finanzsystem neu denken

Die Idee, unsere wirtschaftlichen Rahmenbedingungen neu zu gestalten, um eine Gesellschaft mit mehr Gleichheit zu schaffen, mag unmöglich erscheinen. Aber ich weiß, dass das möglich ist, weil ich sehen kann, wie es geschieht.

Meine Erfahrung mit der Entwicklung von neuen wirtschaftlichen Rahmenbedingungen beginnt mit der Grameen-Bank. Und die Grameen-Bank entstand, nachdem die Umstände mich zwangen, Dinge zu tun, von denen ich nichts verstand. Ich habe diese Geschichte schon früher erzählt, in meinen Büchern *Für eine Welt ohne Armut* (2006) und *Die Armut besiegen* (2008). Aber da Sie diese Bücher vielleicht nicht gelesen haben und weil sie unmittelbar relevant ist für die Botschaft der Umgestaltung der Wirtschaft, für die ich stehe, lassen Sie mich hier die

Geschichte von der Entstehung der Grameen-Bank kurz zusammenfassen.

Die schreckliche Hungersnot, die Bangladesch 1974 heimsuchte, motivierte mich und viele andere zu dem Versuch, etwas gegen die Armut zu tun, die im Land so viel Leid verursachte. Ich bemühte mich zum Beispiel, im Dorf Jobra, in dessen Nähe ich Ökonomie lehrte, den Anbau von Feldfrüchten mit einem Bewässerungssystem einzuführen. Dabei lernte ich die armen Menschen dort kennen und auch die Auswirkungen, die der im Dorf praktizierte Geldverleih auf sie hatte. Mir wurde schnell klar, dass die Geldverleiher, die den Kreditnehmern extrem harte Bedingungen aufzwangen, die armen Dorfbewohner in einer Situation festhielten, die an Sklaverei grenzte. Um den Dorfbewohnern zu helfen, begann ich, ihnen Geld aus meiner eigenen Tasche zu leihen. Das war der Beginn eines langen Weges, der zur Gründung der Grameen-Bank führte.

Da ich weder Erfahrungen mit noch Kenntnisse von Bankgeschäften hatte, musste ich auf die konventionellen Banken schauen, um zu lernen, wie sie funktionierten. Aber weil es mit ihren Methoden nicht gelungen war, den armen Menschen von Jobra zu helfen, konnte ich sie nicht einfach übernehmen. Stattdessen tat ich jedes Mal, wenn ich sah, wie die herkömmlichen Banken etwas machten, genau das Gegenteil. Das Ergebnis war, dass die von mir geschaffene Institution letztlich das Gegenstück zu einer konventionellen Bank wurde.

Konventionelle Banken siedeln sich gern in den großen Städten an, wo Unternehmen und reiche Menschen ihre Büros haben. Die Grameen-Bank arbeitet ausschließlich in den Dörfern von Bangladesch. (In Bangla, der Sprache Bangladeschs, bedeutet der Name »Grameen-Bank« einfach »Dorfbank«.)

Konventionelle Banken sind im Besitz und Management reicher Menschen. Die Grameen-Bank ist zum größten Teil ein Besitz der armen Frauen, die ihre Kunden sind: Arme Frauen bilden ihren Vorstand und beschließen ihre Politik.

Konventionelle Banken sind, besonders in Bangladesch, zumeist auf Männer als Kunden ausgerichtet. Die Grameen-Bank konzentriert sich auf Frauen und ermächtigt sie, Unternehmerinnen zu werden und ihre Familien aus der Armut zu befreien.

Konventionelle Banken glauben, dass Arme nicht kreditwürdig sind. Die Grameen-Bank zeigte zum ersten Mal in der Geschichte, dass arme Menschen, besonders arme Frauen, höchst kreditwürdig sind, und dass man darauf vertrauen kann, dass sie ihre Kredite sogar zuverlässiger zurückzahlen als die meisten reichen Kreditnehmer.

Konventionelle Banken gewähren Kredite auf der Basis von Sicherheiten und Verträgen, die von Anwälten aufgesetzt werden. Die Grameen-Bank arbeitet weder mit Sicherheiten noch mit Anwälten. Wir haben ein Banksystem entwickelt, das völlig auf Vertrauen basiert.

Das von der Grameen-Bank entwickelte Banksystem, das als »Mikrofinanzierung« bekannt geworden ist, hat sich nach und nach in vielen Ländern der ganzen Welt ausgebreitet, hauptsächlich durch die Arbeit von gemeinnützigen und Nichtregierungsorganisationen (NGOs). Die Mikrofinanzierung ist so erfolgreich, dass in den letzten Jahren große Entwicklungsorganisationen wie die *Weltbank*, der *Internationale Währungsfonds* (IWF) und die Vereinten Nationen sich für inklusive finanzielle Programme interessiert haben. Sie haben – zähneknirschend – unsere Behauptung akzeptieren müssen, dass arme Menschen in das Finanzsystem einbezogen werden können und sollen.

Leider bestehen die gegenwärtigen Bemühungen, die Inklusivität des Banksystems auszuweiten, hauptsächlich in Programmen, die herkömmliche Banken darin bestärken, armen Menschen begrenzte und oft sehr teure Finanzdienstleistungen anzubieten. Das Versagen dieser Bemühungen zeigt, dass wahre Inklusivität bei Bankgeschäften nicht von den heutigen konventionellen Geldinstituten erreicht werden kann. Diese Geldinstitute bauen auf Prinzipien und Modalitäten auf, die fast die Hälfte der Weltbevölkerung ausschließen.

Die Banken der Reichen sind nicht dazu konzipiert, den Armen zu dienen. Unter dem Druck von oben mögen sie einige symbolische Gesten in diese Richtung machen, aber das macht nicht einmal 1 Prozent ihrer Geschäfte aus. Die Banklosen dieser Welt brauchen einen Zugang zu echten Bankgeschäften, nicht zu einer Handvoll winziger Programme, die in erster Linie Werbezwecken dienen.

Meine Arbeit mit Mikrokrediten hat mich die ganz grundsätzlichen Prinzipien des Banksystems hinterfragen lassen. Ich habe entdeckt, dass das Wesen des Menschen viel größer und umfassender ist, als die klassische Wirtschaftstheorie annimmt, auf der das heutige Banksystem aufbaut. Die Mikrofinanzierungsidee der Grameen-Bank blüht nur deshalb weltweit, weil NGOs sie übernommen haben. Aber NGOs sind nicht mit der nötigen gesetzlichen Macht ausgestattet, um das wirtschaftliche Vakuum zu füllen, das die bestehenden Geldinstitute hinterlassen. Dieses Vakuum muss mit Geldinstituten gefüllt werden, deren finanzielle Dienstleistungen eigens auf die Bedürfnisse der Banklosen zugeschnitten sind. Minimalkredite konventioneller Banken können das zugrunde liegende Problem nicht lösen.

Im Gegenteil: Konventionelle Geldinstitute haben die Reichtumskonzentration erst möglich gemacht und ihre Dynamik in Gang gesetzt. Und sie werden weiterhin zu einer Zuspitzung der Reichtumskonzentration beitragen. Wenn es uns wirklich ernst damit ist, den Trend zur Reichtumskonzentration zu stoppen, müssen wir hinsichtlich des Finanzsystems zweierlei tun. Erstens: Wir müssen das gegenwärtige Banksystem völlig neu konzipieren, sodass es aufhört, ein

Instrument der Reichtumskonzentration zu sein. Und zweitens: Wir müssen eine neue Art von Geldinstituten schaffen, um den Armen Finanzdienstleistungen anzubieten. Die Grameen-Bank – deren Besitzer zumeist arme Menschen sind und die genau für ihre Bedürfnisse und Interessen konzipiert wurde – ist ein Modell für dieses neue Banksystem.

Meine Arbeit mit armen Frauen mittels der Grameen-Bank war mein erster Schritt auf einer langen Entdeckungsreise, die mir tiefere Einsichten über unser gesamtes Wirtschaftssystem geschenkt hat. Seit der Gründung der Grameen-Bank habe ich viele andere Initiativen geschaffen, um das Wirtschaftssystem zu verändern und allen eine Teilnahme daran zu ermöglichen.

Social Business und die ersten Schritte zu neuen wirtschaftlichen Rahmenbedingungen

Bei meiner Arbeit, den Armen Zugang zu Bankgeschäften zu ermöglichen, entdeckte ich viele andere Probleme der Armen. Ich ging diese Probleme nacheinander an und habe dabei immer versucht, jedes Problem dadurch zu lösen, dass ich ein neues Unternehmen schuf. Diese Vorgehensweise erschien mir sinnvoll, weil Unternehmen dazu da sind, um konkrete Ziele zu erreichen: Sie bieten Waren oder Dienstleistungen an, die Menschen brauchen, wollen und bezahlen werden. Menschen, die Unternehmen starten, und Menschen, die für diese arbeiten, haben gewöhnlich eine klare Vorstellung von ihren Zielen. Mein Ziel war es, die Probleme der Menschen zu bekämpfen.

Mit der Zeit startete ich immer mehr neue Unternehmen. Jedes Mal, wenn ich mit einem Problem konfrontiert wurde, gründete ich ein Unternehmen, um es zu lösen. Schon bald hatte ich viele Firmen und firmenähnliche Projekte geschaffen, die Waren und Dienstleistungen für arme Menschen bereitstellten, zum Beispiel Wohnraum, Sanitäreinrichtungen, erschwingliche Gesundheitsversorgung, regenerative Energien, verbesserte Ernährung, sauberes Trinkwasser, Ausbildung zur Krankenpflege und vieles mehr.

Als ich mit diesen Unternehmensgründungen begann, hatte ich keine große Vision. Ich versuchte einfach, die gravierendsten Probleme der armen Menschen zu bekämpfen. Mit der Zeit entdeckte ich allerdings in den Unternehmen, die ich startete, einige gemeinsame Charakteristika. Sie waren als sich selbst tragende Unternehmen konzipiert, die durch den Verkauf von Waren und Dienstleistungen Einnahmen brachten. Das war nötig, weil sonst den Unternehmen schon bald das Geld ausgegangen wäre und sie niemandem mehr genutzt hätten. Die Unternehmen brachten sogar einen Überschuss ein. Doch ich stellte sicher, dass niemand persönlichen Gewinn daraus schöpfen durfte. Denn mein Ziel war ja, den Armen zu helfen, und nicht, die Unternehmensbesitzer zu bereichern. So erhielten die Investoren, die das Startkapital für die Unternehmen zur Verfügung stellten, ihre ursprünglichen Investitionen zurück, aber nicht mehr. Nachdem der investierte Betrag dem Investor zurückgezahlt war, wurde jeder Gewinn, den die Unternehmen erzielten, wieder in das Unternehmen investiert, um es zu verbessern und zu erweitern, sodass es mehr armen Menschen zugutekommen konnte.

Schließlich wurde mir klar, dass meine Experimente einen völlig neuen Unternehmenstyp geschaffen hatten. Diese neue Form eines Unternehmens nannte ich *Social Business*. Ich definierte ein Social Business als »ein Unternehmen ohne Dividenden, das sich der Lösung menschlicher Probleme widmet«. Dieses Konzept war nicht durch Theoretisieren oder Spekulieren entstanden, sondern aufgrund meiner praktischen Erfahrung in der Arbeit mit Dorfbewohnern, um die schwerwiegenden sozialen Probleme in einem der damals ärmsten Länder der Welt zu lösen.

Ich staunte selbst über die Erfolge. Ich entdeckte, dass es überraschend leicht war, ein menschliches Problem zu lösen, wenn man eine Organisation gründet, die wie ein Unternehmen konzipiert ist, allerdings mit dem alleinigen Auftrag, Nutzen für Bedürftige anzubieten.

Zunächst fragte ich mich, warum niemand vor mir das Konzept eines Social Business entwickelt hatte. Warum hatte die Welt die Herausforderung, gesellschaftliche Probleme zu lösen, einzig Regierungen und Wohlfahrtsorganisationen überlassen? Der Grund liegt in der Wirtschaftstheorie, die den Auftrag von Unternehmen ausschließlich darin sieht, Gewinne zu generieren und individuellen Reichtum zu schaffen. Ich hingegen hatte entdeckt, dass dasselbe Instrument, nämlich eine Unternehmensgründung, einem völlig anderen Zweck dienen kann, nämlich dem Zweck, gesellschaftliche Probleme zu lösen. Und dieses Instrument ist extrem wirkungsvoll. Die gesamte Wirtschaftsmacht von Unternehmen konnte nun dem Zweck dienen, die Welt zu einem besseren Ort zu machen.

Den Zweck unternehmerischen Handelns ausschließlich als Gewinnmaximierung zu definieren, kann man als einen blinden Fleck bezeichnen. Und dieser blinde Fleck in der Wirtschaftstheorie korreliert mit dem blinden Fleck in den Grundannahmen dieser Wirtschaftstheorie über die Natur des Menschen. Einem Unternehmer wird unterstellt, dass er ausschließlich von Eigeninteresse angetrieben wird. Seine einzigen Ziele sind danach Profit und Gewinn, und das ist angeblich genug, um die Wünsche eines jeden Unternehmers zu befriedigen.

Aber Menschen sind keine Geld produzierenden Roboter. Sie haben viele Facetten, und sowohl egoistische als auch selbstlose Charakterzüge gehören zu ihrem Wesen. Wenn ich ein Social Business gründe, verwirkliche ich damit die selbstlose Seite meiner Persönlichkeit. Das traditionelle Wirtschaftsdenken hält das für unmöglich und sagt, dass die Selbstlosigkeit in der Wirtschaftswelt keinen Platz hat und sich nur im Wohltätigkeitsbereich ausdrücken kann. Aber warum? Warum sollte die Wirtschaft nicht ein offener Raum sein, in dem sowohl der Egoismus als auch die Selbstlosigkeit zum Zuge kommen? Warum sollten ökonomische Lehrbücher den Studierenden nicht zwei Typen von Unternehmen vorstellen – traditionelle Unternehmen, die von Eigeninteressen bestimmt werden, und das Social Business, das von Selbstlosigkeit angetrieben wird? Lassen wir doch die jungen Leute selbst entscheiden, welches von beiden sie lieber verwirklichen möchten – oder vielleicht wollen sie von beiden etwas in verschiedenen Phasen ihres Lebens oder sogar gleichzeitig verwirklichen.

In den Jahrzehnten, die ich über Social Business spreche, hat sich das Konzept von einer gänzlich unbekannten Idee, die nur von ein paar Firmen in Bangladesch verwirklicht wurde, zu einer weltweiten Bewegung entwickelt. Social Business hat in vielen Ländern unseres Planeten Zuspruch erfahren und wird weltweit angewandt. Social Business wird an Universitäten gelehrt und weiterentwickelt. Multinationale Konzerne gründen neben ihrer angestammten Geschäftätigkeit Social Business-Unternehmen als unabhängige Unternehmen. Tausende junger Leute sind von der Idee fasziniert und starten ein Social Business, um die sozialen Probleme in ihrem Umfeld zu lösen.

Um diese Entwicklungen zu fördern, haben meine Kollegen in der Social Business-Bewegung und ich Fonds geschaffen, die zukünftigen Unternehmern Startkapital zur Verfügung stellen und ihnen so helfen, ihre Träume zu verwirklichen. Wenn junge Leute mit smarten Social Business-Ideen kommen, investieren wir in ihre Unternehmen, bieten ihnen Coaching und Unterstützung an und helfen ihnen, die finanzielle Unabhängigkeit zu erreichen. Sobald sie Erfolg haben, zahlen sie unsere Investmentanteile zurück, ohne den Investoren irgendeinen Gewinn zu verschaffen.

Damit wird das Geld frei, um beim Start eines anderen Social Business zu helfen, danach beim nächsten, und so geht es dann immer weiter.

Wir haben außerdem Social Business-Fonds eingerichtet, damit arbeitslose junge Leute Unternehmer werden können, die persönlichen Gewinn machen. Aus Jobsuchenden werden auf diese Weise Jobschaffende. Die bestehenden konventionellen Banken und Geldinstitute sind nicht für diese Bedürfnisse konzipiert; sie haben kein unternehmerisches Interesse an arbeitslosen jungen Leuten, die keine Sicherheiten vorzuweisen haben. Deshalb braucht man für diesen Zweck besondere Fonds. Inzwischen melden sich viele junge Menschen, die zwar ein konventionelles Unternehmen, das auf persönlichen Profit ausgerichtet ist, gründen wollen, die dies aber mit Hilfe unserer Fonds finanzieren wollen. Aus dieser Partnerschaft erhalten die Social Business-Fonds ihr investiertes Geld zurück, ohne Zinsen und ohne Gewinn, nur zuzüglich einer festen Transfergebühr zur Deckung ihrer Verwaltungskosten. Wir haben festgestellt, dass Social Business-Fonds, die konventionelle Unternehmen finanzieren, ein wirkungsvolles Instrument sein können, um einzelne Menschen, Familien und ganze Gemeinden aus der Armut zu befreien.

Um an dem Nobin-Udyokta-(Neue Unternehmer)-Programm teilzunehmen, das wir in Bangladesch aufgebaut haben und das meist einfach nur als Nobin-Programm bezeichnet wird, muss ein junger Mensch lediglich eine Unternehmensidee vorlegen. Sobald der Unternehmensplan bewilligt ist, erhält der Antragsteller Geld, um seine auf persönlichen Gewinn ausgerichtete Firma zu gründen. Das heißt: Die Kreditnehmer des Social Business-Fonds müssen selbst kein Social Business gründen, aber sie können es natürlich, wenn sie es wollen. Wir für unseren Teil führen aber unsere Social Business-Fonds als Social Business. Sie sind finanziell selbsttragend, und ihr Gewinn wird an keinen Besitzer oder Investor weitergegeben. Diese erhalten nur ihre ursprüngliche Investition zurück.

Unsere Social Business-Fonds finanzieren heute pro Monat durchschnittlich tausend Unternehmensprojekte. Stellen Sie sich das vor – jeden Monat werden eintausend arbeitslose Jugendliche aus ländlichen Regionen selbst zu Unternehmern! Für 2017 erwarten wir, dass die Zahlen sich ungefähr verdoppeln, also auf fast zweitausend pro Monat steigen.

In einem der folgenden Kapitel werde ich das Nobin-Programm noch ausführlicher darlegen. Hier an dieser Stelle möchte ich lediglich darauf hinweisen, dass sein Erfolg die direkte Konsequenz einer der wichtigsten Erkenntnisse ist, die wir durch die Arbeit der Grameen-Bank gewonnen haben: die Entdeckung, dass alle Menschen die Fähigkeit in sich tragen, Unternehmer zu sein.

Alle Menschen tragen ein Unternehmer-Gen in sich. Am Beginn unserer Geschichte auf diesem Planeten waren wir Menschen selbstständige Jäger und Sammler, die ihren Lebensunterhalt von den Ressourcen bezogen, die uns unsere Umwelt so reichlich bietet. Die Fähigkeit, einen Weg zur Selbsterhaltung zu finden, ist bis heute in jedem Individuum angelegt.

Auf den Unternehmergeist des Menschen zu setzen ist die beste Art, einen der verhängnisvollsten Fehler des gegenwärtigen wirtschaftlichen Mainstreams auszumerzen: die erzwungene Abhängigkeit von Arbeitsplätzen und die Annahme, dass Regierungen und Konzerne Jobs schaffen und sie aufgrunddessen die einzigen Förderer des Wirtschaftswachstums sind. Ich sehe keinen Grund, warum junge Leute in der entwickelten Welt nicht auf dieselbe Art Unternehmer werden könnten wie junge Leute in Bangladesch. Der Schlüssel zum Erfolg ist, Finanzinstitute zu schaffen, die die Finanzierung ihrer Startups ermöglichen.

Die Gegenökonomien des Unternehmertums

Das Wachstum und die Ausbreitung des Social Business beweist, dass dadurch eine Alternative zum traditionellen, unvollständigen Wirtschaftssystem entstanden ist. Ersetzen wir zwei Grundannahmen des landläufigen Denkens über Ökonomie durch die neuen Realitäten, die uns das Social Business aufgezeigt hat, entsteht eine neue, vollständigere, genauere und effektivere Gegenökonomie.

Als Erstes müssen wir die Annahme über Bord werfen, dass Menschen von Natur aus egoistisch sind, und dass deshalb der Egoismus die zentrale Triebfeder ist, die hinter allem wirtschaftlichen Fortschritt steht. Stattdessen können wir feststellen, dass Menschen sowohl egoistisch als auch selbstlos sind, und dass beide Motivationen zu wirtschaftlichem Handeln eingesetzt werden können.

Als Zweites müssen wir mit der Annahme aufräumen, dass es so gut wie allen Menschen in die Wiege gelegt wurde, für andere Menschen zu arbeiten. Stattdessen konnten wir zeigen, dass alle Menschen geborene Unternehmer sind voller unbegrenzter kreativer Fähigkeiten.

Nach diesem Bewusstseinswandel können wir mit der Macht des neuen wirtschaftlichen Denkens die von den existierenden wirtschaftlichen Rahmenbedingungen geschaffenen Probleme bekämpfen. Mit Social Business lassen sich alte Übel wie Armut, Hunger, Krankheit, Umweltzerstörung und vieles mehr in die Knie zwingen. Darüber hinaus gibt Social Business Millionen von arbeitslosen jungen Menschen die Gelegenheit, ihre brachliegenden Talente sinnvoll einzusetzen, indem wir sie als Unternehmer behandeln.

Social Business nutzt die Kreativität auf nachhaltige Weise zur Lösung menschlicher Probleme. Die Idee der Mikrofinanzierung entstand in Bangladesch und zeigte der ganzen Welt, dass Bankgeschäfte, die auf Vertrauen aufgebaut sind, möglich sind. Genauso wird auch das Nobin-Programm, das Neue-Unternehmer-Programm für arbeitslose Jugendliche, völlig neue Wege aufzeigen.

Überall auf der Welt brauchen junge arbeitslose Menschen zunächst einmal ein Basiseinkommen, mit dem sie ihren Lebensunterhalt bestreiten können. Aber darüber hinaus haben sie auch einen Hunger nach Sinn. Wenn das Ringen um die Befriedigung ihrer elementaren existentiellen Bedürfnisse nicht mehr auf ihnen lastet, hat die heutige Generation junger Leute die einzigartige Chance, ihren Hunger nach Sinn erfolgreich zu stillen. Denn ihre Generation ist mit beeindruckenden Technologien in den Händen geboren worden. Dank der unglaublichen Hightech-Ökonomie haben heute junge Leute in den abgelegensten Dörfern Asiens, Afrikas und im Süden der USA Zugang zu Smartphones und anderen mobilen Geräten. Das macht sie zur potenziell mächtigsten Generation der Menschheitsgeschichte. Sie wachsen mit dem Wissen auf, dass Touchscreens, Fernsteuerungen und mobile Apps ihnen die Möglichkeit geben können, alles zu tun, was sie wollen. Wahrscheinlich begreifen sie nicht die ganze Dimension ihrer Macht, aber sie spüren, dass sie das Potenzial haben, Unmögliches möglich zu machen.

Hunderte Millionen junger Menschen in aller Welt, von Bangladesch bis Brasilien, von Albanien bis Haiti, von Indien bis Irland, von Japan bis zu den USA, können mit ihrem Talent, ihrer Energie, ihrer Intelligenz, ihrem Idealismus und ihrer Selbstlosigkeit die Welt verändern. Diese jungen Menschen können eine Gesellschaft schaffen, die die Schatten von Armut, Arbeitslosigkeit und Umweltzerstörung hinter sich lässt. Dazu müssen wir das neue Wirtschaftssystem schaffen, das die Macht dieser jungen Menschen freisetzt und ihnen erlaubt, ihr Potenzial Wirklichkeit werden zu lassen. In den folgenden Kapiteln dieses Buches möchte ich erklären, wie dieses neue Wirtschaftssystem aussehen könnte, und einige der hoffnungsvollen Zeichen beschreiben, die zeigen, dass dieses System schon dabei ist, Gestalt anzunehmen.

ZWEITER TEIL

EIN ANDERER KAPITALISMUS

3 ARMUT BESEITIGEN: DIE UNGLEICHE EINKOMMENSVERTEILUNG BEENDEN

Woran denken Sie, wenn Sie das Wort *Unternehmertum* hören? Vielleicht denken Sie an *Silicon Valley* in Kalifornien mit seinen Hightechunternehmen, App-Entwicklern und Softwarefirmen. Oder Sie denken an eins der heute so schnell wachsenden Zentren für Technologie, Robotertechnik und Computer wie Boston (Massachusetts/USA), Sydney (Australien), Bangalore (Indien) oder Vancouver (Kanada).

Wahrscheinlich denken Sie nicht an das westafrikanische Land Uganda. Und dennoch qualifizierte 2015 ein Bericht der Organisation *Global Entrepreneurship Monitor* (GEM) Uganda als das Land der Welt mit dem größten Unternehmergeist.[1] Laut GEM haben mehr als 28 Prozent der Einwohner Ugandas in den letzten dreieinhalb Jahren ein Unternehmen gestartet – mehr als sechsmal so viele wie in den USA (4,3 Prozent). Andere Studien schätzen, dass mehr als 80 Prozent der Ugander irgendwann in ihrem Leben zu Unternehmern werden.

Wenn Sie das überrascht, dann ist wahrscheinlich das Bild, das Sie sich von einem Unternehmer machen, zu eng gefasst. Man braucht kein Ingenieurs- oder Computerdiplom, um ein Unternehmen zu starten. Es genügt, einen kleinen Laden aufzumachen, eine Ziege oder eine Kuh zu kaufen, mit einem einzigen Auto ein Taxiunternehmen zu starten oder ein paar Kunsthandwerksartikel zum Verkauf anzubieten – und schon ist man Unternehmer. Genau wie ein Unternehmer im Silicon Valley investieren sie Zeit und Geld in ein Unternehmen, das auf einer kreativen Idee basiert, an die sie glauben. Wenn sie erfolgreich sind, können sie im Laufe der Zeit ihre Geschäftstätigkeit ausweiten, Arbeitsplätze und Reichtum schaffen und zum Wachstum der lokalen Wirtschaft beitragen.

Das ist genau das, was Millionen von mehrheitlich kleinen Unternehmen in ganz Uganda und auch in vielen anderen Entwicklungsländern tun. Dadurch helfen sie, Schritt für Schritt ihr Land und seine Menschen aus der Armut zu befreien. Sie bestätigen eines der fundamentalen Prinzipien der neuen Wirtschaftsstruktur, die ich vertrete, nämlich dass die Fähigkeiten und Instinkte, die den Unternehmergeist ausmachen, bei allen Menschen vorhanden sind, nicht nur bei ein paar wenigen. Und Uganda steht nicht allein. In Schwellenländern überall auf der Welt werden Sie an der Basis der Wirtschaft dieselbe Explosion von Unternehmertum finden. Aber leider fehlt oft das System, das diese Bedürfnisse unterstützt. So auch in Uganda, wo das bestehende System die Entwicklung wirtschaftlicher Freiheit behindert hat, trotz der starken unternehmerischen Veranlagung so vieler Bürger dieses Landes.

Uganda ist eins von sieben Ländern, in denen *Yunus Social Business* (YSB) tätig ist. YSB ist eine Non-Profit-Organisation, die sich der Ausbreitung des Social Business-Konzepts widmet, der Ausbildung und Unterstützung von Pionieren, die daran interessiert sind, ein Social Business zu starten und mit Konzernen und Wirtschaftsführern zusammenzuarbeiten, die Unternehmen oder Filialen des Social Business schaffen wollen. Damit trägt YSB dazu bei, dass in diesen Ländern ein neuer Wirtschaftssektor entsteht, und unterstützt die Gründung selbsttragender Unternehmen, die Probleme wie Armut, Arbeitslosigkeit und Umweltzerstörung zu lösen helfen. Social Business-Unternehmen sind Teil einer neuen Wirtschaftsstruktur, die wir so dringend brauchen, um die unvollkommene Struktur des traditionellen Kapitalismus zu ergänzen.

Ein Beispiel für ein Social Business, bei dessen Entwicklung YSB geholfen hat, ist *Golden Bees* (Goldbienen), eine Firma mit Sitz in Kampala, der Hauptstadt Ugandas.

Die Landwirtschaft ist der wichtigste Wirtschaftszweig

Ugandas und trägt am stärksten zum Bruttoinlandsprodukt (BIP) bei. Aber für die Kleinbauern in den Dörfern ist es schwierig, mit ihren Produkten Zugang zu nationalen und internationalen Märkten zu erhalten. Das hält ihr Einkommen niedrig und lässt sie kaum über das Subsistenzniveau hinauskommen.

Besonders vielversprechend und stark wachsend im Agrarsektor ist die Bienenzucht. Bienen produzieren natürlich Honig, aber sie produzieren auch eine große Palette weiterer Produkte, von denen einige sogar gewinnbringender sind als Honig. Dazu gehören Bienenwachs, das wichtiger Bestandteil vieler Kosmetik- und Gesundheitsprodukte ist, Bienengift, das aus dem Stachel der Insekten gewonnen und für medizinische Zwecke verwendet wird, sowie Propolis, manchmal auch »Bienenklebstoff« genannt, eine harzige Substanz, die ebenfalls auf ihren möglichen medizinischen Nutzen hin untersucht wird.

Golden Bees ist ein Social Business mit dem Ziel, Tausenden von Kleinbauern in Uganda die Bienenzucht nahezubringen. Golden Bees verkauft einerseits Imkerausrüstung und bildet die Bauern in Bienenzucht aus. Andererseits sammelt es die Bienenprodukte ein, um sie weiterzuverarbeiten und zu vermarkten. Die Erlöse, die Golden Bees erzielt, halten das Unternehmen am Laufen. Alle Gewinne werden in die Expansion des Unternehmens reinvestiert, sodass Golden Bees seine Leistungen noch mehr Bauern zugänglich machen kann.

Mitte 2016 hatte Golden Bees ein Netzwerk mit mehr als 1.200 Bauern aufgebaut, und Hunderte weitere warten darauf, von dem Unternehmen eine Ausbildung und Imkerausrüstung zu erhalten. Der kleinste Imker hat ganze drei Bienenkörbe, während der größte fünfhundert besitzt. Das Unternehmen betreibt drei kleine Läden in den Landwirtschaftsregionen nahe der Hauptstadt, in denen Honig und weitere Bienenprodukte verkauft werden. Mit den Einnahmen aus dem Verkauf können die Arbeitslöhne der Arbeiter gezahlt werden. Außerdem bietet Golden Bees den Imkern Ausbildung sowie Beratung und verkauft Imkerausrüstung, zum Beispiel Bienenkörbe und Imkeranzüge, die die Bauern bei der Honigernte vor den Stichen schützen. Diese Läden dienen auch als zentrale Sammelstellen für Honig und andere Produkte und erleichtern es den Bauern, ihre Produkte zur Weiterverarbeitung an Golden Bees zu liefern.

Eine Kette von etwa achtzig Supermärkten in Kampala vertreibt den Honig und andere von Golden Bees hergestellte Produkte. Noch vielversprechender ist allerdings die Expansion auf nationale und internationale Märkte. Bestellungen von Bienenwachs kommen schon von Firmen aus China, Japan und Dänemark, und pharmazeutische Labore in aller Welt fragen nach Propolis aus Uganda. Um diese Märkte zu bedienen, sorgt Golden Bees dafür, dass die Produkte den strengen Qualitätsstandards der internationalen Firmen entsprechen – eine Aufgabe, die ein Kleinbauer allein oder ein paar wenige zusammen unmöglich bewältigen könnten.

Die Geschichte von Golden Bees ist ein Beispiel dafür, wie Unternehmertum armen Menschen – und auch der Gesellschaft – dabei helfen kann, der Armut zu entkommen und ihnen ein zusätzliches Einkommen oberhalb der Armutsgrenze zu sichern. Die Grundvoraussetzungen, um Bienenzüchter zu werden, brachten die Bauern in Uganda mit: Entschlossenheit, Intelligenz und Fleiß. Aber ihnen fehlten die Ausrüstung und die Informationen, um ein Unternehmen zu starten, und die nötige Unternehmensstruktur, um sich in die nationalen und internationalen Märkte einzuklinken. Golden Bees bietet ihnen an, was ihnen gefehlt hat – und lässt sie den Rest selber machen. Das zeigt, wie neue Unternehmensformen helfen können, die Macht des Unternehmertums freizusetzen, und es so armen Menschen ermöglichen, sich selbst und ihr Umfeld aus eigenen Kräften aus der Armut zu befreien.

Das Versagen unseres Wirtschaftssystems an drei wichtigen Fronten

Viel zu lange haben wir Armut, Arbeitslosigkeit und Umweltzerstörung als naturgegeben hingenommen, als Katastrophen, die der menschlichen Kontrolle entzogen sind, oder sie als den unvermeidlichen Preis angesehen, den wir für unser Wirtschaftswachstum zu zahlen haben. Doch das sind sie nicht. Sie zeigen vielmehr das Versagen unseres Wirtschaftssystems. Aber da das Wirtschaftssystem von Menschen geschaffen wurde, kann auch sein Versagen durch Menschen korrigiert werden: wenn wir uns dafür entscheiden, dieses schädliche Wirtschaftssystem durch ein neues System zu ersetzen, das der Natur, den Bedürfnissen und den Wünschen des Menschen besser entspricht.

Das Grundproblem des derzeit praktizierten Kapitalismus ist, dass dieses System auf ein einziges Ziel ausgerichtet ist, nämlich auf das egoistische Streben nach individuellem Gewinn. Deshalb werden nur Unternehmen anerkannt und unterstützt, die diesem Ziel entsprechend konzipiert sind. Aber Millionen Menschen in aller Welt setzen sich für andere Ziele ein. Sie arbeiten hart für die Beseitigung von Armut, Arbeitslosigkeit und Umweltzerstörung. Sobald wir dies als unternehmerische Zielsetzungen definieren, können diese drei Probleme wirksam angegangen werden. Und dabei kommt dem Social Business eine entscheidende Bedeutung zu.

Social Business bietet Vorteile, die weder auf Gewinnmaximierung ausgerichtete Unternehmen noch traditionelle Wohlfahrtsverbände haben. Ohne Gewinndruck und ohne die Forderungen gewinnorientierter Investoren funktioniert Social Business unter Rahmenbedingungen, in denen die heutigen kapitalistischen Märkte versagen – nämlich dort, wo die Rendite einer Investition zwar gegen Null geht, ihre gesellschaftliche Wirkung aber sehr hoch ist. Da ein Social Business derart konzipiert ist, dass es Einnahmen erzeugt und dadurch selbsttragend ist, müssen dafür keinerlei Spenden eingeworben werden, wie es ansonsten im Non-Profit-Bereich der Fall ist.

So kann die Wirtschaftsform des Social Business einfach und nachhaltig sein. Das beweisen die erfolgreichen Experimente, die sowohl in Entwicklungsländern als auch in reichen Ländern schon gemacht wurden.

Wir leben glücklicherweise in einer Zeit, die für Experimente mit neuen Unternehmensformen besonders geeignet ist. Denn elektronische Informations- und Kommunikationstechnologien können eine entscheidende Rolle spielen, um einzelne Unternehmer zu unterstützen. Der Eigentümer eines Social Business, das Produkte oder Leistungen zur Verfügung stellt, die den Armen helfen oder der Gesellschaft auf andere Weise nutzen, kann mit Hilfe sozialer Netzwerke und anderer Onlinekanäle einen breiten Markt erobern. Dank des Internets können sich gute Ideen schneller ausbreiten, und bewährte Unternehmensmodelle können leichter und schneller wachsen als je zuvor. Gesundheit, Bildung, Marketing, finanzielle Dienstleistungen und viele andere Wirtschaftsbereiche können durch die geballte Macht von Social Business und Technologie revolutioniert werden.

Es ist spannend zu sehen, wie diese neuen Wirtschaftskonzepte sich durch die Bemühungen von Unternehmern, Managern, Akademikern, Studierenden und politischen Führern in der ganzen Welt verbreitet haben. Es ist höchste Zeit, das Potenzial des Social Business zu nutzen, um die Probleme von Ungleichheit, Arbeitslosigkeit und Umweltzerstörung zu lösen – denn diese Probleme sind Symptome dafür, dass das gegenwärtige kapitalistische System an sein Ende gekommen ist.

Wir sind es den zukünftigen Generationen schuldig, einen anderen Kapitalismus umzusetzen: einen Kapitalismus, der Armut beseitigt, Arbeitslosigkeit abschafft und Nachhaltigkeit fördert. Ein neues Wirtschaftssystem, in dem das Social Business eine grundlegende Rolle spielt, kann uns dieses Ziel erreichen lassen.

Unsanftes Erwachen: Wie sich durch die Krise des Kapitalismus das Problem der Armut zuspitzt

Die Menschheit als Ganze lebt heute dank der Entwicklungen in Wissenschaft und Technik in einer Zeit von noch nie da gewesenem Wohlstand. Dieser Wohlstand hat das Leben vieler Menschen verändert. Aber Milliarden von Menschen leiden immer noch unter Armut, Hunger und Krankheit. Und in den letzten zehn Jahren sind mehrere schwere Krisen zusammengekommen, die die unteren vier Milliarden Menschen der Welt in noch größeres Elend gestürzt haben.[2]

Nur wenige hatten diese Krisen vorhergesehen. Im Gegenteil, das 21. Jahrhundert hatte mit großen Hoffnungen und idealistischen Träumen begonnen, die sich in der UN-Initiative der sogenannten *Millennium Development Goals* (MDGs, Millennniumsziele) manifestierte. Viele von uns waren damals davon überzeugt, dass die kommenden Jahrzehnte Reichtum und Wohlstand sondergleichen bringen würden, und das nicht nur für einige wenige, sondern für alle Menschen auf unserem Planeten.

Wie ich in diesem Buch noch zeigen werde, führte die Formulierung der Millenniumsziele zu bedeutenden Fortschritten an verschieden Fronten im Kampf gegen die Armut. Leider wird aber das Jahr 2008 in die Geschichte eingehen als das Jahr des unsanften Erwachens, das uns die großen Schwächen unseres kapitalistischen Systems vor Augen führte. Das Jahr 2008 war das Jahr der Lebensmittel- und Ölpreiskrise, der Finanzkrise und der sich ständig verschlimmernden Umweltkrise. Alle diese Krisen zusammen führten zu einem tiefen Vertrauensverlust unter den Experten, die die volle Kenntnis und Kontrolle über das globale System zu haben glaubten. Diese Krisen verhinderten auch die Erfüllung der hoffnungserweckenden Versprechen der Millenniumsziele.

Beginnen wir mit der Lebensmittelkrise. Anfang 2008 veröffentliche das *World Food Programm* (WFP, Welternährungsprogramm) der Vereinten Nationen erschreckende Nachrichten: Mehr als 73 Millionen Menschen in 78 Ländern waren von Nahrungsmittelknappheit betroffen. Wir lasen Schlagzeilen, von denen viele angenommen hatten, dass wir sie niemals wieder lesen müssten: explodierende Preise für Grundnahrungsmittel wie Getreide und Gemüse (allein der Preis für Weizen war seit dem Jahr 2000 um 200 Prozent gestiegen), Lebensmittelknappheit in vielen Ländern, eine Zunahme von Todesfällen durch Unterernährung und sogar Plünderungen, um an Lebensmittel zu kommen, bedrohten die Stabilität von Ländern in aller Welt.

Seit dem weltweiten Höchststand der Lebensmittelpreise im Juni 2008 sind die Preise immer wieder gestiegen und gefallen und erreichten 2011 ein neues Rekordhoch. Im Jahr 2016 sanken sie leicht und verschafften Millionen von Menschen eine kurzfristige Erleichterung. Aber die weiterhin hohen Lebensmittelpreise verursachen einen furchtbaren Druck im Leben der Armen, die bis zu zwei Dritteln ihres Einkommens für Grundnahrungsmittel aufbringen müssen.[3]

Notprogramme zur Linderung der schlimmsten Folgen der Lebensmittelkrise hatten eine gewisse Wirkung. Aber darüber hinaus ist es unverzichtbar, die tieferen Ursachen der Krise zu betrachten. Wir müssen uns klarmachen, dass die Entwicklung der Weltwirtschaft und insbesondere des Systems der Lebensmittelproduktion und -verteilung zu dem heutigen Dilemma geführt hat. Es mag überraschen, aber tatsächlich haben die wirtschaftlichen und politischen Praktiken der entwickelten Welt einen starken Einfluss auf die Lebensmittel, die in den armen Ländern der Welt zur Verfügung stehen. Für die Lösung des globalen Lebensmittelproblems ist eine Neugestaltung der internationalen Rahmenbedingungen notwendig. Lediglich lokale oder regionale Reformen greifen zu kurz.

Die gegenwärtigen Probleme haben ihre Wurzeln in der Geschichte. Die Grüne Revolution der 1950er- und 1960er-Jahre steigerte die Ernteerträge in Asien und Lateinamerika, sodass viele Länder, die zuvor von Lebensmittelimporten abhängig waren, selbstversorgend wurden. Hunger und Unterernährung gingen zurück. Dem Ertragswachstum in der Getreideproduktion, die durch die Grüne Revolution möglich geworden war, ist die Rettung von bis zu einer Milliarde Menschenleben zu verdanken.

Inzwischen haben jedoch mehrere miteinander verwobene Tendenzen die von der Grünen Revolution erzielten Fortschritte teilweise wieder ins Gegenteil verkehrt. Ein Teil des Problems ist die Art und Weise, wie in den letzten dreißig Jahren die Globalisierung der Lebensmittelmärkte organisiert worden ist. Ich bin ein entschiedener Befürworter des freien Handels, weil ich überzeugt bin, dass die Unterstützung von Menschen und Ländern beim gegenseitigen Austausch von Waren und Dienstleistungen auf lange Sicht zu einem größeren Wohlstand für alle führen wird. Aber wie alle Märkte, so brauchen auch die globalen Märkte Grundregeln, die es allen Beteiligten ermöglichen, von ihnen zu profitieren.

Leider sind die heutigen globalen Märkte nur teilweise frei, und einige der Restriktionen, die hier eingeführt worden sind, haben verheerende Konsequenzen für arme Länder. Die Schieflage, die dieser halbfreie Handel verursacht hat, zeigt sich in Wettbewerbsverzerrung, Preissteigerung und führt sogar zur Zerstörung der Landwirtschaft in armen Ländern, die früher einmal enorme Lebensmittelüberschüsse produziert haben.[4]

Subventionen für Ethanol in Ländern wie den USA sind ein Beispiel für dieses Problem. Diese Subventionen waren dazu gedacht, den Anbau von Mais und Soja zu fördern, um dadurch teilweise die fossilen Brennstoffe im Benzin zu ersetzen. Das mag sinnvoll gewesen sein, als der Ölpreis bei 20 Dollar pro Barrel lag. Es sollte wirtschaftlich möglich werden, Biotreibstoffe als teilweisen Ersatz für relativ billiges und üppig vorhandenes Öl zu verwenden. Und das funktionierte auch, wie die Tatsache zeigt, dass im Jahr 2007 ein Viertel der Maisernte in den USA zur Produktion von Ethanol verwendet wurde.

Aber diese Subventionen lassen sich nicht rechtfertigen, wenn der Ölpreis bei mehr als 50 Dollar pro Barrel liegt, wie Anfang 2017, und dasselbe gilt für die Subventionen für die Ölproduktion, die riesige und höchst gewinnbringende Unternehmen wie ExxonMobil erhalten. Beide Subventionsarten verfälschen die Märkte, führen zu unbeabsichtigten ökologischen, sozialen und wirtschaftlichen Konsequenzen und sollten so schnell wie möglich gestoppt werden. Ansonsten werden sie weiterhin die Preise von Grundnahrungsmitteln direkt und indirekt in die Höhe treiben, auch dadurch, dass Ackerland und andere landwirtschaftliche Ressourcen zur Produktion von Treibstoff statt von Lebensmitteln verwendet werden.

Die steigende Nachfrage nach Fleisch hat die Strukturen der Lebensmittelpreise ebenfalls verzerrt und weltweit zur Lebensmittelknappheit beigetragen. Natürlich ist der wachsende Wohlstand in einigen der ärmsten Länder der Welt etwas Großartiges. Während der letzten dreißig Jahre haben es Millionen Menschen geschafft, sich aus der Armut zu befreien. Das verdanken sie dem wachsenden Zugang zu freien Märkten, technologischen Entwicklungen und Programmen wie den Mikrokrediten, die Investitionskapital an Menschen vergeben, die früher vom kapitalistischen System ausgeschlossen wurden.

Aber der steigende Wohlstand bringt auch Herausforderungen mit sich. Der durchschnittliche jährliche Fleischverzehr eines Chinesen ist von 20 Kilo im Jahr 1958 auf derzeit mehr als 50 Kilo angestiegen und liegt damit nur knapp unter dem US-Durchschnitt von etwa 57 Kilo.⁵ Ein ähnlicher Anstieg des Fleischkonsums lässt sich auch in anderen Ländern beobachten, zum Beispiel in Indonesien und Bangladesch. In diesen Ländern können sich jetzt immer mehr Menschen Fleisch leisten, und da Fleischkonsum als modern angesehen wird, wenden sich immer mehr Menschen in diesen Ländern von ihrer traditionellen fleischarmen Ernährung ab.

Leider geht dem Fleischverzehr aber ein relativ ineffizienter Gebrauch der natürlichen Ressourcen voraus. Die Produktion von einer Kalorie Fleisch verbraucht durchschnittlich sieben Kalorien Getreide. Die Zunahme des Fleischkonsums hat also zur Folge, dass heute immer mehr Getreide und andere Grundnahrungsmittel zur Ernährung von Vieh statt zur direkten Ernährung von Menschen verbraucht werden. Verschiedenen Untersuchungen zufolge wird bis zu einem Drittel der weltweiten Getreideproduktion sowie ein Drittel des internationalen Fischfangs zu Viehfutter verarbeitet. Dadurch wird mehr und mehr Ackerland auf unserem Planeten der Produktion von Lebensmitteln für den direkten menschlichen Verzehr entzogen und stattdessen zum Anbau von Getreide für die Viehfütterung verwendet.

Als Konsequenz dieser dysfunktionalen Landwirtschaftspolitik werden auch Grundnahrungsmittel immer teurer.

Aber auch andere Faktoren haben die Lebensmittelkrise in den Entwicklungsländern verstärkt. Einer dieser Faktoren ist die wachsende Schwierigkeit von Bauern in armen Ländern, auf den sich stetig ausbreitenden globalen Lebensmittelmärkten konkurrenzfähig zu sein. Kleinbauern in Entwicklungsländern geht es schlecht, weil sie mit Großproduzenten aus entwickelten Ländern konkurrieren müssen. Das ist ein einseitiger Kampf, der bisher katastrophale Konsequenzen für die armen Bauern dieser Welt gehabt hat.

Auch die wachsende Kontrolle, die Konzerne über landwirtschaftliche Ressourcen wie z.B. Boden erhalten, schadet den Bauern in den Entwicklungsländern. In dem Maße, in dem das große Agrobusiness eine fast monopolhafte Kontrolle über das Saatgut sowie über den Vertrieb von teuren Kunstdüngern und Pestiziden erreicht, werden immer mehr Kleinbauern vom Markt gedrängt, weil sie sich nicht die nötigen Produkte leisten können, um auf dem neuen globalisierten Lebensmittelmarkt konkurrenzfähig zu sein.

Ein weiterer wichtiger Faktor sind die Ölpreise. Viele Düngemittel werden auf der Basis von Petroleum hergestellt, und das bedeutet, dass jeder Preisanstieg bei einem Barrel Öl die Kosten für Düngemittel in die Höhe treibt. Natürlich treiben höhere Ölpreise auch die Kosten von allem anderen, was Energie erfordert, in die Höhe: Bewässerung, den Betrieb landwirtschaftlicher Maschinen, den Transport der Waren zum Markt und der Lebensmittel zu und von den Fabriken zur Weiterverarbeitung der Rohstoffe.

Alle diese wirtschaftlichen und sozialen Probleme verschärfen sich immer mehr, und zudem bedrohen die globalen Umwelttrends die Zukunft der Landwirtschaft in aller Welt. Klimawandel und Dürren verwandeln riesige Gebiete, die einst fruchtbares Ackerland waren, in Wüsten. Der Bedarf an neuem Ackerland und das unaufhaltsame urbane Wachstum verursachen immer mehr Entwaldung, die die Erderwärmung weiter beschleunigt. Wissenschaftliche Simulationen haben gezeigt, dass der Klimawandel zwar zu einem leichten Anwachsen des insgesamt verfügbaren Ackerlandes führen wird, dessen Qualität aber generell schlechter sein wird. Und darüber hinaus gehören die Regionen, die am anfälligsten für den Verlust von Ackerland sind – zum Beispiel das subsaharische Afrika, der Nahe Osten und Nordafrika – ohnehin schon zu den wirtschaftlich am meisten gepeinigten Regionen der Welt.[6]

Eins der Länder, das davon ganz unmittelbar betroffen sein wird, ist mein Heimatland Bangladesch. Es ist das am dichtesten bevölkerte Land der Welt und sehr flach: 20 Prozent seiner Gesamtfläche liegen weniger als einen Meter über dem Meeresspiegel. Mit dem Anstieg des Meeresspiegels werden die Überschwemmungen in Bangladesch ständig schlimmer und zerstörerischer. Hier braut sich eine Umweltkatastrophe zusammen, die sofort zu einer humanitären Katastrophe führen wird.

Im Jahr 2008, auf der Höhe der Lebensmittelkrise, der Ölpreiskrise und der Umweltkrise, kam es auch zum vernichtenden Zusammenbruch des Finanzsystems der USA. Große Geldinstitute und ganze Industriezweige wie die Automobilindustrie gingen entweder bankrott oder wurden durch noch nie da gewesene Rettungspakete seitens der Regierung künstlich am Leben erhalten.

Man hat für diesen historischen wirtschaftlichen Kollaps viele Gründe genannt: die exzessive Habgier des Marktes, die Verwandlung von Finanzmärkten in Spielkasinos, das Versagen der Gesetzgebungs- und Kontrollorgane und so weiter. Aber eins ist klar: Das Finanzsystem brach wegen einer fundamentalen Verzerrung seines grundlegenden Zwecks zusammen.

Ursprünglich waren Kreditmärkte dazu geschaffen worden, menschlichen Bedürfnissen zu dienen – um Unternehmer mit Kapital zu versorgen, damit sie Firmen eröffnen oder erweitern könnten. Im Gegenzug für diese Dienste machten Bankiers und andere Gläubiger einen angemessenen Gewinn, und so profitierten alle von diesem System. Im 21. Jahrhundert aber wurden die Kreditmärkte von einer relativ kleinen Zahl von Individuen und Firmen verfälscht, die ein anderes Ziel im Sinn hatten – durch clevere finanzielle Schachzüge bei der Höhe der Rückzahlungen unrealistisch hohe Gewinne zu machen. Sie verwandelten Hypotheken und andere Kredite in ausgeklügelte Instrumente, bei denen das Risikoniveau und andere wichtige Details verborgen oder verbrämt waren. Dann verkauften sie diese Instrumente immer neu, und bei jeder Transaktion bekamen sie ein Scheibchen vom Gewinn ab. Unaufhörlich trieben Investoren die Preise hoch, würfelten um unkontrolliertes

Wachstum und setzten darauf, dass die zugrunde liegende Schwäche des Systems nie ans Licht kommen würde.

Doch das Unvermeidliche geschah. Das Kartenhaus brach in sich zusammen. Und aufgrund der Globalisierung breitete sich dieser finanzielle Tsunami rasch über die ganze Welt aus.

Am Ende waren die Reichen nicht die am stärksten Betroffenen dieser finanziellen Krise, sondern das größte Leid brach über die vier Milliarden Menschen am unteren Ende der Pyramide herein, trotz der Tatsache, dass sie diese Krise in keiner Weise zu verantworten hatten. Während die Reichen weiterhin ihren privilegierten Lebensstil genossen, standen die unteren vier Milliarden der Weltbevölkerung vor den Problemen von Arbeitslosigkeit und Einkommensverlusten, und für viele ging es um Leben oder Tod.

Die Wechselwirkungen der Finanz-, Lebensmittel-, Energie- und Umweltkrise haben in den letzten Jahren die unteren vier Milliarden der Weltbevölkerung besonders hart getroffen. Und während Regierungen in aller Welt auf die Krise mit teuren Rettungsprogrammen reagierten, um untergehende Geldinstitute und riesige Konzerne über Wasser zu halten, haben sie nicht genug getan, um die Armut zu bekämpfen. Indem sie sich auf die Unterstützung großer Institutionen konzentrierten, die »zu groß sind, um zu scheitern«, haben sie implizit gezeigt, dass Milliarden von armen Menschen »zu klein sind, um ins Gewicht zu fallen«.

Ein neues Konzept des Kapitalismus, in dem es Raum für Social Business gibt, bietet die Hoffnung, dieses Problem zu lindern.

Social Business als Mittel gegen die Armut

Ich entwickelte das Konzept des Social Business aufgrund meiner Erfahrungen mit den Grameen-Unternehmen. Wie ich schon schrieb, entstand die Idee nicht als ein theoretisches Konzept, sondern als ein einfaches, praktisches Instrument, um die schlimmsten Auswirkungen der Armut in Bangladesch zu lindern.

Es ist wichtig, mit einer Feststellung zu beginnen: Armut wird nicht von armen Menschen geschaffen. Armut wird vielmehr von einem Wirtschaftssystem geschaffen, in dem alle Ressourcen die Tendenz haben, nach oben zu fließen und so einen sich ständig vergrößernde Pilzkopf von Reichtum zu schaffen, der nur einem einzigen Prozent der Menschen gehört. Das Bild vom Pilzkopf beschreibt die Situation sehr gut. Der riesige Pilzkopf verkörpert den Reichtumsbesitz einiger weniger, und der daran hängende sehr lange dünne Stiel repräsentiert den »Reichtum«, den die restlichen 99 Prozent der Weltbevölkerung besitzen. Mit der Zeit wird dieser Stiel immer dünner und länger, während der Kopf des Pilzes immer größer wird.

Das Wort *Ungleichheit* ist dabei völlig unzureichend, um diese nicht nachhaltige und inakzeptable Situation zu beschreiben. Wenn Sie den Unterschied zwischen Ameisen und Elefanten beschreiben sollten, würden Sie sicher auch nicht das Wort *Ungleichheit* benutzen!

Wir müssen der Tatsache ins Auge sehen, dass es im derzeitigen System nichts gibt, was man auch nur annähernd als »Verteilung des Reichtums« bezeichnen könnte. Stattdessen ist das System auf eine einseitige Konzentration angelegt, wie ein Waldbrand, der den Sauerstoff des Waldes aufzehrt und sich dadurch ausbreitet. In diesem System gibt es nichts, was diesen Prozess stoppen könnte. Es ist auf Reichtumsmonopolisierung statt auf Reichtumsverteilung angelegt.

Innerhalb des derzeitigen Systems sind arme Menschen wie Bonsaibäumchen. Diese Bäumchen wachsen zwar aus denselben Samen wie die hochgewachsenen Tannen oder Birken in der Natur. Aber weil sie in winzigen Töpfchen gehalten werden und nur wenig Wasser und Nährstoffe erhalten, werden Bonsaibäume niemals bis zur normalen Höhe wachsen. Stattdessen wachsen sie nur zu winzigen Repliken der normalgroßen Bäume heran.

Genauso ist es mit den Armen. Sie sind Bonsaimenschen. Sie bleiben klein wie die Bonsaibäumchen. An den Samen selbst ist nichts verkehrt. Aber das System gibt ihnen nicht die gleichen Chancen, die den Nicht-Armen gegeben werden. Das Resultat ist, dass sie ihre Kreativität und ihren Unternehmergeist nicht nutzen können, um so zu wachsen wie die anderen.

Das neue Wirtschaftssystem muss den Bonsaimenschen dieser Welt die Ressourcen verschaffen, die sie brauchen, um gerade, hoch und schön zu wachsen.

Armut ist heimtückisch und zerstörerisch und führt in einen Teufelskreis. Zum Beispiel ist es den Armen für gewöhnlich nicht möglich, Zugang zu einer vernünftigen Gesundheitsversorgung zu erhalten. Deshalb erleben sie längere und schlimmere Krankheitsphasen. Das verkürzt nicht nur ihr Leben, sondern macht es ihnen auch viel schwerer, die Schule zu besuchen oder für ihren Unterhalt zu arbeiten – und das wiederum treibt sie nur noch tiefer in die Armut. Dasselbe gilt für das Fehlen von sauberem Trinkwasser, für schlechte Wohnbedingungen und den mangelnden Zugang zur Mobilität. Solche negativen Rahmenbedingungen verstärken sich gegenseitig und führen in eine Abwärtsspirale, die die Auswirkungen der Armut vervielfacht und es noch schwerer macht, ihr zu entkommen.

Nach der Gründung der Grameen-Bank initiierte ich im Laufe der Jahre viele finanziell nachhaltige Projekte und Organisationen, um die Probleme der Armen zu überwinden. Darunter waren Projekte zur Vermarktung von Gemüsesamen, um das weitverbreitete Problem von Nachtblindheit unter den Kindern armer Familien zu bekämpfen, und Projekte, die durch die Anlage von Handbrunnen für sanitäre Einrichtungen und sauberes Trinkwasser sorgten. Später begann ich, Unternehmen zu gründen, um die vielen miteinander verknüpften Probleme anzugehen, mit denen die Armen in Bangladesch konfrontiert sind. Sei es ein Unternehmen, das regenerative Energien produziert, seien es Unternehmen zur Gesundheitsversorgung oder eine Firma, die den Armen Zugang zur Informationstechnologie verschafft – Ausgangspunkt dieser Unternehmensgründungen war immer der Bedarf der Armen.

Wir konzipierten diese Unternehmen als sich dauerhaft selbst tragende Firmen, um ihre Nachhaltigkeit zu sichern, sodass die von ihnen erzeugten Produkte oder Dienstleistungen immer mehr armen Menschen zugutekommen konnten. In all diesen Fällen war das Unternehmensziel an den Bedürfnissen der Armen orientiert; der Gewinn für individuelle Besitzer oder Investoren war keine unternehmerische Zielsetzung. Durch diese Erfahrungen wurde mir klar, dass Unternehmen von Anfang an so aufgebaut werden können, dass sie sich an gesellschaftlichen Bedürfnissen orientieren und nicht am Motiv des persönlichen Gewinns.

Im Jahr 2006 erlangte das Konzept des Social Business internationale Aufmerksamkeit, als die Grameen-Bank ein Joint Venture mit *Danone* begann, einer multinationalen Firma für Lebensmittelproduktion mit Sitz in Frankreich. (In meinem 2008 veröffentlichten Buch *Die Armut besiegen* erzähle ich die Hintergründe dazu noch ausführlicher.) Grameen gründete zusammen mit Franck Riboud, dem damaligen Vorstandsvorsitzenden von Danone, ein Unternehmen, das einen mit Vitaminen, Mineralien und anderen wichtigen Nährstoffen angereicherten Joghurt für die unterernährten Kinder im Hinterland von Bangladesch entwickelte. Wir verkaufen den Joghurt an arme Familien zu einem erschwinglichen Preis, der gerade genug einbringt, um die Firma selbsttragend zu machen. (Ein Becher Joghurt kostet derzeit 10 *Taka* [die Währung Bangladeschs], das entspricht 12 Cent eines US-Dollars.) Gemäß den vertraglichen Vereinbarungen verdienen weder Grameen noch Danone an diesem Unternehmen; sie erhalten lediglich ihr ursprüngliches Investitionskapital zurück – umgerechnet etwa eine Million Euro. Es gibt heute schon eine Joghurtfabrik in der Nähe von Bogra, einer Stadt nördlich der Hauptstadt Dhaka, und wir hoffen, mit der Zeit weitere Fabriken im ganzen Land bauen zu können.

Grameen Danone Foods trägt dazu bei, die Auswirkungen von Armut zu lindern. Wie eine Studie zeigen konnte, die von einem Wissenschaftlerteam mit Unterstützung der *Global Alliance for Improved Nutrition* (GAIN) durchgeführt wurde,[7] fördert der von Grameen Danone Foods vertriebene Joghurt die Gesundheit von Kindern, die sonst an Mangelerkrankungen leiden würden. Darüber hinaus hat die Joghurtfabrik in Bogra weitere positive Auswirkungen auf die Region. Die bei der Produktion verarbeitete Milch wird bei den Bauern vor Ort eingekauft und sichert diesen eine zusätzliche, regelmäßige Einkommensquelle. Frauen aus der Gegend sind im Joghurtverkauf tätig. Außerdem hat Danone Menschen vor Ort ausgebildet. Sie leiten die Betriebe und sind verantwortlich für den Verkauf und die Vermarktungsmaßnahmen. Alle diese Faktoren tragen zum Aufschwung in der Region bei.

Und das ist erst der Anfang. Grameen Danone Foods ist das erste Joint Venture Social Business, das wir aufgebaut haben. Inzwischen wenden sich mehr und mehr Unternehmen an uns, die an einer Partnerschaft zum Aufbau eines neuen Social Business mit uns interessiert sind. Zum Beispiel haben wir ein Joint Venture mit *Veolia* aufgebaut, einer großen Firma zur Wasseraufbereitung und -versorgung mit Sitz in Frankreich, um die Dörfer von Bangladesch mit sauberem Trinkwasser zu versorgen. Dieses Joint Venture betreibt eine Wasseraufbereitungsanlage, die sauberes Wasser für 50.000 Dorfbewohner in einem Gebiet von Bangladesch erzeugt, in dem die bestehende Wasserversorgung stark mit Arsen belastet ist. Wir verkaufen den Dorfbewohnern das Wasser zu einem Preis von gerade einmal 3 Cent pro zehn Liter. Das erlaubt der Firma, kostendeckend zu arbeiten, aber weder Grameen noch Veolia ziehen daraus einen finanziellen Gewinn.

Mit Konzernen wie *Intel Corporation*, *BASF*, *Uniqlo*, *SK Dream* und *Euglena* haben wir in Bangladesch weitere Joint Ventures als Social Business aufgebaut.

Jedes dieser Unternehmen hat seine eigene einzigartige Geschichte. *Grameen Euglena* zum Beispiel geht auf den damals achtzehnjährigen Studenten Mitsuru Izumo zurück, der 1998 nach Bangladesch gekommen war. Nach einem Praktikum bei der Grameen-Bank verschrieb Izumo sich dem Kampf gegen die Unterernährung. Er wechselte vom Studium der Literatur zur Landwirtschaft und wurde auf die bemerkenswerten Eigenschaften von Euglena aufmerksam. Bei diesen Augentierchen handelt es sich um einen Einzeller, der einen Großteil der Elemente enthält, die für das menschliche Überleben notwendig sind. Mitsuru Izumo war überzeugt, mit dieser Alge das Supernahrungsmittel für die Welt gefunden zu haben, und konzentrierte sich auf die Erforschung von Möglichkeiten, es kommerziell zu produzieren. Um das Produkt zu vermarkten, gründete er 2005 seine Firma, Euglena, die inzwischen an der Tokioter Börse notiert ist. 2014 startete er Grameen Euglena als ein Kounternehmen mit der *Grameen Krishi Foundation*. Dieses Social Business produziert Euglenaplätzchen für Schulkinder sowie Mungbohnen, nährstoffreiche Hülsenfrüchte, deren Anbau das Einkommen von etwa achttausend Bauern in Bangladesch sichert.

Grameen hat in Bangladesch noch weitere unabhängige Social Business-Unternehmen gestartet, die nicht in Partnerschaft mit einer anderen Firma gegründet wurden. In Bogra hat Grameen im Jahr 2008 ein Krankenhaus eröffnet, in dem Augenuntersuchungen und Augenoperationen durchgeführt werden, deren Kosten nach dem Prinzip des sozialen Ausgleichs berechnet werden: Die Gebühren, die

Mittelklasse- und gut situierte Patienten zahlen, tragen zur Finanzierung der Behandlung derer bei, die nur wenig oder gar nichts bezahlen können. Selbstverständlich erhalten alle Patienten eine Behandlung von gleich hoher Qualität, unabhängig davon, wie viel oder wie wenig sie zahlen. Dieses Krankenhaus war innerhalb von vier Jahren finanziell selbsttragend. Ein zweites Krankenhaus, das nach dem gleichen Prinzip funktioniert, wurde 2009 im Süden von Bangladesch in Barisal eröffnet. Nach nur drei Jahren war der Betrieb dieses Krankenhauses selbsttragend. Ein drittes Krankenhaus öffnete 2016 im abgelegenen Norden von Bangladesch, und 2017 ging ein viertes in Bau. Bis jetzt haben unsere Krankenhäuser mehr als eine Million Patienten behandelt und mehr als 55.000 Operationen zur Rettung ihres Augenlichts durchgeführt.

Ein weiteres erfolgreiches Social Business ist die *Grameen Distribution*, ein ländliches Marketingnetzwerk, das wir 2009 gründeten, um nützliche und erschwingliche Produkte im Direktvertrieb an ländliche Haushalte zu verkaufen. Arme Frauen, die Mitglieder des Grameen Marketing Network sind, verkaufen Waren wie Mobiltelefone und deren Zubehör, Solarmodule und Mini-Solarenergiesysteme, chemisch behandelte Moskitonetze zur Reduzierung von Malariafällen und anderen Infektionskrankheiten sowie energiesparende Leuchtkörper und Glühbirnen. Mit einem Markt, der mehr als 1,5 Millionen ländliche Haushalte umfasst, schafft Grameen Distribution Verdienstmöglichkeiten für viele Tausend Frauen in den Dörfern, die dadurch das Familieneinkommen um durchschnittlich 37 US-Dollar pro Monat erhöhen können. In einem Land, in dem zum Beispiel der Mindestlohn in der riesigen Textilindustrie nur 68 US-Dollar pro Monat beträgt, ist das ein bedeutender Beitrag, um Familien aus der Armut herauszuhelfen.[8]

Eines von vielen weiteren Beispielen von Social Business ist das *Grameen Caledonian College of Nursing*, eine

Krankenpflegeschule, die im März 2010 ihre Tore öffnete. Krankenschwestern spielen eine zentrale Rolle bei der Bereitstellung von moderner Gesundheitsversorgung mit hoher Qualität. Aber wie die meisten anderen armen Länder leidet auch Bangladesch unter einem drastischen Mangel an ausgebildeten Krankenschwestern. Für unsere Bevölkerung von 165 Millionen stehen gerade einmal 23.000 Krankenschwestern zur Verfügung – mehr als 6.000 Menschen pro Schwester. (Dagegen verfügen die 60 Millionen Bürger Großbritanniens über 680.000 Schwestern, was eine Quote von 88 Menschen pro Schwester ergibt.) Diese Knappheit ist einer der Gründe, warum etwa 87 Prozent aller Mütter in Bangladesch ihre Kinder ohne professionelle medizinische Hilfe zur Welt bringen – ein weiteres Beispiel der sich gegenseitig verstärkenden Auswirkungen der Armut auf das Leben der Armen.

Um dieses Problem anzugehen, schloss der *Grameen Healthcare Trust* einen Vertrag mit der *Glasgow Caledonian University*, um ein College auf Weltklasseniveau für die Ausbildung von Krankenschwestern und Hebammen in der Hauptstadt Dhaka zu gründen. In wenigen Monaten wurde ein Lehrplan entwickelt, Mitarbeiter für Wissenschaft und Verwaltung wurden angestellt, das College wurde mit Bibliothek, modernen Ausbildungsplätzen und Laboratorien ausgestattet und es wurden Studentinnenwohnheime gebaut. Der erste Kurs begann 2010 mit 40 Studentinnen, die allesamt Töchter von Kreditnehmerinnen der Grameen-Bank waren. Bis zum Frühjahr 2017 hatten sich insgesamt 634 Studentinnen im College eingeschrieben, und 223 von ihnen haben schon ihr Krankenpflegediplom erworben. Alle Absolventinnen haben umgehend Stellen in führenden Krankenhäusern des Landes gefunden. Weitere 81 Studentinnen haben 2017 ihren Abschluss gemacht.

Inzwischen trägt sich das Krankenpflegecollege schon fast selbst. Professor Barbara Parfitt, die Gründungsdirektorin des Colleges, sagt, dass die Schule bewusst dem Druck widerstanden hat, sich dem Diktat des Geldes zu beugen. Stattdessen gewährleistet die Krankenpflegeschule eine Ausbildung von höchster Qualität und findet dann Wege zur Kostendeckung, die wirtschaftlich solide und sinnvoll sind. Das ist, kurz gefasst, die Unternehmensphilosophie, die dem gesamten Social Business zugrunde liegt.

Alle diese Formen von Social Business in Bangladesch – von meinem Projekt des Vertriebs von Gemüsesamen bis zu den vielen anderen, die wir im Laufe der Jahre aufgebaut haben – tragen dazu bei, die schlimmsten Auswirkungen der Armut in den Dörfern meines Heimatlandes zu lindern. Dank dieser Maßnahmen haben Millionen von »Bonsaifamilien« Zugang zu Mitteln erhalten, die ihnen helfen, Ziele zu erreichen und ein glücklicheres Leben zu führen.

Von Bangladesch in die Welt: Wie wirtschaftlicher Erfindergeist sich weltweit ausbreitet

Je mehr ich mich für das Leben der Armen engagierte, desto mehr sah ich, wie wichtig es ist, ihre zahlreichen Probleme zu bekämpfen – und desto mehr entdeckte ich, dass kreativ gestaltetes Social Business ohne das Ziel von persönlichem Gewinn ein machtvoller Weg sein kann, um diese Probleme zu lösen. Je mehr ich mit Social Business arbeitete, desto besser gefiel es mir. Die Erfolge, die Social Business-Unternehmen in Bangladesch erzielt haben, ließen die Frage aufkommen: Kann dasselbe Modell auch im Rest der Welt mit Erfolg angewandt werden?

Ich werde oft zu Vorträgen an Universitäten und bei Businessmeetings in aller Welt eingeladen. Ich nutze diese Gelegenheiten, um von meinen Erfahrungen zu berichten und von den Teilnehmern Feedback zu erhalten. Im Jahr 2010 hielt ich einen Vortrag an der London School of Economics and Political Science (LSE, Hochschule für Wirtschafts- und Politikwissenschaften). Ich erfuhr erst ein paar Monate später, dass eine der Absolventinnen der LSE aufgrund meines Vortrags großes Interesse am Konzept des Social Business entwickelt hatte.

Diese junge Frau, Saskia Bruysten, kam zu einem weiteren Vortrag, den ich in Berlin bei der Vision Conference hielt. Diesmal kam sie nach dem Vortrag zu mir und fragte mich, ob es eine Möglichkeit für sie und ihre Freundin Sophie Eisenmann gäbe, sich in Bangladesch und in anderen Ländern im Social Business zu engagieren. Ich brachte sie mit Hans Reitz in Verbindung, einem jungen Unternehmer aus Wiesbaden. Hans war von der Idee des Social Business begeistert und hatte begonnen, in Deutschland Social Business-Unternehmen zu schaffen und das Konzept weltweit zu verbreiten. 2006 gründete Hans zu diesem Zweck in Wiesbaden eine Organisation mit Namen *Grameen Creative Lab* (GCL).

Hans bot Bruysten und ihrer Freundin sofort an, bei GCL einzusteigen. Bruysten arbeitete zu dem Zeitpunkt als Unternehmensberaterin für die Boston Consulting Group (BCG). Sie hat einen MBA-Abschluss und Erfahrung sowohl in gewinnorientierten Unternehmen als auch im Non-Profit-Sektor. Sie und Eisenmann, ihre langjährige Schulfreundin und Studienkollegin mit einem ähnlichen wissenschaftlichen und beruflichen Hintergrund, stiegen aus ihren Jobs bei BCG aus und begannen bei GCL, sich der Verbreitung des Social Business zu widmen. Ein Jahr lang arbeiteten sie bei GCL, schieden dann aber aus, um ihre eigene Firma zu gründen, das *Yunus Social Business* (YSB), das mit dem Yunus-Zentrum in Dhaka zusammenarbeitet. Sie wollten Social Business-Projekte in der ganzen Welt starten und begannen ihre Arbeit mit der Übernahme einiger GCL-Projekte in Kolumbien und Haiti.

Das Ziel von YSB ist der Aufbau einer neuen Wirtschaftsstruktur, indem Theorie und Praxis des Social Business in aller Welt bekannt gemacht werden. Zu den verschiedenen Methoden gehört es, als Gründerzentrum zu fungieren und einen Unternehmensfonds aufzubauen. Gegenüber den herkömmlichen Unternehmensfonds weist dieser Unternehmensfonds einen großen Unterschied auf. Eine Investition des YSB-Unternehmensfonds geschieht nicht in der Absicht, große Gewinne zu machen. Als ein Social Business erhält YSB keinerlei Gewinn von den Firmen, bei denen es Kapitalbeteiligung hat. Stattdessen verlangt es nur eine Gebühr, um seine Kosten zu decken. Das Konzept ist einfach: Die Programmleiter von YSB wählen die vielversprechendsten Unternehmenspläne aus, die von Einheimischen präsentiert werden und dazu konzipiert sind, lokale Probleme auf nachhaltige Weise zu lösen. Die Investoren haben das Recht, den Investitionsbetrag zurückzuerhalten. Alle Gewinne, die darüber hinausgehen, werden in das Unternehmen reinvestiert oder derart verwendet, dass sie der lokalen Bevölkerung zugutekommen. So fließt alles in die Gemeinschaft zurück.

In Uganda zeigt *Golden Bees* gut, wie YSB als Gründerzentrum funktioniert. Der Gründer von Golden Bees wandte sich an das örtliche YSB-Team und suchte bei ihm Rat, Unterstützung und Mittel für sein Unternehmenskonzept. YSB brachte ihn mit lokalen Unternehmensexperten in Verbindung, wo er kostenlos Training und Informationen zu Themen wie Finanzplanung und Marktanalyse erhielt. Danach stellte YSB Startupmittel zur Verfügung, um Golden Bees bei den ersten Schritten zu unterstützen.

Heute begleitet das YSB-Team das Wachstum von Golden Bees und steht immer zur Verfügung, wenn Unterstützung nötig ist. Auf dieselbe Weise fördert YSB mehr als ein Dutzend weitere Social Business-Startups in Uganda, die beispielsweise Wasserreinigungssysteme oder umweltfreundliche Küchenherde entwickeln.

Seit 2011 ist YSB rapide gewachsen. Heute operiert es in sieben Ländern: Haiti, Albanien, Brasilien, Kolumbien,

Indien, Tunesien und Uganda. YSB besteht aus einem starken internationalen Team von mehr als 45 Menschen unterschiedlichster Herkunft, die sich alle dem Social Business verpflichtet wissen. Zu den Social Business-Unternehmen, denen YSB beim Start geholfen hat, gehören zum Beispiel *Bive*, ein Netzwerk von Gesundheitsversorgungsanbietern für die Armen in der kolumbianischen Region Caldas, ebenso wie *Digo*, ein Unternehmen, in dem Mikrounternehmer Reinigungsprodukte für den Haushalt an arme Menschen im Hinterland von Haiti verkaufen, und *Seniors House*, ein Anbieter von Tagespflege und häuslichen Dienstleistungen für alte Menschen in Albanien.

YSB fungiert aber nicht nur als Gründerzentrum für Startups, sondern arbeitet auch mit etablierten gewinnorientierten Unternehmen zusammen, die an der Möglichkeit interessiert sind, über ihre bisherige Geschäftstätigkeit hinaus ein Social Business zu starten. Dieses Modell geht auf unsere Joint Venture-Erfahrungen mit den erfolgreichen französischen Konzernen Danone und Veolia zurück.

Sie mögen sich fragen, warum eine gewinnorientierte Firma ein Unternehmen starten will, dessen Ziel es ist, ein soziales Problem zu bekämpfen, ohne dabei Gewinne zu generieren. Dafür gibt es unterschiedliche Gründe. In manchen Unternehmen liegt den Besitzern oder den Topmanagern ein bestimmtes gesellschaftliches Problem am Herzen, zum Beispiel Armut, Bildung, Gesundheit oder Umweltverschmutzung. Darum planen sie, ein Social Business zu starten und das Knowhow ihres ursprünglichen Unternehmens zu nutzen, um dieses Problem zu lösen. Außerdem kann die Gründung eines Social Business gut zu den angestammten Unternehmenszielen passen und eine solche Initiative kann den Mitarbeitern Engagement und Begeisterung für ihre Arbeit vermitteln, kann dem Unternehmen Anerkennung und Lob von der Gesellschaft im Allgemeinen bringen und kann vielleicht helfen, mehr über das Social Business-Modell und seine Auswirkungen auf das Unternehmen insgesamt zu entdecken. In den meisten Fällen ist jedoch das, was Wirtschaftsführer zur Gründung eines Social Business motiviert, dasselbe, was auch Unternehmer, Studierende und andere Menschen motiviert, die von diesem Konzept fasziniert sind: Sie empfinden Verantwortung für ihre Mitmenschen und wollen das ihnen Mögliche tun, um deren Leben zu verbessern. Das Social Business repräsentiert eine neue Wirtschaftsstruktur und eröffnet Raum für Innovationen. Das ist ein starkes Motiv, warum eine wachsende Zahl von Wirtschaftsführern in aller Welt sich dafür begeistern und mit diesem Konzept experimentieren und Erfahrungen sammeln wollen.

Zu diesem Zweck kontaktieren Vorstandsvorsitzende und andere Manager die Mitglieder des YSB-Teams in ihren Büros in Frankfurt und Berlin oder in einem ihrer Auslandsbüros. Oder sie wenden sich an das Beraterteam von Hans Reitz in den Büros von Grameen Creative Lab in Wiesbaden oder an die Experten des Yunus-Zentrum in Dhaka (Bangladesch), das der zentrale Punkt aller meiner lokalen und internationalen Aktivitäten ist. Auf Bitten des Pariser Bürgermeisters hat 2017 ein neues Büro mit Namen Yunus Centre Paris in der französischen Hauptstadt aufgemacht (später mehr dazu). Alle diese Organisationen sind Anlaufstellen für alle Fragen rund um den Aufbau eines Social Business.

Fachleute dieser Organisationen bieten Coaching, Ausbildung und Beratung für Manager an, die ein Social Business gründen wollen, sei es als eigenständige Firma oder als Firmenteil innerhalb eines bereits bestehenden Konzerns. Ebenso beraten sie Leiter von Non-Profit-Organisationen oder NGOs, die daran interessiert sind, einige ihrer Aktivitäten in ein Social Business umzuwandeln.

**Der Social Business-Action Tank in Frankreich:
Armut in einem reichen Land bekämpfen**

Eins der faszinierendsten Ergebnisse der von YSB unterstützten Experimente war die Schaffung einer Form, der wir in Anspielung auf den Ausdruck *think tank* (Denkfabrik) den Namen *Social Business-Action Tank* (Aktionsfabrik) gegeben haben. In einem Social Business-Action Tank können Topmanager großer Konzerne das Konzept des Social Business im Detail kennenlernen, um neben ihren angestammten Unternehmen ein Social Business zur Lösung sozialer Probleme zu gründen.

Der erste Social Business-Action Tank wurde 2010 in Paris gegründet. Eine der treibenden Kräfte dieser Gründung war Emmanuel Faber, der 2014 der Vorstandsvorsitzende von Danone wurde – ein Unternehmer voller Einfallsreichtum, einem Gespür für soziale Probleme und der Bereitschaft, mit verschiedenen wirtschaftlichen Modellen zu experimentieren, um Lösungen für die dringendsten Probleme der Menschheit zu finden. Faber und Franck Riboud waren aufgrund des Joint Ventures Grameen Danone Foods in Bangladesch mit dem Konzept des Social Business bereits bestens vertraut. Um dieses Modell nach Europa zu bringen, tat sich Faber mit Martin Hirsch zusammen, einem anerkannten französischen Sozialaktivisten und Beamten mit langer Erfahrung bei der Etablierung von Hilfsprogrammen für benachteiligte Menschen. Emmanuel Faber und Martin Hirsch bildeten ein Team, um den Social Business-Action Tank ins Leben zu rufen.

Die beiden konnten eine Reihe von Unternehmern für die Mitarbeit gewinnen, unter anderem den erfahrenen Unternehmensberater Jacques Berger, der jetzt der Direktor dieses französischen Social Business-Action Tank ist. Experten aus dem wissenschaftlich-akademischen Bereich kamen hinzu, um als Berater zu fungieren und die gestarteten Experimente auszuwerten, sodass die dabei gewonnenen

Erfahrungen sich auch im universitären Bereich in der Betriebswirtschaftslehre und in den Wirtschaftswissenschaften niederschlagen können.

Bénédicte Faivre-Tavignot zum Beispiel, Exekutivdirektorin einer speziellen Abteilung für Social Business an der angesehenen französischen Business School HEC, erforscht die Arbeit des Action Tank und vermittelt ihre Entdeckungen Wissenschaftlern in aller Welt.

Seit Herbst 2016 hat die französische Aktionsfabrik, deren formeller Name *Action Tank Entreprise et Pauverté* (»Aktionsfabrik Unternehmen und Armut«) ist, eine Reihe von Social Business-Unternehmen gestartet, um die verschiedenen Probleme armer Menschen in Frankreich in Angriff zu nehmen.

Die Hilfe für arme Menschen in einem reichen Land ist eine völlig andere Art von Herausforderung als die Situation in Bangladesch, das lange eins der ärmsten Länder der Welt war, oder als die Probleme, die das YSB-Team und seine Unternehmenspartner in armen Ländern wie Uganda zu bewältigen haben. Frankreich ist eins der reichsten Länder der Welt. Es hat ein gut ausgebautes Sozialsystem, das die lebenswichtigen Grundbedürfnisse wie Gesundheitsversorgung, Bildung oder Wohnung absichert.

Dennoch hat Frankreich immer noch einen bedeutenden Prozentsatz von Armen: Geschätzte 13 Prozent der Bevölkerung, also insgesamt etwa 8 Millionen Menschen sind von Armut betroffen. Jacques Berger erinnert, dass ihre Zahl von 1900 bis 1970 ständig sank, aber dann kam diese Entwicklung zum Erliegen, was ganz typisch dafür ist, wenn man die Armut im Rahmen eines traditionellen kapitalistischen Systems einzudämmen versucht. Ein Teil der französischen Armen sind alte Menschen, die von einer kleinen Rente leben müssen. Ein anderer Teil sind Menschen in ländlichen Regionen mit einer schwächelnden Wirtschaft und hoher Arbeitslosigkeit. Ein weiterer Teil der stark von Armut betroffenen Menschen sind Migranten aus Ländern des Nahen Ostens, Afrikas und Asiens, die verzweifelt ihren Platz in der französischen Wirtschaft suchen.

Für diese und andere Menschen am unteren Ende der gesellschaftlichen Leiter ist das Leben schwer und gespickt mit zahllosen Hindernissen, die ein Fortkommen erschweren. Die von der französischen Aktionsfabrik gestarteten Social Business-Unternehmen versuchen, diese Hindernisse zu reduzieren oder zu beseitigen. Der Fortschritt in der Armutsbekämpfung, der 1970 ins Stocken geraten ist, soll wieder aufgenommen werden mit dem Ziel, in Frankreich die Armut zu beseitigen.

Eins dieser Social Business-Unternehmen ist *Mobiliz*, eine Firma, die der Autobauer *Renault* gegründet hat mit dem Ziel, armen Menschen Mobilität zu erschwinglichen Preisen zu ermöglichen. Beim Brainstorming für passende Unternehmensmodelle zogen die Renault-Manager eine Reihe von Ideen in Betracht. Zum Beispiel spielten sie mit dem Gedanken, ein ultrapreiswertes Auto zu entwickeln, das sich sogar die Armen leisten könnten. Aber je mehr sie mit Menschen in diesem angezielten Markt sprachen, also mit den armen Menschen selber, desto mehr sahen sie ein, dass sich so die brennendsten Mobilitätsprobleme dieser Menschen nicht lösen lassen würden.

Stattdessen stellten sie fest, dass viele Arme in Wirklichkeit schon Autos besaßen, nämlich alte Gebrauchtwagen von schlechter Qualität, die schon viele Jahre und Hunderttausende von Kilometern auf dem Buckel hatten. Doch etwas Besseres konnten sie sich nicht leisten. Allerdings stehen bei alten Gebrauchtwagen die Anschaffungskosten in keiner Relation zu den Unterhaltskosten. Die alten Klapperkisten von Frankreichs Armen hatten viele Pannen und dementsprechend teure Reparaturen. Weil ihre Autos ständig in der Werkstatt waren, fehlten sie oft bei der Arbeit – und als unbedeutender Arbeiter mit einem Job am unteren Ende der

Leiter erhöhen zusätzliche Fehltage die Wahrscheinlichkeit, gefeuert zu werden.

Bei Renault wurde klar, dass ein Schlüssel für die Mobilität von Frankreichs Armen sein könnte, den Unterhalt und die Reparatur von Autos für sie erschwinglich zu machen. So begann man 2010, ein Netz von Autowerkstätten aufzubauen, die Mobiliz-Mitgliedern Rabatt gewährten und deren sonstige Kunden es ermöglichten, die Unternehmenskosten voll zu decken. Heute gibt es viele Hunderte dieser »Solidaritätswerkstätten« mit Tausenden Kunden, die von lokalen NGOs, die unmittelbar mit den Armen arbeiten, für Mobiliz identifiziert werden. Die Werkstätten profitieren davon, weil es ihnen eine optimale Auslastung ihrer Werkstätten garantiert, und die Kunden profitieren von der hohen Qualität der Leistungen, die ihre Autos am Laufen halten und ihr Leben weitergehen lässt.

Bei Renault war dies aber erst der Anfang im Bemühen, mit Projekten innerhalb des Social Business zu experimentieren. Derzeit probiert das Unternehmen verschiedene andere Möglichkeiten aus, um Mobilität für die zu gewährleisten, die darauf angewiesen sind. Dazu gehören bezahlbare und gut erreichbare Fahrschulen, der Einsatz von Smartphonetechnologie, um eine Fahrausbildung für alle zu ermöglichen, und der Aufbau eines Carsharingservice, der kostengünstige Elektroautos zur stundenweisen Miete in Vierteln mit Sozialwohnungen anbieten soll.

Ein weiteres vom französischen Aktion Tank gestartetes Social Business ist *Optique Solidaire*, ein Zweig der französischen Firma *Essilor*, ein führender Hersteller von Brillengläsern und anderen optischen Geräten. Viele Franzosen können sich keine Qualitätsbrillen mit Gleitsichtgläsern leisten, die normalerweise zwischen 230 und 300 Euro kosten. Ein Team von Essilor-Fachleuten hat fünfzehn Monate lang mit der Herstellung und dem Liefersystem von Brillengläsern experimentiert, um diesen Preis zu senken. Heute gibt es ein Netz von mehr als fünfhundert Optikern, die Bedürftigen solche Spitzenqualitätsbrillen für nur 30 Euro verkaufen können. Ursprünglich war das Programm auf ältere Kunden ab sechzig Jahren ausgerichtet, aber 2014 wurde es erweitert und schließt nun bedürftige Menschen ab 45 Jahren ein. Berechtigte Empfänger sind Menschen, die über eine spezielle soziale Krankenversicherung für Einkommensschwache versichert sind.

Andere Social Business-Projekte, die vom Aktion Tank zusammen mit führenden französischen Konzernen initiiert wurden, beschäftigen sich mit Problemen wie Notunterkünfte für Obdachlose, Versicherungen für Menschen, die die Beiträge herkömmlicher Versicherungspolicen nicht bezahlen können, oder Bankleistungen, die auch für Arme zugänglich sind.[9]

Wie Sie sehen, unterscheidet sich die Bekämpfung der Armut in einem reichen Land der entwickelten Welt sehr von den Herausforderungen in einem armen Land in Asien, Afrika oder Lateinamerika. Da die Armen eine relativ kleine Gruppe der Bevölkerung sind und oft inmitten von reichen Nachbarn leben, ist eine der Herausforderungen, sie ausfindig zu machen und das Social Business so zu gestalten, dass es den wirklich Bedürftigen zugutekommt.

Ich wollte kein kompliziertes System von Tests oder Regeln schaffen, um Menschen herausfischen zu können, die eine Teilnahme *nicht* verdienen. Aber ich will sicherstellen, dass ein Social Business, das die Auswirkungen der Armut lindern soll, diesem Ziel auch tatsächlich dient. Eine Dienstleistung oder ein Produkt allen zum gleichen Preis anzubieten kann zum Ausschluss derer führen, die es am meisten brauchen. Deshalb sind die Experimente des Aktion Tanks hinsichtlich der Konzentration auf die Armen so wichtig.

Die vom französischen Aktion Tank geschaffenen Projekte haben sich als so vielversprechend erwiesen, dass das Konzept nun auch auf andere Länder ausgeweitet werden soll. YSB ist gerade dabei, Aktion Tanks in Indien und Brasilien aufzubauen. Die wirtschaftliche Situation dieser beiden Länder unterscheidet sich sehr von der in Frankreich. Beides sind Entwicklungsländer mit einer schnell wachsenden Mittelschicht und einem gleichbleibend großen Anteil Armer sowohl auf dem Land als auch in den riesigen urbanen Slums. Beide Länder besitzen auch einige sehr große Firmen mit globaler Reichweite. Ich vermute, dass einige der Ideen, die in diesen beiden neuen Aktion Tanks entstehen, denen in Frankreich ähneln werden, während viele weitere sich entsprechend der völlig anders gearteten Sozialstruktur deutlich unterscheiden werden.

Sowohl in Indien als auch in Brasilien haben die YSB-Teams schon eine Reihe von Zusagen von Konzernen erhalten, die darauf brennen, mit neuen Wirtschaftsstrukturen zu experimentieren. Sie haben auch schon Kontakte mit Universitäten vor Ort geknüpft, die mögliche Projekte mit ihren Forschungen unterstützen wollen. Es wird spannend sein, die Entwicklung dieser neuen Experimente zu beobachten. Ähnliche Initiativen bilden sich nun auch in Japan und Australien. Aktion Tanks müssen sich nicht auf reiche oder große Länder beschränken. Sie können auch in armen und kleinen Ländern geschaffen werden und dort agierende lokale und multinationale Unternehmen einbeziehen. Und schließlich sollte es möglich sein, die Erfahrungen dieser Länder zu nutzen, um Social Business-Aktion Tanks für viele andere Städte in allen Teilen der Welt zu gründen.

Die neue Wirtschaft und das Ziel der Beseitigung der Armut

Wie diese Beispiele zeigen, gibt die wirtschaftliche Transformation, die das Social Business in Gang setzt, der Menschheit zum ersten Mal die Chance, eine Welt ohne Armut zu schaffen.

Es ist meine tiefste Überzeugung, dass die Armut nicht von den armen Menschen geschaffen wird. Die Armut wird vielmehr von außen den Menschen aufgezwungen, obwohl alle Menschen in jeder Lebensphase und an jedem Ort der Welt mit demselben unbegrenzten Potenzial an Kreativität und Energie ausgestattet sind. Die Beseitigung der Armut ist eine Frage der Beseitigung von Barrieren, denen sich arme Menschen gegenübersehen, wenn sie ihre Kreativität zur Lösung ihrer Probleme freisetzen wollen. Sie können ihr Leben verändern, wenn wir ihnen dieselben Chancen geben, die der Rest von uns hat.

Kreativ gestaltete Formen von Social Business in allen Bereichen können das am effektivsten erreichen. Armut gehört nicht in eine zivilisierte Gesellschaft. Armut gehört nur in Museen, die unsere Kinder und Enkel besuchen werden, um zu sehen, unter welcher Unmenschlichkeit die Menschen früher einmal zu leiden hatten, und wo sie sich fragen werden, wie ihre Vorfahren es zulassen konnten, dass diese Situation so lange anhielt.

Die kommende Generation hat die Macht, die Armut auf diesem Planeten zu beseitigen. Wir haben die Sklaverei überwunden, wir haben die Apartheid abgeschafft, Menschen sind bis zum Mond geflogen. Das sind alles Schritte, die einst für unmöglich gehalten wurden. Wir können die Armut überwinden. Es ist unsere Entscheidung, dass die Geißel der Armut nicht zu der Welt gehören soll, in der wir leben wollen – und dann das neue Wirtschaftssystem zu schaffen, das diese Welt, für die wir uns entschieden haben, möglich macht.

ARBEITSLOSIGKEIT ABSCHAFFEN: WIR SUCHEN KEINE JOBS, WIR SCHAFFEN SIE

4

Seit der Großen Rezession 2008–2009 haben Menschen in aller Welt ein vertieftes Gespür dafür entwickelt, dass in unserem Wirtschaftssystem etwas grundsätzlich falsch läuft. Die Jugendarbeitslosigkeit sticht dabei besonders ins Auge. In Europa liegt die Arbeitslosigkeit von Menschen unter 25 Jahren bei 18,6 Prozent (Stand: Dezember 2016). In manchen Ländern, z.B. Griechenland, Spanien und Italien, liegt die Rate über 40 Prozent.[10] In den Vereinigten Staaten ist eine bedeutende Zahl von jungen Leuten völlig entmutigt aus dem Erwerbsleben ausgestiegen, was zu geschönten Arbeitslosigkeitsstatistiken führt, die das wahre Ausmaß des Problems verschleiern.[11]

Außerdem zeigen Erhebungen, dass Jugendarbeitslosigkeit kein zeitlich begrenztes Problem ist. Junge Menschen, die viele Jahre keine Arbeit haben oder in schlecht bezahlten Jobs ohne Aufstiegschancen arbeiten, leiden ein Leben lang unter den Konsequenzen. Egal wie hart sie arbeiten, ist es unwahrscheinlich, dass sie Arbeitsstellen finden können, die gut bezahlt werden, lebenslange Sicherheit bieten und Chancen für die nächste Generation schaffen.

Arbeitslosigkeit und Unterbeschäftigung wirken sich während des gesamten Erwerbslebens negativ auf das Durchschnittseinkommen aus und sind zwei der wichtigsten Faktoren für die zunehmende wirtschaftliche Ungleichheit, die nach meinen Beobachtungen eine ernsthafte Bedrohung für die Zukunft der Welt darstellt. Die psychologischen und gesellschaftlichen Auswirkungen sind gravierend. Arbeitslosigkeit bedeutet, einen voll einsatzfähigen Menschen auf den Müll zu werfen – und das ist eine besonders grausame Form von Strafe.

Ein Mensch ist dazu geboren, aktiv, kreativ und voller Energie zu sein, Probleme zu lösen und stets neue Wege zu suchen, um sein unbegrenztes Potenzial freizusetzen. Warum sollten wir zulassen, dass ein kreativer Mensch ausgeschaltet und dass ihm die Gelegenheit verwehrt wird, seine Fähigkeiten zu nutzen? Dennoch sehe ich, dass heute wegen eines massiven Versagens des Wirtschaftssystems Millionen junger Menschen in den USA und in Europa in die erzwungene Beschäftigungslosigkeit abgeschoben werden. Das Ergebnis ist eine ganze Generation junger Leute voller Hoffnungslosigkeit.

Ich habe in aller Welt unzählige intelligente und hochmotivierte junge Menschen getroffen, die wegen der Rahmenbedingungen der heutigen Wirtschaft und unserer mangelhaften Politik das Gefühl haben festzustecken. Weil sie arbeitslos oder unterbeschäftigt sind, können sie kein Haus kaufen oder keine Familien gründen, geschweige denn die Zehntausende Dollars ihrer Studienkredite zurückzahlen, die auf ihnen lasten. Sie fragen sich, was sie falsch gemacht haben und warum die Welt ihre Talente anscheinend nicht gebrauchen kann. Es ist kein Wunder, dass Wirtschaftswissenschaftler wie der Spanier Ludovic Subran beklagen, dass heute »eine ganze Generation geopfert wird«[12].

Und dieses Problem wird sich aufgrund der demografischen und wirtschaftlichen Entwicklung nicht automatisch lösen – im Gegenteil: Die Internationale Arbeitsorganisation (ILO) schätzt, dass in den nächsten zehn Jahren die verfügbare Arbeitskraft durch das Hinzukommen von jungen Menschen um insgesamt 400 Millionen Menschen anwachsen wird. Die ILO bezeichnet dies als eine »akute Herausforderung«, in den nächsten zehn Jahren 400 Millionen produktive Arbeitsstellen zu schaffen – 40 Millionen pro Jahr.[13]

Das Problem verschärft sich aufgrund von Trends wie Automatisierung, Verbreitung von Robotertechnologie und

Fortschritten bei der künstlichen Intelligenz, die es den Unternehmen erlauben, in vielen Bereichen Arbeitsplätze zu streichen, ohne die Produktion zu verringern. Außerdem leben die Menschen länger und gesünder, und das bedeutet, dass sie für ihren Unterhalt sowohl länger arbeiten wollen als auch müssen, und das erzeugt zusätzlichen Druck auf den Arbeitsmarkt. Politiker und Regierungen werden in den kommenden Jahren verschärft vor der Aufgabe stehen, Arbeitsplätze zu schaffen und Programme zur Bekämpfung der Arbeitslosigkeit zu entwickeln.

Was ist die Wurzel dieses Problems? Und was können wir tun, um es zu lösen?

Das Problem der Arbeitslosigkeit – falsche Diagnose, falsche Lösungsansätze

Natürlich haben die jungen Leute, die heutzutage verzweifelt nach einem Arbeitsplatz suchen, nichts falsch gemacht – genauso wenig, wie die armen Frauen in aller Welt, die in der Armut gefangen sind, nichts falsch gemacht haben. In beiden Fällen liegt die Schuld bei dem Wirtschaftssystem, das wir konzipiert und dem wir blind vertraut haben – und das sich ändern muss.

Das Problem der Arbeitslosigkeit wird nicht von den arbeitslosen Menschen selbst verursacht. Es wird verursacht von unseren grundfalschen Rahmenbedingungen, die uns eingehämmert haben, dass Menschen dazu geboren werden, für ein paar glückliche Kapitalisten zu arbeiten. Da der gegenwärtigen Theorie zufolge diese wenigen Jobschaffenden der Motor der Wirtschaft sind, werden alle politischen Maßnahmen und Institutionen für sie entworfen. Wenn sie dich nicht anstellen, ist es aus mit dir. Welch eine Fehlinterpretation der menschlichen Bestimmung! Welch eine Beleidigung für Menschen, die voller kreativer Fähigkeiten sind!

Unser Bildungssystem ist auf dieselbe Wirtschaftstheorie zugeschnitten. Es beruht auf der Annahme, dass Schüler und Studierende hart arbeiten und gute Noten bekommen sollten, damit sie Anstellungen in den Konzernen erhalten, die als die alleinigen Motoren aller wirtschaftlichen Aktivitäten und allen Wachstums betrachtet werden. Die Spitzenuniversitäten der Welt brüsten sich mit der Zahl ihrer Absolventen, die bei der Abschlussfeier schon einen Vertrag in der Tasche haben.

Es ist nicht falsch, wenn Menschen ihr Leben lang oder während eines Teils ihres Erwerbslebens für ein Unternehmen arbeiten. Aber irgendetwas ist grundsätzlich falsch an einem Wirtschaftssystem, das die Existenz einer natürlichen und attraktiven Alternative ausblendet. Jungen Menschen wird nie gesagt, dass sie alle mit zwei Möglichkeiten geboren werden und dass sie diese beiden Möglichkeiten ihr Leben lang haben: Sie können Jobs suchen oder Jobs schaffen – eigenständige Unternehmer sein statt abhängig von der Gunst eines anderen Unternehmers, der ihnen einen Job gibt.

Wir können nicht einfach die Hände in den Schoß legen und zuschauen, wie eine ganze Generation von jungen Leuten durch die Lücken der Wirtschaftstheorie fällt, weil wir uns scheuen, unsere Theorien zu hinterfragen. Wir müssen unsere Theorie neu konzipieren und auf die grenzenlosen Fähigkeiten der Menschen setzen, statt uns darauf zu verlassen, dass die »unsichtbare Hand des Marktes« all unsere Probleme lösen wird. Wir müssen aufwachen und uns der Tatsache stellen, dass die »unsichtbare Hand« deshalb unsichtbar ist, weil es sie nicht gibt – oder dass sie, wenn es sie doch gibt, dazu geschaffen ist, unsichtbar den Reichen zu dienen.

In unserem derzeitigen Wirtschaftssystem haben uns Theoretiker nie bessere Lösungen für die Arbeitslosigkeit aufgezeigt als die Förderung des Wirtschaftswachstums durch Investitionen in die Infrastruktur oder durch Regierungsprogramme zur Arbeitsbeschaffung und die Einrichtung staatlicher Fürsorge, um das Leid der Bedürftigen zu lindern. Diese politischen Maßnahmen können Teillösungen bieten, aber sie sind nicht in der Lage, das zugrunde liegende wahre Problem zu beseitigen.

Natürlich ist die Hilfe der Regierung notwendig und wichtig, um das Leid von arbeitslosen Menschen zu lindern. Aber darauf folgt unmittelbar die noch viel größere Verantwortung der Gesellschaft, diesen Menschen zu helfen, so schnell wie möglich aus der Abhängigkeit herauszukommen. Denn Abhängigkeit erniedrigt Menschen. Unsere Mission auf diesem Planeten ist es, die Welt zu einem besseren Ort für alle zu machen, und nicht, die Existenz einer abhängigen Unterklasse hinzunehmen, die nicht jene Freiheit und Unabhängigkeit hat, die das Leben wirklich lebenswert machen.

Wir verfügen über die nötige Technologie und wirtschaftliche Methodologie, um der Geißel der Arbeitslosigkeit ein Ende zu machen. Das Einzige, was noch fehlt, sind die Rahmenbedingungen und der Wille zu ihrer Einführung.

Arbeitshindernisse überwinden

Einer der Mythen über Arbeitslosigkeit ist die Annahme, dass einige Menschen unfähig seien, wirtschaftlichen Wert zu produzieren. Diese Menschen haben angeblich Fehler oder Schwächen, die sie wertlos machen und weswegen sie es verdienen, ausrangiert zu werden wie überflüssiger Ausschuss. Der Mythos behauptet, dass sie nur fähig sind, Sozialhilfe oder staatliche Unterstützung zu erhalten.

In der Tat: Manche Menschen brauchen Hilfe, um Hindernisse zu überwinden, die ihnen die Ausübung einer rentablen Arbeit erschweren. Manche haben physische oder psychische Beeinträchtigungen, sodass sie Unterstützung benötigen – zum Beispiel besondere Werkzeuge und Maschinen oder Arbeitsbedingungen, die ihrer Situation angepasst sind. Manche Arbeiter, deren Stellen wegen der Automatisierung gestrichen wurden, brauchen eine Umschulung. Probleme wie diese sollten allerdings niemals zur Entstehung eines Heers von Arbeitslosen führen, wie wir es heute in den meisten Ländern der Welt sehen.

Denn in Wirklichkeit sind fast alle Menschen dazu fähig, eine rentable Arbeit auszuüben, die einen Mehrwert für die Gesellschaft schafft und ihnen und ihren Familien den Unterhalt sichert – besonders, wenn auf ihnen nicht der Druck lastet, für einen Konzern große und ständig wachsende Gewinne erwirtschaften zu müssen. Viele Social Business-Unternehmen beweisen das. Ein Beispiel ist die *Human Harbor Corporation*, die im Dezember 2012 in Fukuoka (Japan) gegründet wurde.

Ich hörte von der Human Harbor Corporation zum ersten Mal bei einem Besuch an der Universität von Kyushu, als das Yunus & Shiiki Social Business Research Center dieser Universität 2012 einen Wettbewerb zu Social Business-Konzepten veranstaltete. Eins der vielversprechendsten Konzepte wurde von Isao Soejima vorgestellt, der als Bewährungshelfer arbeitete. Soejima war besorgt über die verzweifelte Lage ehemaliger Strafgefangener, die nach der Haftentlassung großen Hindernissen bei der Arbeitssuche gegenüberstanden – Hindernissen, die zumeist von der Gesellschaft selbst geschaffen werden. Wenn Angst und Vorurteile sie von einer normalen Arbeit ausschließen, fallen viele wieder in die Kriminalität zurück und machen Gebrauch von ihren Kontakten ins kriminelle Milieu, die sie im Gefängnis geknüpft haben. Wie die meisten Länder, so ist auch Japan mit einem hohen Prozentsatz von ehemaligen Häftlingen konfrontiert, die wieder im Gefängnis landen, weil sie neue Straftaten begehen. Statistiken belegen, dass die nationale Rückfallquote in der letzten Zeit von etwa 30 Prozent auf über 46 Prozent gestiegen ist.[14]

Soejima wollte ein Social Business schaffen, das dieses Problem bekämpft. Zusammen mit einem ehemaligen Strafgefangenen namens Atsushi Takayama gründete er die Human Harbor Corporation (HH), das erste Yunus Social Business in Japan. Die Human Harbor Corporation bekämpft dabei gleich zwei gesellschaftliche Probleme: Sie sammelt und recycelt Industriemüll und reduziert auf diese Weise die Umweltverschmutzung und Umweltbelastung, und dafür beschäftigt sie eine gewisse Anzahl von angeblich »nicht vermittelbaren« Menschen, die kürzlich aus der Haft entlassen wurden.

Soejimas Unternehmensidee ging voll auf. Die HH wurde schnell selbsttragend, erreichte 2016 Einnahmen in Höhe von 2,4 Millionen US-Dollar und zielte 2017 Einnahmen in Höhe von 3,5 Millionen US-Dollar an. Das Unternehmen beschäftigt an drei Orten – Fukuoka, Tokyo und Osaka – 26 Menschen, von denen neun ehemalige Strafgefangene sind. Einer der Angestellten von HH, Taro Tachibana, verließ das Unternehmen 2015 und startete in Partnerschaft mit der HH sein eigenes Recycling Social Business. So breitet sich die Geschäftsidee von Human Harbor auf ganz natürliche Weise aus, wie es für erfolgreiche Unternehmenkonzepte typisch ist.

Unternehmen wie Human Harbor zeigen, dass das Vorurteil, irgendeine Gruppe von Menschen sei unfähig zu nützlicher Arbeit, ein Irrglaube ist. Es ist einfach eine überholte Idee, die einem neuen Wirtschaftssystem im Weg steht, in dem jeder Mensch einen Platz finden kann.

Arbeitslosigkeit in Bangladesch bekämpfen: das Nobin-(Neue Unternehmer)-Programm

Viele Jahre lang beschäftigte mich das Problem der wachsenden Arbeitslosigkeit in der zweiten Generation von Grameen-Kreditnehmern. Diese neue Generation war zur

Schule gegangen, viele hatten sogar eine Hochschulausbildung. Und dennoch konnten viele Tausende von ihnen keine Arbeit finden.

Schließlich habe ich eine Lösung entwickelt, die den arbeitslosen jungen Menschen in Bangladesch den Zugang zu Geschäftsmöglichkeiten eröffnet.

Wie ich schon erläutert habe, begannen die Grameen-Bank und das als Mikrokredite bekannte Finanzierungssystem 1976 mit einer winzigen Initiative im Dorf Jobra. Seitdem ist daraus eine weltweite Bewegung geworden, die mehr als 300 Millionen armen Familien geholfen hat, ihre wirtschaftliche Situation durch die Gründung eines Unternehmens zu verbessern.

Von Anfang an hat die Grameen-Bank ihre Aufmerksamkeit auch auf einige grundlegende Probleme der Armen gerichtet, zum Beispiel im Bereich der Hygiene und der Gesundheitsversorgung. Wir schufen auch Anreize für vorsorgendes Verhalten wie etwa das Sparen, indem wir es Grameen-Kreditnehmern leicht machen, auf Sparkonten einzuzahlen.

Wir konzentrierten uns daneben intensiv auf die Kinder der Familien von Kreditnehmern, indem wir Grameenfamilien ermutigten, das Centre House – eine Hütte, in der Kreditnehmer sich zu ihren wöchentlichen Versammlungen treffen – als einen Ort zu nutzen, wo ihre Kinder etwas lernen können. In vielen Dörfern zahlen Kreditnehmergruppen einem Mädchen oder einer Frau aus ihrem Ort einen geringen Lohn (meistens etwa 500 Taka, was etwa 6 US-Dollar entspricht), um täglich ihre Vorschulkinder zu betreuen. Diese neuen Nachbarschaftszentren, in denen Kinder spielen und lernen, haben unzählige von ihnen ans Lesen und Schreiben herangeführt und Eltern, die selbst niemals eine Schule besucht haben, geholfen, in Berührung mit Schulbildung zu kommen und ihre Ängste davor abzubauen.

Wir fügten in die grundlegende Satzung der Verpflichtungen der Kreditnehmer auch die Verpflichtung ein, jedes Kind zur Schule zu schicken. Diese Verpflichtungen sind unter dem Namen »Sechzehn Beschlüsse« berühmt geworden. Sie alle – einschließlich der Nr. 7, »Wir werden unseren Kindern Bildung vermitteln und sicherstellen, dass sie Geld verdienen können, um für ihre Bildung zu zahlen« – werden bei jedem Zentrumstreffen von allen Grameen-Bank-Kreditnehmern gemeinsam rezitiert, Woche für Woche, Jahr für Jahr. Wir starteten eine Kampagne, um sicherzustellen, dass 100 Prozent der Kinder von Grameen-Familien die Schule besuchen – ein mutiger Schritt in einem Land, in dem die meisten Kinder von armen Familien nicht zur Schule gehen. Und wir vergaben jedes Jahr Stipendien an Tausende Schüler, um sie zu unterstützen, weiter zur Schule zu gehen und noch bessere Leistungen zu erzielen.

Wenn sie die Volksschule beendet hatten, ermutigten wir sie, eine höhere Schule zu besuchen. Die meisten taten das. Und wenn sie die höhere Schule beendet hatten, spornten wir sie an, zur Hochschule zu gehen, indem wir ein neues Programm von Bildungskrediten einführten, das Kindern armer Dorffamilien Hochschulbildung zugänglich macht. Heute haben schon Tausende von Studierenden bei der Grameen-Bank Bildungskredite aufgenommen, um ein Diplom zu machen, um Ärzte, Ingenieure und Facharbeiter zu werden.

Aber dieser Erfolg führte zu einem neuen Problem. Für die meisten neuen Hochschulabsolventen gab es keine Jobs. Daraufhin starteten wir ein weiteres Programm. Es begann mit einer Kampagne, die den Blickwinkel junger Menschen vom traditionellen Weg der Jobsuche daraufhin umlenken sollte, durch eigenes Unternehmertum Jobschaffende für sich selbst und für andere zu sein. Wir luden Kinder von Grameen-Familien ein, das Mantra zu wiederholen: »Wir suchen keine Jobs, wir schaffen sie.« Und um diese Überzeugung Wirklichkeit werden zu lassen, führten wir ein neues Programm ein, das jungen Unternehmern Kredite der Grameen-Bank zum Gründen eines eigenen Unternehmens gewährt. Wir nannten die jungen Leute, die diesen Weg wählten, *nobin udyokta*, was in unserer Sprache »neue Unternehmer« bedeutet.

Als wir das Nobin-Programm im Jahr 2001 erstmals propagierten, war die Zahl der gestarteten Unternehmen klein. Viele Grameen-Eltern schreckten davor zurück, ihre Söhne oder Töchter weitere Kredite aufnehmen zu lassen, während sie noch laufende Bildungskredite zurückzahlen mussten. Selbst einige der Grameen-Bank-Angestellten vergaben genau aus dieser Sorge um noch laufende Kredite nur wenige neue.

Um dieses Problem zu lösen und mehr Grameen-Jugendliche zu ermutigen, sich auf das Unternehmertum einzulassen, entwickelte ich die Idee, außerhalb der Struktur der Grameen-Bank Social Business-Fonds zu schaffen, die einzig der Finanzierung neuer Unternehmer dienen sollten. Um diese Ideen von Unternehmertum bei allen Aktionären fest zu verankern und gleichzeitig den Austausch mit Menschen aus allen Gesellschaftsschichten zu intensivieren, beschloss ich die Schaffung einer Plattform, auf der potenzielle junge Unternehmer ihr Unternehmenskonzept präsentieren konnten. Ich hoffte, dass die Existenz dieser Plattform junge Leute ermutigen würde, Unternehmensideen zu entwickeln, und dass diese Ideen gleichzeitig zeigen würden, wie das Konzept des Social Business auf konkrete gesellschaftliche und wirtschaftliche Herausforderungen angewandt werden kann.

Im Januar 2013 organisierte das Yunus-Zentrum in Dhaka das erste Social Business-Design Lab. Von seinem Erfolg ermutigt, beschlossen wir, monatliche Design Labs zu veranstalten. Sie zogen Manager aus Unternehmen an, Leiter von NGOs, Wissenschaftler, Studierende, Fachreferenten und gesellschaftliche Aktivisten – und manchmal bieten sich sogar Teilnehmer des Design Lab als Investoren für eins der im Laboratorium vorgestellten Projekte an.

Bis April 2017 wurden die Unternehmenspläne von fast 16.000 neuen Unternehmern bewilligt, die durch das Design Lab professionelle Beratung erhielten sowie 21 Millionen US-Dollar an Investitionsfonds. Neben den weiterhin monatlich stattfindenden öffentlichen Design Labs finden noch eine Reihe interner Design Labs statt, die die finanziellen Mittel für etwa eintausend Unternehmenspläne pro Monat bewilligen. Ende 2017 kann die Zahl der bewilligten Unternehmenspläne zweitausend pro Monat erreichen. Bei der Auswahl und bei der Überwachung legen wir strenge Kriterien an und gehen langsam vor, um die Qualität zu sichern. Dennoch erwarten wir bis Ende 2017 die Bewilligung von 25.000 Projekten mit Investitionen in Höhe von 36 Millionen US-Dollar.

Dabei ist zu beachten: Die Fonds und die Investoren für neue Unternehmer stammen aus dem Bereich des Social Business, aber die neuen Unternehmer selbst gründen herkömmliche Unternehmen, die dazu konzipiert sind, ihren Besitzern Gewinne einzubringen. Damit Sie sich eine Vorstellung von den verschiedenen Unternehmensideen machen können, die durch das Nobin-Programm finanziert werden, nenne ich hier sechs Projekte, die ein Design Lab im Mai 2016 bewilligt hat:

- Schneiderei Mitali – Rumi Mallik, eine junge Witwe und Mutter von zwei Kindern, erhielt Geld zur Erweiterung der Schneiderei ihres verstorbenen Mannes, etwa acht Monate nach seinem Tod.
- Baumschule Priyonto – Ranjan Chandra Sutradhar, Fachmann für Pflanzenzucht mittels Veredelung, erhielt eine Investitionshilfe zur Gründung seiner eigenen Baumschule.
- Etee Jamdani – Mussamat Parvin, eine begabte Weberin von *jamdani,* einem feinen Musselinstoff für Saris, erhielt

Mittel zur Erweiterung ihres im eigenen Haus angesiedelten Unternehmens.
- Salim Pakha Shilpo – Asma Begum, die sich nach körperlichen Misshandlungen von ihrem Mann trennen musste, erhielt Mittel zur Gründung ihres Unternehmens, das traditionelle Handfächer aus Palmblättern herstellt.
- Reismühle Tumpa – Muhammad Ruhul Amin, ein erfahrener Reismühlenarbeiter, erhielt Mittel zur Gründung seiner eigenen Reismühle.
- Schönheitssalon Bodhua – Hasna Begun, ausgebildete Kosmetikerin, erhielt Mittel, um ihr Unternehmen auszuweiten.

Wie Sie sehen, handelt es sich nicht um riesige Projekte, wie sie von vielen herkömmlichen wirtschaftlichen Entwicklungsprogrammen bevorzugt unterstützt werden – Stahlwerke, Elektronikfabriken, Wasserkraftwerke. Es sind kleine, von unten her wachsende Unternehmen von einheimischen jungen Leuten, welche die Bedürfnisse und Vorlieben ihres Umfelds verstehen, und jedes braucht eine Investition zwischen 1.000 und 3.000 US-Dollar. Alle diese Unternehmen beginnen mit dem Unternehmer allein, der dann, wenn das Unternehmen sich ausweitet, eine oder mehr Personen anstellen kann. Und jedes dieser Unternehmen stellt eine Chance für einen jungen Menschen dar, auf den Geschmack von Unternehmertum und Unabhängigkeit zu kommen, und dabei für sein unmittelbares Umfeld eine gefragte Ware oder Dienstleistung anzubieten. Wenn man diese Initiativen tausendfach oder möglicherweise millionenfach multipliziert, können gewinnorientierte Unternehmen wie diese helfen, die Wirtschaft von unzähligen Dörfern im Hinterland von Bangladesch anzukurbeln und Zukunftsperspektiven für die junge Generation zu schaffen.

Das Yunus-Zentrum brauchte einige Zeit, um das heutige erfolgreiche System des Nobin-Programms auszuarbeiten.

Von Januar bis September 2013 entwickelten wir die Basismethodologie, Berichtsformate, das tägliche Monitoring, Buchhaltungsregeln, Verfahrensweisen für Identifikation und Evaluierung usw. Derzeit entwickeln wir gemeinsam Einrichtungen wie zum Beispiel computerbasierte Systeme zur Managementinformation, Buchhaltungssoftware und Ausbildungseinrichtungen. So entsteht eine engmaschige Umsetzungsstruktur, um sicherzustellen, dass die neuen Unternehmer eine gründliche Orientierung und Ausbildung in Unternehmensmanagement, Buchhaltung und Berichterstellung erhalten sowie Zugang zu unterstützenden Leistungen.

Ursprünglich war der Grameen Telecom Trust – ein Mitglied der Grameen-Unternehmensfamilie – der Hauptinvestor, der Mittel für die neuen Unternehmer zur Verfügung stellte. Heute umfasst das Programm auch andere Grameen-Unternehmen, zum Beispiel *Grameen Kalyan* (ein Unternehmen im Bereich Gesundheitsversorgung), *Grameen Shakti Samajik Bybosha* (ein Programm zur Unternehmensförderung) und *Grameen Trust* (eine Initiative zur internationalen Verbreitung der Grameen-Methodologie). Gemeinsam haben sie insgesamt vier Social Business-Fonds geschaffen, um ihre eigenen Nobin-Programme durchzuführen.

Normalerweise nehmen etwa 150 Menschen an jedem öffentlich veranstalteten monatlichen Design Lab teil, und weitere in mehr als dreißig Ländern nehmen an der Sitzung via Internet-Livestream teil. Die Teilnehmer stellen Fragen, machen Vorschläge zur Verbesserung eines Projekts und sprechen Probleme an, die bei der Projektvorbereitung übersehen worden sein könnten.

Das Design Lab selbst ist der End- und Höhepunkt eines sorgfältigen Prozesses, der mit der Identifizierung eines potenziellen neuen Unternehmers beginnt. Jeder Social Business-Fonds hat sein eigenes Büro auf Dorfebene, mit einem Team, das Unternehmenskandidaten aussucht, engen Kontakt zu ihnen hält und ihnen bei Problemen hilft. Es besucht mögliche Unternehmer zu Hause, um mehr über ihre Träume, Sorgen und ihre familiäre Unterstützung zu erfahren. Wenn dreißig bis fünfzig junge Männer und Frauen gefunden und kontaktiert worden sind, organisiert das Dorfteam ein Orientierungscamp. Dort erklären die Mitarbeiter die Regeln und Vorgehensweisen des Neue-Unternehmer-Programms, laden die Teilnehmer ein, ihre Unternehmenskonzepte kurz zu erklären und leiten die gemeinsame Diskussion und Evaluierung jeder Idee. Anschließend machen die Campleiter eine Liste der Teilnehmer, die sie für mögliche Unternehmer halten, die es wahrscheinlich schaffen werden – das ist der erste Schritt im Auswahlprozess.

Bedeutet das, dass jene Teilnehmer, die es nicht auf diese Liste geschafft haben, zur Arbeitslosigkeit verdammt sind? Keineswegs! Wir erklären allen Teilnehmern unsere grundlegende Politik: Niemand wird abgewiesen und niemand wird alleingelassen, auch wenn sein oder ihr Projekt nicht auf Anhieb durchkommt. Diese Politik verfolgen wir während des gesamten Prozesses. Diejenigen, die beim ersten Mal nicht für das Programm ausgewählt wurden, werden zum nächsten Camp erneut eingeladen. In der Zwischenzeit können sie sich vorbereiten, um beim nächsten Mal eine bessere Projektpräsentation zu machen.

Die Kandidaten der Auswahlliste durchlaufen eine zweite Runde von Übungen zur Projektentwicklung. Unternehmer, die bei dieser Runde ausgewählt werden, erhalten eine Einladung nach Dhaka, wo sie mit Unterstützung eines ausgebildeten Investorenteams ihren Unternehmensplänen den letzten Schliff und ein professionelles Erscheinungsbild geben. Außerdem werden Zusammenfassungen über das Projekt für eine fünfminütige Präsentation auf Englisch im Design Lab vorbereitet.

Nach diesem langen Vorbereitungsprozess stimmt die Jury des Design Lab normalerweise jedem Projekt gern zu, gibt aber oftmals auch noch eine Reihe guter Ratschläge und weist auf Maßnahmen hin, um den Unternehmensplan erfolgreich umzusetzen. In seltenen Fällen bittet man einen Unternehmer, den Plan zu ändern oder Nachbesserungen vorzunehmen, um ihn beim nächsten Design Lab erneut zu präsentieren.

Wenn das Projekt zugelassen ist, beginnt der intensive Betreuungsprozess bei der Umsetzung. Der Investor und der Unternehmer durchlaufen eine Phase von Training und Beratung, damit ihre gemeinsame Reise Erfolg hat. Neben dem investierten Kapital erhält der startende Unternehmer eine Managementausbildung, Coaching und Beratung, um den Erfolg des neuen Unternehmens sicherzustellen. Das liegt in der Natur der Sache, da die Investoren ja ein starkes gesellschaftliches Interesse am Erfolg des Unternehmens haben. Genauso wie Kapitalgeber für gewöhnliche Unternehmen Coaching und Beratung zur Verfügung stellen, um das Wachstumspotenzial der Unternehmen zu maximieren, in die sie investieren, bieten auch unsere Social Business-Investoren Hilfe und Orientierung für die neuen Unternehmen, die sie unterstützen.

In dieser Phase werden alle behördlichen Aspekte des vorgesehenen Unternehmens diskutiert, die nötigen Papiere werden beschafft, und die Ausbildung in Monitoring und Buchhaltung wird abgeschlossen.

Schließlich werden die Investitionsmittel freigegeben, und das Unternehmen rollt an. Die von *Grameen Communication* (einer Informationstechnologiefirma der Grameen-Unternehmenskette) entwickelte Buchhaltungs- und Monitoringsoftware sammelt täglich Schlüsseldaten von jedem neuen Unternehmen. Alle diese Berichte laufen auf einem zentralen Server zusammen, der tägliche Monitoringberichte für alle Unternehmen erstellt und die Daten auf benutzerfreundlichen Dashboards darstellt, die den investierenden Fonds zur Verfügung gestellt werden. Das Nobin-Programm beruht auf der festen Überzeugung, dass jeder Mensch das Potenzial hat, Unternehmer zu werden – sein Leben in die Hand zu nehmen und etwas zur Wirtschaft und Gesellschaft beizutragen, indem er ein Unternehmen schafft, das auf individueller Kreativität basiert. Wir setzen diese Überzeugung in die Tat um, indem wir Social Business-Fonds, Investoren und Experten in Unternehmensentwicklung mit potenziellen jungen Unternehmern zusammenbringen, die Kapital und Unterstützung brauchen – und helfen so Tausenden Jugendlichen mit niedrigem Einkommen, der Falle der Arbeitslosigkeit zu entkommen.

Vom Darlehen zum Eigenkapital: ein Schlüssel zur Förderung von Unternehmertum

Als ich in den frühen Jahren der Grameen-Bank die Vergabe von Mikrokrediten an arme Frauen einführte, waren sich viele Experten in aller Welt einig, dass das Konzept scheitern würde, weil Unternehmergeist eine seltene Qualität unter Menschen ist – noch seltener unter armen Menschen und extrem selten unter armen Frauen. Ich vertrat die gegenteilige Position: dass alle Menschen Unternehmer sind, ausnahmslos, Männer oder Frauen, auf dem Land oder in der Stadt, Reiche oder Arme. Das Nobin-Programm hat seine Wurzeln in derselben Grundüberzeugung.

Einer der großen Unterschiede zwischen Mikrokrediten und dem Nobin-Programm ist, dass Letzteres darauf ausgerichtet ist, potenziellen Unternehmen Eigenkapitalfinanzierung – also Investitionsfonds – zur Verfügung zu stellen statt Kredite. Lassen Sie mich kurz erklären, wie die Eigenkapitalfinanzierung in der Welt des Social Business funktioniert.

In der Social Business-Version des Beteiligungskapitals schöpfen Investoren aus ihrer Investition keinerlei Gewinn. Aber sie erhalten ihr investiertes Geld zurück, zuzüglich einer Summe, die wir Anteilsübertragungsgebühr nennen und die 20 Prozent der Gesamtinvestition beträgt – und keinen Cent mehr. Im Nobin-Programm sind die Unternehmer zur Rückzahlung aller erhaltenen Gelder plus Anteilsübertragungsgebühr innerhalb einer festgelegten Frist verpflichtet. Sobald dies erfolgt ist, geht der Besitz der Firma auf den Unternehmer über.

Die Festlegung der Anteilsübertragungsgebühr auf 20 Prozent umgeht die Notwendigkeit, den Anteilswert im Moment der Besitzübertragung zu evaluieren. Betrachtet man diese Gebühr von 20 Prozent aus einer anderen Perspektive, kann man sie als eine bescheidene Kompensierung für all die Ausbildung und Begleitung sowie die Dienstleistungen im Bereich von Konsultation, Problemlösung und Buchhaltung sehen, die jedes Unternehmen erhalten hat, seit die Zusammenarbeit zwischen neuem Unternehmer und Investor begann. Sie erwirtschaftet auch Einnahmen zur Deckung der Managementkosten des Social Business-Fonds selbst. Wir sind überzeugt, dass sich unsere Social Business-Fonds durch diese Gebühren als nachhaltige Unternehmen selbsttragend finanzieren können, sodass sie weiterhin dazu beitragen können, aus arbeitslosen jungen Leuten Unternehmer zu machen.

Die Anteilsübertragungsgebühr sichert all das mit relativ niedrigen Kosten. Wenn der Unternehmer das Geld bei einer Bank in Bangladesch geliehen hätte, wäre seine Zinslast in der dreijährigen Rückzahlungszeit auf mindestens das Doppelte der von uns festgelegten 20 Prozent angewachsen. Bei einer längeren Rückzahlungszeit hätte die Zinslast ein Vielfaches davon betragen. Alles in allem denke ich, dass die Zahlung einer Anteilsübertragungsgebühr bei der Besitzübernahme durch den Unternehmer eine angemessene Form ist, die Kosten der Finanzierungsbereitstellung für ein neues gewinnorientiertes Unternehmen zu decken.

Ich bin überzeugt, dass Programme wie das Nobin-Programm ein enormes Potenzial haben. Dieses Konzept bietet die Möglichkeit, die Jugendarbeitslosigkeit beziehungsweise jegliche Arbeitslosigkeit auf nachhaltige Weise zu bekämpfen. Die Aufgabe wird von den traditionellen Maßnahmen zur Schaffung von Arbeitsplätzen durch gewinnmaximierende Konzerninitiativen oder Regierungsinvestitionen in große Infrastrukturprojekte verlagert zu einer einfachen, nachhaltigen und direkten Mikroeigenkapitalfinanzierung eines Unternehmens, das von einem arbeitslosen Menschen aufgebaut wurde. Hier richtet sich unser Handeln direkt auf die Person, deren Problem gelöst werden muss. Die Lösung ist nicht länger das unsichere Nebenprodukt eines Unternehmens, das zu einem völlig anderen Zweck konzipiert wurde – nämlich dazu, die Gewinne eines anderen Menschen zu maximieren.

Wie die Grameen-Bank hat auch das Nobin-Programm eine belastbare Methodologie entwickelt, die in jedem Land und in jeder Ecke von Städten, Dörfern oder Gemeinden angewandt werden kann. Sie ist eigenständig und finanziell selbstständig. Sie funktioniert, wo immer es Arbeitslosigkeit oder Unterbeschäftigung gibt, in überbevölkerten Städten und dünn besiedelten Dörfern, in Flüchtlingslagern und Immigrantengemeinden, in Ländern mit niedrigem Einkommen und in sehr reichen Ländern. Sie funktioniert, weil die Grundvoraussetzung überall dieselbe ist: Alle Menschen sind geborene Unternehmer.

Die Methodologie des Nobin-Programms kann relativ leicht in großem Umfang angewendet werden, wie wir es in Bangladesch tun, oder im kleinsten Umfang, den man sich vorstellen kann, gegenüber einer arbeitslosen Person nach der anderen. Jeder Mensch, der Geld zum Investieren hat, kann diese Methode anwenden, um die Arbeitslosigkeit in einem Bereich seiner Wahl zu bekämpfen. Folgende ganz einfache Schritte sind dafür zu unternehmen: die Geschäftsidee eines potenziellen Unternehmers evaluieren; Rat, Begleitung und Unterstützung zur Verbesserung der Erfolgschancen des zukünftigen Unternehmens anbieten; Kapitalbeteiligung in der vereinbarten Höhe zur Verfügung stellen; Rückzahlung durch den Unternehmer innerhalb eines festgelegten Zeitraums vereinbaren. Außerdem sollte eine Anteilsübertragungsgebühr von 20 Prozent festgesetzt werden, welche die formelle Besitzübertragung des Unternehmens vom Investor zum Unternehmer markiert.

Was geschieht mit dem Kapitalanteil im Fall eines individuellen Social Business-Investors, der in zwei oder drei neue Unternehmer investieren will, wenn die Unternehmer den von ihm investierten Kapitalanteil wieder an ihn zurückgezahlt haben? Wenn er sein investiertes Geld zurückerhalten hat, kann ein Social Business-Investor damit machen, was er will: entweder das Geld in den nächsten neuen Unternehmer reinvestieren oder es für jeden anderen beliebigen Zweck verwenden.

Ein Investor, der das Geld jeweils in andere Unternehmer reinvestiert, demonstriert so im größtmöglichen Umfang das Potenzial dieses neuen Wirtschaftsmodells. Im Unterschied zu einem für wohltätige Zwecke gespendeten Dollar ist ein reinvestierter Social Business-Dollar niemals aufgebraucht. Stattdessen arbeitet er beständig weiter und hilft, einen Menschen nach dem anderen aus der Arbeitslosigkeit zu befreien und uns einer Welt ohne Arbeitslosigkeit immer näher zu bringen.

Aus den Dörfern Bangladeschs in die Straßen von New York: Mikrokredite als Instrument zur Förderung von Unternehmertum

Sogar in den reichsten Ländern der Welt stecken viele Menschen in der Armut fest oder sind armutsgefährdet, weil sie gezwungen sind, von Gelegenheitsjobs zu leben, die ihre einzig mögliche Einkommensquelle sind. Viele Aspekte der wirtschaftlichen Not in Ländern wie den USA – eine Not, die zu der wachsenden Wut, Frustration und den Auseinandersetzungen beigetragen hat, die 2016 zum verheerenden Wahlsieg von Donald Trump führten – können auf die Tatsache zurückgeführt werden, dass Menschen in einem System gefangen sind, dessen Wirtschaftsleistung vor Ort von wenigen großen Arbeitgebern abhängt. So können ganze Regionen zusammenbrechen, wenn große Firmen ihre Produktion ins Ausland verlagern, ihre Betriebe automatisieren oder sie ganz schließen. Und in Stadtvierteln, in denen Menschen aus benachteiligten Gruppen wie zum Beispiel Farbige überwiegen, die bei der Arbeitssuche die schlechtesten Chancen haben, kann die Arbeitslosigkeit zu einer Dauersituation werden, die ganze Generationen zu einem fortwährenden Überlebenskampf verurteilt.

Ich bin überzeugt, dass die Gründung von Unternehmen eine große Rolle bei der Reduzierung dieses Problems in den USA und in anderen reichen Ländern spielen kann, wie es in Bangladesch bereits der Fall ist. Ein Beweis dafür ist der Erfolg von *Grameen America*, jener Bank, die die Methoden und die Philosophie der Grameen-Bank in Bangladesch in die USA gebracht hat.

Jahrzehntelang haben Menschen sich gefragt, ob Mikrokredite auch in reichen Ländern funktionieren. Aus diesem Grund haben Regierungs- und Wirtschaftsführer in aller Welt die Funktionsweise der Grameen-Bank studiert. Die erste Grameen-Bank in den USA wurde 1987 in Arkansas gegründet, einem der ärmeren Staaten des Landes. Dadurch freundete ich mich mit Hillary Rodham Clinton an, als sie First Lady von Arkansas war, lange bevor sie als First Lady ins Weiße Haus einzog und später US-Senatorin und Außenministerin war.

Trotz der Erfahrungen mit der Grameen-Bank in Arkansas wurde immer wieder behauptet, dass Programme im Grameen-Stil in den USA nicht überleben könnten, weil die Menschen und die Wirtschaft so anders sind als in Bangladesch. Dem habe ich immer entschieden widersprochen. Ich wurde oft gedrängt, dies durch ein Grameen Programm in den USA zu beweisen, und habe diesen Sprung schließlich im Jahr 2008 gewagt. Mit finanzieller und organisatorischer Unterstützung von Vidar Jorgensen, einem engagierten Unternehmer aus Massachusetts, starteten wir die *Grameen America Incorporated* (GAI) mit einer einzigen Filiale in New York City, im Stadtviertel Jackson Heights im Bezirk von Queens.

Die Reaktionen kamen unmittelbar und waren äußerst positiv. Viele New Yorker Frauen in den verschiedensten Lebenssituationen waren begeistert, als sie von der Möglichkeit hörten, Zugang zu Krediten zu erhalten, um ihr eigenes Unternehmen zu starten oder die kleinen Geschäfte zu erweitern, die sie schon besaßen. Genau wie in Bangladesch besteht die Hauptkundschaft von GAI aus Frauen, die von einer herkömmlichen Bank niemals als kreditwürdig eingestuft worden wären – Frauen ohne Sicherheiten, Vermögen, Ersparnisse oder Referenzen. Alles, was sie hatten, waren eine gute Idee und der feste Wille, hart zu arbeiten, um es zu schaffen.

Innerhalb weniger Monate hatte die Jackson-Heights-Filiale von GAI Hunderte von »Mitgliedern«, wie wir die Kunden nennen. Aufgrund dieses Erfolgs erhielt das GAI-Büro unzählige Anfragen aus Städten in den ganzen USA, die ebenfalls GAI-Dienste wünschten. Aber es war nicht einfach, Mittel zum Start dieser Programme zu akquirieren, und so beschlossen die GAI-Leiter, langsam vorzugehen und zu garantieren, dass die nötigen Mittel verfügbar waren, bevor sie eine neue Filiale eröffneten. Sie wollten auch keine überschnelle Expansion riskieren, der sie von Personal- und Managementseite aus noch nicht gewachsen waren. Und sie achteten darauf, Standorte mit einem wirklichen Bedarf auszuwählen, an denen die lokale finanzielle Unterstützung stark war.

GAI wird nun von Andrea Jung geleitet, der früheren Präsidentin und Vorstandsvorsitzenden von Avon. Ihrer engagierten Arbeit hat GAI einen soliden und finanziell nachhaltigen Organisationsrahmen zu verdanken. Im März 2017 hatte GAI neunzehn Filialen in zwölf Städten, unter anderem in New York, Los Angeles, Indianapolis, Omaha und Charlotte (North Carolina). Sie haben mehr als 86.000 Mitglieder, alles Frauen, von denen viele Migrantinnen ohne US-Papiere sind und deren Status es ihnen oft schwer macht, Zugang zu Dienstleistungen im gesellschaftlichen und finanziellen Mainstreammilieu zu erlangen. GAI-Mitglieder haben Kredite im Gesamtwert von mehr als 590 Millionen US-Dollar erhalten, und die Rückzahlungsquote liegt nach wie vor bei mehr als 99 Prozent.

Im Jahr 2018 wird GAI ihren zehnten Geburtstag feiern, und dann wird sie wahrscheinlich mehr als 100.000 Mitglieder zählen und eine kumulierte Summe von mehr als einer Milliarde Dollar in Krediten vergeben haben. Für die nächsten zehn Jahre plant Jung, über ein Netzwerk von hundert Filialen eine Million Kreditnehmer zu erreichen. Das erfordert etwa 1,5 Milliarden US-Dollar in Krediten und Kapitalbeteiligung, und diese Summe könnte sich noch einmal erhöhen, wenn GAI eine beschränkte Bankerlaubnis zur Annahme von Einzahlungen erhält oder wenn GAI einen Social Business-Fonds zur Kapitalbeschaffung startet.

Eine der wichtigsten Erkenntnisse aus der Entwicklung der amerikanischen Grameen Bank GAI besteht darin, dass die Grundvoraussetzungen, die Mikrokredite in Orten wie New York und Nebraska erfolgreich machen, nahezu dieselben sind wie die, die wir in den Dörfern Bangladeschs entwickelt hatten. Wir leihen einer Frau nur dann Geld, wenn sie eine Gruppe von fünf Frauen zusammenbekommen hat oder sich einer Gruppe im Aufbau anschließt. Die Frauen dieser Gruppen unterstützen, beraten und ermutigen sich gegenseitig. Bevor ein Mitglied einen Kredit erhält, muss es dem GAI-Team eine Unternehmensidee und einen plausiblen Plan zu ihrer erfolgreichen Verwirklichung vorlegen. Die Mitglieder verpflichten sich außerdem, ihre Kinder zur Schule zu schicken, die Gesundheit und das Wohlergehen ihrer Familien zu fördern und sich auch sonst um eine bessere Zukunft zu bemühen. In all diesen Aspekten sind die Voraussetzungen für einen Grameen-Mikrokredit in den USA exakt dieselben wie in Bangladesch.

An dieser Stelle ist es wichtig, darauf hinzuweisen, dass nicht alle Organisationen in der ganzen Welt, die auf den Mikrokreditzug aufgesprungen sind, dieselben einheitlichen Regeln befolgen. Viele NGOs haben Mikrokreditprogramme begonnen, welche die Prinzipien ignorieren oder verändern, die die Grameen-Bank erfolgreich und effektiv machen. Am ungeheuerlichsten ist aber, dass einige den Mikrokredit von einem Social Business, das dazu konzipiert wurde, Armen zu helfen (und im Fall der Grameen-Bank sogar von armen Menschen selbst besessen und kontrolliert wird), zu einer Methode des Geldverdienens pervertiert haben, die dazu dient, einem Reichen auf Kosten der Armen Gewinne zu ermöglichen.

Dies gilt für die sogenannten Mikrokreditunternehmen, die Zinssätze von 80 Prozent und mehr verlangen, was ein Vielfaches des Höchstsatzes der Grameen-Bank ist. Sie rechtfertigen diese exorbitanten Zinssätze mit den Herausforderungen der Arbeit mit armen Menschen und mit den Risiken der Nichtrückzahlung. Aber die Grameen-Bank hatte dieselben Herausforderungen zu bestehen und hat trotzdem dafür gesorgt, dass die Armen so viel wie möglich von dem Geld, das sie in ihren Unternehmen verdienen, behalten und benutzen können, anstatt es der Grameen-Bank zur Finanzierung ihrer Kredite zu zahlen.

Andere Mikrokreditorganisationen verlangen Sicherheiten für Kredite, also Besitztümer, die der Kreditnehmer verpfändet, um eine Garantie für seine Schulden zu hinterlegen. Diese Praxis schließt die ärmsten Menschen der Welt aus, also genau diejenigen, für die ich die Mikrokredite konzipiert hatte. In anderen Fällen verführen Unternehmen, die Konsumprodukte herstellen, arme Menschen zu deren Kauf, indem sie die Finanzierung durch sogenannte Mikrokreditprogramme arrangieren. Das verkehrt die Zielsetzungen der Grameen-Programme ins komplette Gegenteil. Wir leihen Geld, um unternehmerische Investitionen zu unterstützen, damit die Kreditnehmer ein Eigentum aufbauen und sich selbst und ihre Familien aus der Armut befreien können. Exzessive Verbraucherkredite hingegen locken Menschen in die Schuldenfalle, statt sie aus den Fesseln der Armut zu befreien.

Aus all diesen Gründen dränge ich Menschen, die verstehen wollen, wie Mikrokredite wirklich funktionieren, die Grameen-Organisationen zu studieren, einschließlich der Grameen-Bank in Bangladesch, GAI in den USA und viele andere in aller Welt. Ich verurteile scharf jene Mikrokreditprogramme, die nur entwickelt wurden, um für ihre reichen Besitzer Geld zu erwirtschaften. Das sind Verfälschungen des Modells, das wir geschaffen haben, um Armen zu helfen, die Armut zu überwinden, und sie missbrauchen das Konzept des Mikrokredits und schaffen nur Verwirrung hinsichtlich der Zielsetzung von Mikrokrediten.

Natürlich besteht ein großer Unterschied zwischen den wirtschaftlichen und gesellschaftlichen Bedingungen in Bangladesch und in den USA. Das hat auch Auswirkungen auf das Marktumfeld, in dem die beiden Programme operieren. Zum Beispiel arbeitet die Grameen-Bank in Bangladesch auf Dörfern im Hinterland, wo die meisten Armen dieses Landes leben. In den USA herrscht Armut sowohl in ländlichen als auch in urbanen Gebieten, aber bisher sind die GAI-Filialen nur in Städten angesiedelt. Das bedeutet, dass die Unternehmen, die GAI unterstützt, so konzipiert sind, dass sie im städtischen Umfeld Erfolg haben und auf eine städtische Kundschaft ausgerichtet sind.

Außerdem ist die Investition, die jemand zum Start eines Unternehmens benötigt, in den USA normalerweise viel höher als in Bangladesch, sodass die Höhe eines durchschnittlichen Kredits viel größer ist. In Bangladesch können viele Frauen ein Unternehmen mit einem Kredit von gerade einmal vierzig bis fünfzig Dollar starten. Das ist genug, um eine Nähmaschine zu kaufen, einen Handwebstuhl oder ein paar einfache Produkte, um einen kleinen Dorfladen aufzumachen. In den USA liegen die GAI-Startupkredite normalerweise bei 1.000 bis 1.500 US-Dollar. Wenn die Mitglieder ihre anfänglichen Kredite zurückzahlen und ihre Unternehmen aufbauen, können sie neue Kredite erhalten, normalerweise größere Beträge.

Hier folgen ein paar Beispiele von erfolgreichen Unternehmern, die GAI durch Kredite unterstützt hat:
- Damaris M. trat GAI 2014 bei und kaufte mit ihrem ersten Kredit in Höhe von 1.500 US-Dollar die Grundausstattung für ihr neues Restaurant in Boston, *Sabor de Mi Tierra*, wo sie karibische und mittelamerikanische Spezialitäten serviert. Drei Jahre später läuft gerade ihr sechster Kredit, und sie hat ihr Unternehmen mit Hilfe einer Gesamtsumme von mehr als 17.000 US-Dollar in Krediten ausgeweitet. Damaris beschäftigt eine Teilzeitangestellte, und um die steigende Nachfrage zu bewältigen, helfen ihr Sohn Brian, der die morgendlichen Einkäufe erledigt, und ihre Tochter Diana, die für den Lieferservice zuständig ist.

- Reyna H., Mutter von sieben Kindern, betrachtet das Unternehmertum als eine Form, ihre Kinder zu versorgen und um ihnen ein Beispiel dafür zu geben, dass harte Arbeit sich lohnt. Im Jahr 2015 schloss sie sich GAI an und lieh 1.500 US-Dollar zum Kauf von Farbe, Waren, Verkaufsregalen und Schmuckdosen für ihre kleine Boutique in North Austin, Texas. Mit ihrem derzeitigen dritten Kredit hat Reyna in Technologie investiert, um Kreditkartenzahlungen akzeptieren zu können, und sie hofft, in einen größeren Laden umziehen zu können, der näher bei ihren Kunden in der City von Austin liegt.
- Greisy N. hatte ihren Schönheitssalon schon seit mehr als fünfzehn Jahren, aber ihr fehlten die nötigen Mittel, um das Unternehmen auszuweiten und um der wachsenden Nachfrage gerecht zu werden. Im Jahr 2016 trat sie der GAI-Filiale in Newark, New Jersey, bei, und erhielt einen Kredit von 1.300 US-Dollar, mit dem sie Haarfärbemittel und andere Kosmetikprodukte kaufte. Sie hat auch ein nicht zweckgebundenes Sparkonto eröffnet und legt jede Woche einen Teil ihrer Einnahmen zurück in der Hoffnung, bald die längst überfälligen Renovierungen in ihrem Laden angehen zu können.

Geschichten wie diese zeigen, dass das Kreditsystem, das wir für arme Menschen in den Dörfern im Hinterland von Bangladesch entwickelt haben, ebenso gut für unterprivilegierte Menschen in den Städten der USA funktioniert. Um das Programm auch in den USA umsetzen zu können, waren nur geringe Anpassungen nötig. Denn die grundlegenden Charakterzüge der Menschen, allen voran ihr Unternehmergeist, sind in allen Ländern und bei allen ethnischen Gruppierungen dieselben. Das gibt mir Hoffnung, dass eine Methode zur Bekämpfung der Arbeitslosigkeit, die an einem Ort funktioniert, im Endeffekt überall funktionieren kann.

Nachdem die amerikanische Grameen Bank GAI sich etabliert hat, ist der nächste Schritt die Entwicklung eines Nobin-Programms, um US-amerikanischen Jugendlichen mit niedrigem Einkommen die Gründung von Unternehmen zu ermöglichen. Unsere Pläne für ein solches Programm sind schon weit gediehen, und ich hoffe, dass wir sie bald umsetzen können.

Unternehmertum, Neue Wirtschaft und das Ziel, die Arbeitslosigkeit abzuschaffen

Vielen Lesern wird die Geschichte, die ich in diesem Kapitel erzählt habe, wahrscheinlich paradox erscheinen. Viele Menschen, auch viele Wirtschaftswissenschaftler, betrachten die Vereinigten Staaten von Amerika als das dynamischste und innovativste kapitalistische Land der Geschichte – und daher als Modell einer unternehmensorientierten Wirtschaft. Doch diese Hochburg des dynamischen freien Marktes wird seit Langem von dem anscheinend unüberwindlichen Problem der Arbeitslosigkeit geplagt, das Millionen von Menschen zum Nichtstun verdammt.

Um dieses Problem zu verschleiern, haben Wirtschaftswissenschaftler das in sich widersprüchliche Konzept der »Vollbeschäftigung« erfunden. Doch damit ist keine echte Vollbeschäftigung für alle gemeint, sondern es legt ein vage definiertes Minimalniveau von Arbeitslosigkeit von vielleicht 4 oder 5 Prozent fest und wirft eine »akzeptierbare« Zahl von ein paar Millionen Menschen auf den Müll. Dieser Terminus signalisiert der Welt, dass es in Ordnung ist, dass Millionen Menschen ohne Arbeit sind, ja, dass man sogar froh darüber sein kann, mit einer so geringen Zahl davongekommen zu sein.

Meine Erfahrungen mit der Grameen-Bank haben mich ermutigt, dieser Verzweiflungsdoktrin die Stirn zu bieten.

Wir können die in ihrer Arbeitslosigkeit gefangenen Menschen aus ihrer Hilflosigkeit herausholen, indem wir ihnen Zugänge zu Geld verschaffen. Sie können alles tun, was sie wollen. Ihr Geist kann erwachen. Das Ja oder Nein eines Stellenvermittlers wird nicht ihr Schicksal bestimmen. Sie müssen nicht länger dem Wohlwollen anderer ausgeliefert sein.

Es ist interessant, dass meine Idee, aus arbeitslosen Menschen Unternehmer zu machen, aus einem Land stammt, das bis vor vierzig Jahren fast ausschließlich ein Land von Kleinbauern war. Und heute dränge ich den hochindustrialisierten Westen zur Übernahme dieser Idee, um das Problem der Arbeitslosigkeit zu lösen, besonders das der Jugendarbeitslosigkeit. Das bedeutet eine Umkehr des üblichen Musters, demzufolge neue Ideen im Westen erfunden werden und dann allmählich ihren Weg in den Globalen Süden finden. Dass diese Idee aus einem Land kommt, mit dem sie nicht gerechnet haben, wird meine Freunde in den reichen Ländern hoffentlich nicht davon abhalten, diese Idee umzusetzen.

Wenn wir Arbeitslosigkeit in Unternehmertum verwandeln können, setzt dies ein unermessliches Potenzial an menschlicher Kreativität, Begabung und Produktivität frei. Und was noch wichtiger ist: Wir können Hunderte Millionen von Menschen vor der Abhängigkeit vom Staat bewahren und ihnen die Enttäuschung ersparen, als überflüssig und unbrauchbar abgestempelt zu werden.

Das wird entscheidende Auswirkungen auf den Prozess der sich ständig zuspitzenden Reichtumskonzentration haben. Erstens wird jeder von uns unterstützte Mikrounternehmer ein Brennpunkt von Reichtumsansammlung werden. Der Anteil an Reichtum, den dieser Unternehmer erwirtschaftet, wird nicht mehr zu den oberen ein, zwei oder fünf Prozent fließen. Auf diese Weise werden nach und nach neue Reichtumszentren entstehen, die zum Wohlstand in

Regionen beitragen können, in die das obere eine Prozent noch nie einen Fuß gesetzt hat.

Zweitens wird das obere eine Prozent entdecken, dass ihm weniger Menschen zur Verfügung stehen. All die Mikrounternehmer, die damit beschäftigt sind, ihr eigenes Business zu betreiben, werden nicht länger zur Verfügung stehen, um als Söldner für dieses eine Prozent zu arbeiten. Dementsprechend wird sich der Reichtumsfluss nach oben verlangsamen.

Drittens wird die Ausbreitung des Unternehmertums es Frauen ermöglichen, stärker an der Wirtschaft teilzunehmen – und damit zur Lösung eines Problems beitragen, das sowohl in den Entwicklungsländern als auch in den reichen Ländern der Welt virulent ist. In der heutigen Welt der Jobsucher sind Frauen stark benachteiligt. Die meisten Arbeitsstellen sind nicht auf sie zugeschnitten. Strikte Regeln am Arbeitsplatz stehen in Konflikt mit den Rollen, die viele Frauen als Mütter und zentrale Säulen des Familienlebens spielen wollen. Die Bemühungen, die Regeln nachträglich anzupassen, um Jobs frauenfreundlicher zu machen, hatten nur teilweise Erfolg. Das Ergebnis ist, dass sich Millionen Frauen von Arbeitsstellen gewaltsam ausgeschlossen fühlen, und dass der Welt ihre Kreativität und Beteiligung vorenthalten bleibt.

In einer Welt des Unternehmertums aller können Frauen ihr Arbeitsleben gestalten, wie sie möchten, und die Technologie nutzen, um zu arbeiten, wann sie wollen und von wo aus sie wollen. Völlig neue Wirtschaftsbereiche können von Frauen erschlossen werden, und das Engagement von Millionen von Frauen wird der Produktivität einen gewaltigen Schub geben.

Diese Veränderungen werden dazu führen, dass das Unternehmertum das Wirtschaftswachstum beschleunigt. Statt von wenigen Großkonzernen abhängig zu sein, wird das Unternehmertum aller das Wirtschaftswachstum und die Schaffung von Arbeitsstellen beschleunigen. Es wird das Einkommens- und damit das Konsumniveau aller erhöhen und dadurch die Wirtschaft ankurbeln – viel stärker als durch den Versuch, ein paar Luxusgüter mehr an eine Handvoll reicher Menschen zu verkaufen, die ohnehin schon mehr haben, als sie jemals gebrauchen können.

In den kommenden Jahren wird dieses neu geschaffene Wirtschaftssystem den einlinig nach oben ausgerichteten Fluss des Reichtums stoppen oder sogar umkehren, sodass der Traum von einer Welt, in der Gleichheit herrscht, Wirklichkeit wird. Die heutige Abhängigkeit von staatlichen Transferleistungen oder privater Wohltätigkeit wird durch ein neues System ersetzt werden, in dem jeder Mensch die Möglichkeiten des freien Marktes nutzen kann, um seine Familie zu versorgen und zum Fortschritt der Gesellschaft beizutragen.

Dieses Ziel mag illusorisch erscheinen. Aber wir können schon heute sehen, dass es das nicht ist. Seine Verwirklichung wird nur dadurch blockiert, dass wir die menschlichen Fähigkeiten unterschätzen.

Das von der Internationalen Arbeitsorganisation (ILO) benannte Problem, jedes Jahr Arbeit für 40 Millionen junge Menschen zu finden, erscheint damit in einem völlig neuen Licht. Anstatt 40 Millionen junge Leute zu sehen, die für Bewerbungen Schlange stehen, sehe ich 40 Millionen neue Unternehmer, die in den globalen Markt einsteigen, neue Unternehmen schaffen, Probleme lösen, die Gesellschaft verjüngen und neu gestalten und der Wirtschaft einen großen Kick geben. Auf lange Sicht sehe ich einen Mangel und nicht einen Überschuss an Arbeitskräften. Junge Menschen, alte Menschen, Frauen, Menschen mit Behinderungen – sie alle werden den Markt mit ihrem kreativen Talent und ihren unternehmerischen Ideen bereichern. Arbeitsvermittlungen werden nicht länger damit beschäftigt sein, Arbeitsstellen für Menschen zu finden. Stattdessen werden sie vor der Herausforderung stehen, Menschen für Arbeitsstellen zu finden.

Das Einzige, was wir tun müssen, ist, das Wirtschaftssystem zu verändern – und das bedeutet, die Glaubenssätze zu hinterfragen und zu verändern, die es gegenwärtig beherrschen.

5 NACHHALTIGKEIT FÖRDERN: EINE UMWELTVERTRÄGLICHE WIRTSCHAFT SCHAFFEN

Da ich mein ganzes Leben in Bangladesch verbracht habe, das bis vor Kurzem noch eins der ärmsten Länder der Welt war, liegt es auf der Hand, warum mich die Probleme von Armut und Arbeitslosigkeit derart umtreiben. Meine Gründe für eine ebenso große Besorgnis über die weltweite Umweltzerstörung mögen weniger offensichtlich sein. Aber Bangladesch ist auch eins der von der Umweltzerstörung am stärksten bedrohten Länder der Welt. Vielen Untersuchungen zufolge wird Bangladesch der Ground Zero des Klimawandels sein.

Viele Menschen wissen nicht einmal, wo Bangladesch auf der Weltkarte zu finden ist. Es ist ein kleines Land im nordöstlichen Teil Südasiens, größtenteils umgeben von zwei riesigen Nachbarn mit raschem Wachstum an Bevölkerung, Reichtum und Macht – Indien und China. Aber obwohl Bangladesch ein kleines Land ist, hat es eine der größten Bevölkerungen der Welt. Mit 165 Millionen Menschen steht es an neunter Stelle der bevölkerungsreichsten Länder der Welt. In Relation zu seiner kleinen Fläche – mit 143.000 Quadratkilometern ist die Fläche Bangladeschs nicht einmal halb so groß wie die der Bundesrepublik Deutschland – macht das Bangladesch zu einem der am dichtesten besiedelten Länder der Welt mit über 1.100 Einwohnern pro Quadratkilometer (zum Vergleich: Deutschland hat rund 230 Einwohner pro Quadratkilometer). Wenn die USA so dicht besiedelt wären wie Bangladesch, würden sie die gesamte Bevölkerung unseres Planeten beherbergen.

Bangladeschs Bevölkerungsdichte ist einer der Gründe für die Verletzlichkeit seiner Umwelt. Die reichen Ressourcen, die Bangladesch von Natur her besaß, sind durch die verzweifelten Bemühungen um Wirtschaftswachstum für den Unterhalt unserer großen Bevölkerung stark dezimiert worden. Riesige Waldgebiete wurden abholzt, um Holz für den Hausbau zu gewinnen, für Möbel, Papier und sonstige Produkte. Rasch wachsende Industrien und das nahezu vollständige Fehlen von Umweltschutzbestimmungen haben zu einer immensen Wasser- und Luftverschmutzung geführt. Das Kochen und Heizen mit Holz- und Kohleherden in spärlich belüfteten Wohnungen hat zu Tausenden Fällen von Lungenerkrankungen und anderen damit verbundenen Krankheiten geführt.

Einige dieser Umweltprobleme lassen sich durch technologische und politische Veränderungen in Bangladesch selbst bekämpfen. Aber nun droht eine weitaus größere Umweltkatastrophe, auf die Bangladesch praktisch keinerlei Einfluss hat, große Teile unseres Landes auszulöschen.

Bangladesch ist nicht nur bevölkerungsreich und dicht besiedelt, es ist zudem noch ein tief gelegenes Land, in dem viele Millionen Menschen im Bereich des riesigen Deltas der Gangesmündung leben. Das Land wird seit Langem immer wieder von verheerenden Überschwemmungen heimgesucht, die periodisch große Städte überfluten, unzählige Bauernhöfe und Dörfer auslöschen und Millionen Menschen zur Flucht zwingen. Diese Überschwemmungen sind eine der Ursachen für die anhaltende Armut des Landes. Wenn Bauern gezwungen sind, alle paar Jahre nach einer völligen Zerstörung wieder bei Null anzufangen, ist es schwer, das nötige Kapital für eine sichere wirtschaftliche Zukunft anzusammeln.

Bangladesch ist aufgrund seiner niedrigen Lage besonders anfällig für die Auswirkungen des Klimawandels. Umweltexperten prognostizieren, dass die weltweite Verbrennung von fossilen Brennstoffen und die dadurch produzierten Treibhausgase die Eiskappen des Planeten schmelzen lassen, wodurch uns bis Ende des 21. Jahrhunderts ein

Anstieg des Meeresspiegels von mehr als einem Meter droht. Und obwohl Bangladesch selbst nur 0,3 Prozent der für den Klimawandel verantwortlichen weltweiten Kohlenstoffemissionen produziert, werden unser Land und seine Menschen zu seinen ersten Opfern gehören. Nach Berechnungen von Atiq Rahman, Klimaexperte und Geschäftsführer des Bangladesh Centre for Advanced Studies, wird der steigende Meeresspiegel um das Jahr 2050 wohl etwa 17 Prozent von Bangladesch für immer überschwemmen und 18 Millionen Menschen zur Flucht zwingen.[15] Und wenn die Welt nichts unternimmt, um dieses Problem zu lösen, wird das nur der Anfang einer viel größeren Katastrophe sein.

Aus all diesen Gründen schließen sich die Menschen Bangladeschs mit anderen Menschen in den ärmsten Ländern der Welt zusammen in einem entschlossenen Kampf zur Korrektur der Praktiken im Umgang mit der Umwelt, die die Menschheit an den Rand der Katastrophe gebracht haben. Um die Ausdrucksweise zu vereinfachen, fasse ich dieses Ziel unter der Überschrift »Nachhaltigkeit fördern« zusammen. Außer der Beseitigung aller Formen von Umweltverschmutzung sollte es unser größtes Ziel sein, die Emissionen von klimaveränderndem Kohlenstoff auf das geringstmögliche Niveau zu reduzieren und die Auswirkungen jener Emissionen zu senken, die wir nicht durch Kohlenstoff bindende Maßnahmen wie zum Beispiel das Pflanzen von Bäumen beseitigen können. Da Energieverbrauch die Grundlage praktisch aller wirtschaftlichen Aktivitäten ist, halte ich den Ausdruck *Nachhaltigkeit* für den umfassendsten und treffendsten Begriff, um die ganze Bandbreite der Umweltprobleme in den Blick zu nehmen, die unsere neuen wirtschaftlichen Rahmenbedingungen berücksichtigen müssen.

Manche Menschen in den reichen Ländern der Welt sind überrascht, wenn sie hören, wie ernsthaft Menschen in Länder wie Bangladesch, Indien und China sich mit der

Rettung unseres Planeten befassen. Sie scheinen vorauszusetzen, dass Menschen in den Entwicklungsländern, die das Wirtschaftswachstum ankurbeln, sich relativ wenig um Umweltprobleme kümmern. Schließlich war das die Haltung der heutigen großen Wirtschaftsmächte während ihrer eigenen Phase raschen Wachstums. Während der Industriellen Revolution des 18. und 19. Jahrhunderts und der fortschreitenden Technisierung und Urbanisierung während des 20. Jahrhunderts kümmerten sich viele Länder in Europa und Nordamerika nur wenig um die von ihnen verursachten Umweltschäden. Wälder wurden abgeholzt, riesige Mengen von Kohle und Öl verheizt, artenreiche natürliche Lebensräume in Monokulturen verwandelt, Fischbestände dezimiert und sonstige Ressourcen weitgehend ausgeplündert.

Heute versuchen Menschen in den großen Industrieländern, im Nachhinein den verursachten Schaden zu beheben. Vor dem Hintergrund dieser Geschichte scheinen sie anzunehmen, dass heutige Entwicklungsländer – Länder wie China, Indien, Brasilien, Indonesien und Vietnam – denselben achtlosen und rücksichtslosen Weg des Wirtschaftswachstums ohne Rücksicht auf Umweltkonsequenzen einschlagen. Einige Politiker in der westlichen Welt, die am Umweltschutz sparen wollen, haben dies sogar als Entschuldigung für ihre eigene Untätigkeit benutzt. »Wir könnten Milliarden Dollar für die Säuberung unserer Industrien ausgeben«, sagen sie. »Aber was bringt das, wenn wir wissen, dass China und Indien niemals das Gleiche tun werden? Mit der Weiterentwicklung der ärmeren Länder der Welt wird die globale Umweltverschmutzung schlimmer werden, egal, was wir im Westen tun.«

Diese Annahme ist falsch und basiert auf dem Irrglauben, dass es einen systembedingten Konflikt zwischen Wirtschaftswachstum und Umweltschutz gibt. In Wirklichkeit ist es durchaus möglich, die Wirtschaft wachsen zu lassen, Regionen und ganze Gesellschaften aus der Armut zu befreien und dabei auch die Umwelt zu schützen. Dank moderner Technologien ist das heute einfacher als je zuvor. Wissenschaftler und Ingenieure haben große Fortschritte gemacht bei der Entwicklung von regenerativen, nachhaltigen Energiequellen und von weniger umweltverschmutzenden Systemen zur Herstellung und zum Vertrieb von Produkten. In der Landwirtschaft, in der Fischerei und im Bergbau wurden umweltfreundliche Techniken entwickelt.

Dank dieser Fortschritte im Umweltschutz haben die heutigen Entwicklungsländer in vielerlei Hinsicht bessere Chancen als die älteren Industrienationen, ein sauberes Wachstum zu genießen. Auf ihnen lastet nicht die Bürde alter Technologien – Hunderte von Kraftwerken, die mit fossilen Brennstoffen betrieben werden, verkabelte Kommunikationsnetze, die unterhalten werden müssen, überalterte Flotten von Autos, Lastwagen und Flugzeugen, die Energie vergeuden. Das bedeutet, dass sie den direkten Sprung zu effizienteren, sauhereren Technologien tun können, die die moderne Wissenschaft ermöglicht. Es gibt keinen Grund, warum wir wegen des Wirtschaftswachstums in den Entwicklungsländern eine Phase ungehemmter Umweltverschmutzung und Umweltzerstörung akzeptieren müssten. Und tatsächlich sind die größten Entwicklungsländer der Welt, China und Indien, dem Abkommen von Paris beigetreten, das ich in Kapitel 2 diskutiert habe, und haben sich zur Ausführung des Klimaschutzabkommens verpflichtet.

Leider ist die ökologische Situation Bangladeschs weit davon entfernt, perfekt zu sein. Während die Menschen Bangladeschs an die Welt appellieren, die Umweltzerstörung zu stoppen, die ihrem Land so enorm schadet, betreibt die Regierung von Bangladesch zwei umweltbedrohende Projekte.

Eins ist ein Kohlekraftwerk für 1.320 Megawatt in Rampal, im Süden von Bangladesch. Es liegt in unmittelbarer

Nähe der Sundarbans, des größten Mangrovenwalds der Welt. Das geplante Kohlekraftwerk gefährdet den Wald, der ein UNESCO-Welterbe ist.

Bekannte Persönlichkeiten haben sich gegen dieses Projekt ausgesprochen, und Umweltschützer im In- und Ausland haben stichhaltige Argumente dagegen angeführt. Aber die Regierung macht weiter, ohne sich um diese besorgten Stimmen zu kümmern. Bangladesch braucht Strom, aber er sollte nicht auf Kosten der Natur und der natürlichen Lebensgrundlagen erzeugt werden. Mit dem Beharren auf diesem Projekt sendet Bangladesch völlig falsche Signale an die Welt – nämlich dass es sich im eigenen Land nicht um ökologische Fragen kümmert und dass ihm sofortige wirtschaftliche Gewinne wichtiger sind als der Schutz der Umwelt. Diese Signale werden die Unterstützung verringern, die Bangladesch so dringend braucht im Kampf gegen die verheerenden Folgen der Erderwärmung.

Das zweite Projekt ist ein Kernkraftwerk, das 2.000 Megawatt Elektrizität produzieren soll. Seit der Katastrophe von Tschernobyl im Jahr 1986 habe ich mich stets gegen die Kernenergie ausgesprochen, und meine Haltung wurde 2011 durch den Unfall in dem japanischen Kernkraftwerk in Fukushima bestätigt. Beide Ereignisse waren laute Weckrufe. Jeder Atommeiler hat das Potenzial, massive und weitreichende Zerstörung von menschlichem Leben mit einer Auswirkung über viele Generationen zu verursachen. Atomkraftwerke sind anfällig für Naturkatastrophen wie Erdbeben und Überschwemmungen sowie für menschliches Versagen und die Risiken von Sabotage und terroristischen und kriegerischen Angriffen.

Bangladesch und die umliegenden Regionen sind die am stärksten bevölkerten Regionen der Welt. Ich kann nicht nachvollziehen, warum wir ausgerechnet in Gegenden mit der größten Bevölkerungskonzentration des Planeten etwas bauen sollten, was das Potenzial zur Massenvernichtung hat.

Bangladesch ist ein Land mit einem riesigen Hunger nach Energie. Aufgrund seines Wirtschaftswachstums hat Bangladesch aber nicht nur einen großen Bedarf an Energie, sondern es hat gleichzeitig auch die Macht, globale Initiativen zur Versorgung mit sauberen Energien einzufordern. Denn diese Lösungen gibt es bereits, sie müssen nur politisch gewollt sein. So hat beispielsweise Bangladeschs Nachbarland Nepal riesige Kapazitäten, Energie aus Wasserkraft zu gewinnen. Durch nachbarschaftliche Zusammenarbeit mit Nepal könnte Bangladesch in der grünen Umweltbewegung und beim Einsatz sauberer Energien führend sein.

Klimaaktivisten weltweit könnten zur Lösung der Energieprobleme Bangladeschs beitragen, indem sie durch ganz konkrete Maßnahmen ihre Solidarität mit dem vom Klimawandel gefährdeten Land zeigten: Bangladesch braucht hochmoderne technische Lösungen zur kostengünstigen Erzeugung von grüner Energie und Hilfe bei der Finanzierung solcher Projekte! Dadurch würde Bangladesch sich nicht gezwungen fühlen, auf schmutzige Energie zurückzugreifen, und es wäre ein großartiges Beispiel für andere Länder, die demselben Problem gegenüberstehen. Im Augenblick gibt es noch ein kleines Zeitfenster, diese Optionen anzubieten, damit Bangladesch sich nicht für die selbstzerstörerischen Wege von Kohle- oder Kernenergie entscheidet.

Armut beseitigen, Arbeitslosigkeit abschaffen und Nachhaltigkeit fördern – diese drei großen Ziele unseres neuen Wirtschaftsmodells stehen nicht im Widerspruch zueinander. Im Gegenteil: Es ist unabdingbar, alle drei Ziele gemeinsam zu verfolgen, weil sie aufs Engste miteinander verzahnt sind. Wenn wir das Wirtschaftswachstum auf umweltzerstörende Weise verfolgen, werden wir am Ende Billiarden von Dollars aufbringen müssen, um die Schäden für unseren Planeten und an seinen Ressourcen zu beheben, von denen im Endeffekt alles Leben abhängt. Schmutziges Wachstum ist kein nachhaltiges Wachstum – es geht auf

Kosten der Umwelt und auf Kosten der wirtschaftlichen Entwicklung.

Und unter einer zerstörerischen Umweltpolitik haben wiederum die Armen am meisten zu leiden. Innerhalb der entwickelten Welt siedeln Politiker, Entscheidungsträger und Wirtschaftsführer verschmutzende, gefährliche, giftige und zerstörerische Industrien und Betriebe gerne in Regionen an, in denen arme Menschen leben. Auf globaler Ebene ist es für internationale Unternehmen billig und einfach, schmutzige Industrien in arme Länder zu verlegen. Wenn die Menschen eines Landes verzweifelt nach Arbeit und Einkommen suchen, sind politische Führer versucht, Umweltprobleme zu ignorieren und Regeln zur Vermeidung von Umweltschäden auszuschalten oder nicht anzuwenden. Dadurch mögen Arbeitsstellen für die Armen entstehen – aber es sind oft schmutzige, gefährliche, zerstörerische Jobs, durch die arme Regionen hinterher noch schlechter dastehen als vorher.

Diese Umweltverbrechen gegen die Armen sind nicht nur ein Ergebnis der globalen Ungleichheit, sondern sie spitzen die globale Ungleichheit auch noch immer weiter zu, weil die ungehemmte Umweltverschmutzung es armen Ländern immer schwerer macht, sich aus der Armut zu befreien. Dies ist ein weiteres Beispiel dafür, wie arme Menschen unter Problemen leiden, die die gesamte Menschheitsfamilie zu verantworten hat. Aufgrund dieser Strukturen ist es enorm wichtig, alle diese Probleme gemeinsam anzugehen: weil sie sich gegenseitig verstärken.

Grameen Shakti: Grünes Unternehmertum zur Transformierung des Energiemarktes

Ein Beispiel dafür, wie wirtschaftliche Entwicklung und Umweltschutz sich gegenseitig unterstützen können, statt im Konflikt miteinander zu stehen, ist *Grameen Shakti*, das bahnbrechende Unternehmen für regenerative Energien, das ich 1996 in Bangladesch ins Leben gerufen habe.

Als ich in *Die Armut besiegen* (2008) über Grameen Shakti schrieb, hatte das Unternehmen schon 100.000 Solarzellen in Häusern in ganz Bangladesch installiert. Damals machte dieser Erfolg Grameen Shakti zu einem der größten Lieferanten von Heimsolarsystemen der Welt. Seither ist die regenerative Energie mit einer beeindruckenden Geschwindigkeit gewachsen – und Grameen Shakti hat diese Entwicklung angeführt. Im Januar 2013 haben wir die Installation unseres millionsten Heimsolarsystems gefeiert, und Anfang 2017 überstieg die Zahl von Haushalten, die wir bedienen, 1,8 Millionen.

Die Bedeutung dieses Erfolgs kann gar nicht hoch genug bewertet werden. Die meisten Dörfer Bangladeschs sind nicht an das nationale Elektrizitätsnetz angeschlossen. Und bei denen, die angeschlossen sind, wird die Stromversorgung oft durch Blackouts unterbrochen. Außerdem tragen herkömmliche Gas- und Kohlekraftwerke stark zum Klimawandel bei, dessen katastrophale Auswirkungen auf Bangladesch ich schon beschrieben habe.

Aus all diesen Gründen ist die Versorgung von etwa 12 Millionen Menschen in Bangladesch mit sauberem, bezahlbarem, verlässlichem Strom ein gigantischer Schritt nach vorn. Sie bringt Schulkindern elektrisches Licht, bei dem sie ihre Hausaufgaben machen können. Sie erlaubt Ladenbesitzern, Gemeindezentren, Arztpraxen und Moscheen, ihre Öffnungszeiten bis in den Abend auszudehnen. Sie bereichert unzählige Leben und erweitert die wirtschaftlichen Chancen. Sie hilft Bauern, ihr Land zu bewässern und Maschinen zu benutzen; sie macht ländlichen Unternehmerinnen den Gebrauch elektrischer Nähmaschinen möglich. Und sie hilft Millionen von Bangladeschis, das Internet zu nutzen, um Zugang zu denselben Informations- und Wissensquellen zu erhalten, die Menschen in aller Welt zur Verfügung stehen.

Genau wie das ländliche Elektrifizierungsprogramm des New Deal in den 1930er-Jahren armen Regionen im Süden der USA half, an der wirtschaftlichen Entwicklung des 20. Jahrhunderts teilzuhaben, so hilft auch die Verbreitung von Solarenergie, die Dörfer Bangladeschs in die Welt des 21. Jahrhunderts zu integrieren.

Grameen Shakti ist nicht das einzige Unternehmen, den Armen von Bangladesch regenerative Energien zugänglich zu machen. Dank unseres Erfolges sind etwa 30 weitere Unternehmen – sowohl gewinnorientierte als auch Non-Profit-Organisationen – entstanden, die jetzt mit Grameen Shakti konkurrieren und ihre eigenen Solarenergiesysteme vertreiben. Wir begrüßen diese Entwicklung, die etwa 1,5 Millionen weiteren Haushalten regenerative Energie gebracht hat.

Grameen Shakti hat seine Angebotspalette im Bereich sauberer und regenerativer Energien weiter ausgedehnt. Zum Beispiel vertreibt es einen Küchenherd, der viele Probleme der traditionell gebauten Dorfherde verringert und so die Umweltverschmutzung innerhalb der Häuser und die Brennstoffverschwendung reduziert. Ungefähr eine halbe Million dieser verbesserten Herde sind heute in Gebrauch. Grameen Shakti hat auch Zehntausende von Biogasfabriken installiert, die natürlichen Abfall wie Kuhdung in Methangas zum Kochen verwandeln.

Grameen Shakti hat umweltfreundliche Technologien zu einem erfolgreichen Social Business gemacht, das im ganzen Land seine Nachahmer finden kann.

Haiti: Die Rettung einer ausgeplünderten Landschaft und der Menschen, die von ihr abhängig sind

Im Kapitel 4 habe ich ausführlich über die Bedeutung des Unternehmertums als einer treibenden Kraft zur Senkung der Arbeitslosigkeit und zur Bekämpfung der Armut geschrieben. Wie ich dort erklärt habe, bin ich der Überzeugung, dass großen Konzernen und gigantischen Industrieprojekten bislang ein viel zu großes Gewicht für das Wirtschaftswachstum zugeschrieben worden ist. Ein gesünderer und nachhaltigerer Ansatz ist es, ein mindestens ebenso großes Gewicht auf die Entfaltung der Kreativität von Millionen einfacher Menschen zu legen, deren Unternehmensideen an den Bedürfnissen des Umfelds orientiert sind, in dem sie leben. Diese Menschen bei der Verwirklichung ihrer unternehmerischen Ideen zu unterstützen, insbesondere durch den Zugang zu Investitionskapital, kann zur Verbesserung der wirtschaftlichen Situation von Dörfern, Städten, Regionen und sogar ganzen Ländern beitragen.

Aber während ich die Bedeutung des Unternehmertums Einzelner als Zugmaschine für Wirtschaftswachstum betone, erkenne ich auch an, dass große Unternehmen ihre eigene Rolle haben bei der Schaffung des neuen Wirtschaftssystems, das unsere Welt braucht. Trotz meiner akademischen Bildung in Ökonomie bin ich kein Theoretiker oder Ideologe, sondern vielmehr ein Pragmatiker – ein Mensch, der durch Versuch und Irrtum und durch Experimentieren gelernt hat, was funktioniert und was nicht. Und ich habe dabei auch die Erfahrung gemacht, dass Ressourcen großer Unternehmen zur Lösung gesellschaftlicher Probleme beitragen können, wenn man sie gezielt einsetzt. Zu diesen Ressourcen, auf die große Unternehmen zurückgreifen können, gehören Investitionskapital, Marktzugänge, ausgeklügelte Technologien und ein großer Pool an begabten Menschen mit Know-How und Erfahrung im Management.

Das Entscheidende dabei ist jedoch, dass ein großes Unternehmen, das sich für eine Beteiligung an unserer neuen wirtschaftlichen Bewegung interessiert, bereit sein muss, seine Einstellung grundsätzlich zu verändern. Es muss die Grundannahme der auf Gewinnmaximierung ausgerichteten Welt hinter sich lassen und die sozialen Herausforderungen in einem neuen Licht betrachten, mit einem Katalog völlig neuer Kriterien und Ziele. Dies erfordert normalerweise die Präsenz von mindestens einer visionären Führungspersönlichkeit, die aus alten Denkmustern auszubrechen bereit ist und andere Wesenszüge des Menschen in den Blick nimmt, nämlich Idealismus, Großzügigkeit und Selbstlosigkeit.

Vier solcher Wirtschaftsführer, die ich bei meiner Arbeit kennengelernt habe, sind Franck Riboud, Geschäftsführer von Danone; Emmanuel Faber, Vorstandsvorsitzender von Danone; Jean Bernou, Regionalpräsident von McCain Foods, und Richard Branson, Gründer der Kette der Virgin-Unternehmen. Ich kenne Branson seit einigen Jahren. Er ist nicht nur ein erfolgreicher Businessman und ein großartiger Unternehmer mit einem ausgeprägten Talent für verkaufsfördernde Aktionen, sondern auch der Mitbegründer einer Organisation, die sich »B-Team« nennt. Es handelt sich dabei um eine Gruppe von Unternehmensmanagern und anderen Führungskräften, die sich der Herausforderung gestellt haben, »einen ›Plan B‹ zu entwickeln – für konzertierte, positive Aktionen, die sicherstellen sollen, dass Unternehmen eine treibende Kraft zum gesellschaftlichen, ökologischen und wirtschaftlichen Nutzen werden«. Auf der Website der Organisation heißt es weiter: »Der Plan A – bei dem Unternehmen hauptsächlich durch Gewinn motiviert werden – ist keine Option mehr.«[16] Das B-Team engagiert sich für die Orientierung herkömmlicher Unternehmen weg von ihrer ausschließlichen Gewinnorientierung in Richtung auf eine Menschen-Planet-Gewinn-Orientierung, bei der alle drei Ziele das gleiche Gewicht haben.

Ich bin Mitglied des B-Teams. Andere Mitglieder sind der Internetunternehmer Marc Benioff, die Mediengründerin Arianna Huffington, der norwegische Staatsmann und frühere Generaldirektor der Weltgesundheitsorganisation (WHO) Dr. Gro Harlem Brundtland, die frühere Präsidentin Irlands Mary Robinson, der brasilianische Unternehmer

Guilherme Leal, der Philanthrop Jochen Zeitz und Kathy Calvin, Präsidentin und Vorstandsvorsitzende der United Nations Foundation (UN-Stiftung).

Ich wusste von Bransons Interesse an Unternehmensprojekten, die Menschen helfen und gleichzeitig den Planeten schützen. So präsentierte ich ihm 2013 ein Projekt, in das er investieren könnte. *Haiti Forest* war von Yunus Social Business (YSB) entworfen worden mit dem Ziel, die Insel wieder aufzuforsten – eine Aufgabe von zentraler Bedeutung, um die Menschen Haitis aus der Armut zu befreien, in der zu viele von ihnen gefangen sind.

Wälder haben schon immer eine entscheidende Rolle in Haitis Ökologie und Ökonomie gespielt. Im Klima der Karibik sind Wälder ganz wesentlich, um die Auswirkungen von Tropenstürmen aufzufangen, Bodenerosion vorzubeugen und den Wasserkreislauf zu regulieren.

Im Jahr 1923 waren noch 60 Prozent Haitis bewaldet. In den folgenden Jahrzehnten wurden diese Wälder jedoch stark dezimiert. Große Holzfirmen holzten große Gebiete ab und löschten so innerhalb weniger Jahre jahrhundertealte Wälder aus. Diese Abholzung setzte einen Kreislauf in Gang, der es fast unmöglich machte, die Wälder ohne ein Eingreifen von außen wieder aufzuforsten. Einige der Firmen versuchten, die Wälder durch das Pflanzen junger Bäume zu erneuern, aber diese brauchen viele Jahre, um zur vollen Höhe zu wachsen. Einheimische Dorfbewohner, viele von ihnen bettelarm, fällten sowohl alte als auch Millionen junger Bäume, bevor diese ausgewachsen waren, weil sie das Holz zum Hüttenbau und zur Kohleproduktion für ihre Herdfeuer und als Einkommensquelle brauchten.

Heute bedecken die Wälder gerade einmal 2 Prozent des Festlandes von Haiti. Dieser Eingriff in das Ökosystem war verheerend. Genau wie in anderen Ländern, deren Wälder zerstört wurden, hat sich in Haiti die Kohlenstoff bindende Funktion von Bäumen stark verringert, und dadurch haben sich die zerstörerischen Auswirkungen des Klimawandels beschleunigt.

Auch die Landwirtschaft ist von der Abholzung stark betroffen. Ohne die Wälder wird die Muttererde vom Regenwasser abgetragen und lagert sich in Flüssen, Seen und Meeresbuchten ab. Den Bauern bleibt nur ein ausgelaugter, weniger fruchtbarer Boden, und auch der Grundwasserspiegel sinkt, weil das Wasser auf der erodierten Erde schneller abfließt. Die Armut wächst, und der Zyklus der Waldzerstörung – und des menschlichen Elends – geht ungebremst weiter. Die Probleme des Landes haben sich ständig vergrößert durch die jahrzehntelange Herrschaft autoritärer Regierungen und durch Naturkatastrophen wie zum Beispiel das verheerende Erdbeben, das Haiti 2010 getroffen hat. Diese Umweltprobleme sind einer der Gründe, weshalb Haiti das ärmste Land der westlichen Welt ist.

Haiti Forest wurde gegründet, um Stück für Stück die Wiederaufforstung Haitis voranzutreiben. Es handelt sich dabei um eine Social Business-Initiative, die von Nichtregierungsorganisationen wie *Nature Conservancy* unterstützt wird, die Umwelt-, Agrar- und Forstexpertise zur Verfügung stellen. Darüber hinaus steuern die *Branson's Virgin Unite Charitable Foundation* und die *Clinton Foundation* zum einen humanitäre Spenden und zum anderen Social Business-Investitionen bei, die ohne Zinsen oder Dividenden zurückgezahlt werden. Haiti Forest will jedes Jahr mehr als eine Million Bäume pflanzen mit dem Ziel, tausend Hektar Land in der Umgebung der Stadt Saint-Michel-de-l'Attalaye im zentralen Hochland von Haiti aufzuforsten.

Neben der Aufforstung der durch die Abholzung schwer geschädigten natürlichen Lebensräume Haitis verbessert dieses Projekt auch die Existenzgrundlagen der Bauern. Die Produktion von Obst, Kaffee und Ölen kann ausgeweitet werden, was Bauern höhere Einnahmen und einheimischen

Menschen Arbeit bringt. Das Projekt schafft darüber hinaus auch zusätzliche Arbeitsstellen außerhalb des Agrarsektors, indem es gewinnorientierte Unternehmen unterstützt, die Produkte vermarkten, die aus im Wald gewachsenen Substanzen hergestellt werden.

Ein Beispiel dafür ist *Kreyol Essence*, eine Öko-Luxus-Kosmetikmarke, die Produkte vertreibt, die auf der Basis des haitianischen schwarzen Rizinusöls hergestellt werden. Die Firma wurde von Yve-Car Momperousse und Stéphane Jean-Baptiste gegründet, zwei aus Haiti stammenden US-Amerikanerinnen, die in Philadelphia lebten, als Yve-Car eine »Haarkatastrophe« erlitt: Ihr Haar wurde von einem Friseur verdorben, der es während einer Behandlung einer zu starken Hitze aussetzte. Yve-Car erinnerte sich, dass Frauen in ihrer Heimat Haiti das einheimische schwarze Rizinusöl zur Behandlung von beschädigtem Haar gebrauchen, und sie suchte das Produkt in den USA, aber ohne Erfolg. Das inspirierte sie und Stéphane zum Start eines Unternehmens, das diese alte Tradition wieder beleben und Frauen in aller Welt zugänglich machen würde.

Heute arbeitet Kreyol Essence mit haitianischen Bauern zusammen, hauptsächlich mit Frauen. Das Unternehmen pflanzt in Zusammenarbeit mit diesen Kleinbäuerinnen Rizinusbäume und kauft dann die Rizinuspflanzen und die ölhaltigen Rizinussamen zu Preisen, die über dem Marktpreis liegen, um ein nachhaltiges Einkommen für alle Beteiligten sicherzustellen. Dies ist nur eins einer ganzen Reihe von gewinnorientierten Unternehmen, die an der Aufforstung der verwüsteten Landgebiete Haitis beteiligt sind und dabei gleichzeitig eine wirtschaftliche Aktivität entfalten, die die grassierende Armut zu lindern hilft, unter der die Haitianer leiden.

Uganda: Unternehmerische Lösungen für alltägliche Umweltprobleme

Im Kapitel 2 habe ich berichtet, wie sich die wirtschaftlichen Aussichten des afrikanischen Landes Uganda durch den Anstieg des Unternehmertums verbessert haben. Junge Ugander haben Unternehmen gegründet, wirtschaftliche Aktivitäten unternommen und damit ihrem Heimatland die Möglichkeit verschafft, einen Schritt aus der Armut heraus zu tun.

Da Uganda immer noch ein armes Land ist, in dem fast ein Viertel der Menschen unterhalb der offiziellen Armutsgrenze lebt, ist die Bemühung um Wirtschaftswachstum wichtig. Aber Wirtschaftswachstum darf nicht auf Kosten der Nachhaltigkeit in Umweltfragen generiert werden. Wie Haiti und viele andere Schwellenländer hat Uganda gravierende ökologische Probleme, die im Auge zu behalten sind. Das Bevölkerungswachstum hat zu einer unkontrollierten landwirtschaftlichen Expansion geführt, die viele Wälder und Feuchtgebiete zerstört und dadurch Bodenerosion und Probleme bei der Wasserversorgung verursacht hat. Heute haben in Uganda etwa 20 Prozent der Menschen in der Stadt und mehr als 50 Prozent der Menschen auf dem Land keinen Zugang zu sauberem Trinkwasser. Durch die wachsende Bevölkerung und die schlecht kontrollierten Fabriken und Bergbauunternehmen sind viele Giftstoffe ins Grundwasser gelangt. Die Verschmutzung bedroht auch eine ganze Reihe seltener Vogel-, Tier- und Pflanzenarten, die neben ihrem immateriellen Wert auch wichtige Attraktionen für die Besucher der Nationalparks und Wildreservate des Landes sind.

Angesichts der Dringlichkeit dieser Umweltprobleme ist es für Ugandas Social Business-Unternehmer wichtig, nicht einfach nur Arbeitsstellen zu schaffen und das Wirtschaftswachstum zu fördern, sondern auch die Wasser- und

Umweltverschmutzung zu bekämpfen, damit das Leben der Menschen in Uganda in jeder Hinsicht verbessert werden kann – und dies nicht nur in finanzieller Hinsicht. Dem YSB-Uganda-Programm gehören eine ganze Reihe gewinnorientierter Social Business-Unternehmen an, zu deren Unternehmensziel die Bekämpfung der Umweltprobleme zählt.

Eines davon ist *Savco Millers*, das Waren produziert und verkauft, die aus wiederverwertetem Plastikmüll hergestellt werden. Wie viele schnell wachsende Städte in aller Welt hat auch Kampala, die Hauptstadt Ugandas, ein großes Problem bei der Bewältigung der ständig steigenden Flut von Müll, vor allem Plastikmüll – Einkaufstüten, Verpackungen, Wasser- und Limoflaschen und Ähnliches. Experten schätzen, dass Uganda jeden Tag mehr als 108 Tonnen Plastikmüll produziert, aber dass die Recyclingkapazität weniger als die Hälfte davon ausmacht. Viel von diesem Müll landet auf den städtischen Müllhalden, die hässlich und gesundheitsgefährdend sind – und in ihrer unmittelbaren Nachbarschaft liegen die Wohnviertel von Kampalas Armen.

Doch der Plastikmüll bietet manchen auch eine willkommene Geschäftsgelegenheit. Viele bessern ihr Einkommen auf, indem sie auf den Müllhalden Abfall sortieren und Plastikteile herauspicken, die zum Recycling verkauft werden können. Das ist eine schmutzige und gefährliche Arbeit, aber sie bringt armen Menschen wenigstens ein kleines, dringend benötigtes Einkommen.

Das unternehmerische Ziel von Savco Millers, einem von YSB unterstützten Social Business, ist die Verbesserung dieser Arbeit für die Menschen von Kampala, die dabei gleichzeitig zur Reduzierung der Umweltprobleme beitragen, die durch das Verrotten des Plastiks entstehen. Das Unternehmen arbeitet direkt mit Plastiksammlern zusammen, bietet ihnen Ausbildung, Schutzkleidung und einen ungewöhnlich hohen Festpreis für das von ihnen gesammelte Plastik. Dieser Abnahmepreis wird dadurch möglich, dass Savco die Zwischenhändler ausschaltet, die normalerweise den Sammelprozess organisieren und einen exorbitanten Anteil an den Einkünften fordern. Savco Millers verarbeitet das Plastik dann in seinen Fabriken und macht aus ihm neue Produkte wie Pflanzsäcke für junge Bäumchen, Baufolien und Müllbeutel. Diese Produkte werden zu erschwinglichen Preisen vor Ort verkauft.

So haben es einige der Sammler, die mit Savco Millers zusammenarbeiten, geschafft, der Obdachlosigkeit und der Armut zu entkommen – zum Beispiel William Male, ein früheres »Straßenkind« in Kampala, der es seiner Arbeit als Plastikmüllsammler zuschreibt, dass er vor einem Leben bewahrt wurde, dessen Zentrum »Taschendiebstahl und Klebstoffschnüffeln« gewesen wäre. So nutzt Savco Millers sein ebenso einfaches wie wirkungsvolles Unternehmensmodell, um zwei brennende soziale Probleme gleichzeitig zu bekämpfen – die Arbeitslosigkeit und die Umweltzerstörung.

Ein anderes von YSB unterstütztes Social Business ist *Green Bio Energy*, eine Firma mit Sitz in Bugolobi, etwa sechs Kilometer südlich des geschäftigen Stadtzentrums von Kampala. Green Bio Energy fertigt und verkauft hauptsächlich zwei Produktlinien: Kohlebriketts für das häusliche und kommerzielle Kochen sowie kleine, tragbare Herde, auf denen jeweils ein einzelner Topf erhitzt werden kann.

Jeder in Uganda kennt Kohle und Kohle verbrennende Herde. Die Kohle wird gewöhnlich gewonnen, indem man Bäume in Ugandas rasch schrumpfenden Wäldern fällt und verkohlt. Aber die von Green Bio Energy angebotenen Produkte unterscheiden sich von den herkömmlichen. Beide Linien wurden dazu entworfen, gestaltet und produziert, sowohl umweltfreundlich als auch wirtschaftlich zu sein. Die Kohlebriketts, die unter dem Markennamen »Briketi« in großen Papiersäcken verkauft werden, sind komplett aus recycelter Kohle und verschiedenen Arten von landwirtschaftlichem Abfall hergestellt – Maniok-, Bananen- und Reisschalen, Fruchtfleisch der Kaffeekirschen und so fort. Das reduziert drastisch die Notwendigkeit, Bäume zu fällen. Außerdem brennen sie lange, was sie für die Verbraucher wirtschaftlicher macht, und sie brennen »sauber« – das heißt, sie produzieren weniger Rauch und Ruß als traditionelle Kohle. Das ist eine wichtige Verbesserung für Frauen, die in kleinen, schlecht belüfteten Häusern oft stundenlang über einen Herd gebeugt stehen.

Das Beste ist, dass die Briketts zu nur 2 US-Dollar für einen Fünf-Kilo-Sack verkauft werden, mit dem eine durchschnittliche Familie fünf Tage lang auskommt. Es ist ein angemessener Preis, den sogar die meisten armen Familien zahlen können. Kein Wunder, dass die Briketi-Briketts auf dem Markt in Kampala jetzt Bestseller sind, nicht nur bei Familien, sondern auch bei Unternehmen – Restaurants, Krankenhäusern, Schulen und allen Betrieben, die kochen müssen.

Inzwischen hat die Briketi-Marke *EcoStove* eine Reihe von kleinen, aber wichtigen Verbesserungen bei den traditionell gebauten ugandischen Küchenherden erreicht. Dazu gehören kleinere und zusätzliche Luftschlitze, eine dickere Keramikoberfläche und ein tiefer gelegener Schwerpunkt. Diese Verbesserungen machen den Herd sehr energieeffizient, sauber in der Verbrennung und sicher in der Benutzung, denn sie reduzieren die Gefahr, dass Kohle herausfällt oder der Herd umkippt. Die Herde werden in städtischen Lebensmittelläden verkauft sowie in kleinen Läden und Kiosken auf den Dörfern, und sie sind enorm beliebt. In den ersten drei Jahren nach dem Start von EcoStove im Jahr 2013 stiegen die Verkaufszahlen von etwa 80 Stück pro Monat auf mehr als 2.500.

Green Bio Energy wurde im Jahr 2011 von französischen Auswanderern gegründet, die sich in Uganda und seine Menschen verliebt hatten. Heute beschäftigt es mehr als siebzig Einheimische bei Management, Verkauf, Logistik und Produktion. Das Ingenieurteam der Firma und seine Forschungs- und Entwicklungsgruppe arbeiten an neuen Produktideen, die alle auf umweltfreundliche Lösungen für Uganda ausgerichtet sind.

Ein weiteres Beispiel für ein Social Business mit Umweltmission, das von YSB unterstützt wird, ist *Impact Water*. Wie ich bereits erwähnte, ist die Wasser- und Umweltverschmutzung in Uganda ein großes Problem. Mehr als neun Millionen Ugander haben keinen Zugang zu sauberem Trinkwasser, und man schätzt, dass jede Woche etwa 440 Kinder an Krankheiten sterben, die durch verschmutztes Wasser verursacht werden. Noch viel mehr erkranken und leiden unter Gesundheitsproblemen durch kontaminiertes Wasser und können aufgrund dessen die Schule nicht besuchen. Dieses Beispiel zeigt auf erschreckende Weise, dass Armut, Arbeitslosigkeit und Umweltzerstörung miteinander verknüpfte Probleme sind. Es sind die Armen, denen es am häufigsten an sauberem Trinkwasser fehlt. Es sind die armen Kinder, die an Krankheiten leiden, die durch verschmutztes Wasser verursacht werden, und die dann in der Schule fehlen, in ihren Klassen zurückbleiben und oft sogar keinen Abschluss machen können. Das erhöht dramatisch die Gefahr, arbeitslos zu werden und noch tiefer in Armut zu versinken … Und so setzt sich der Teufelskreis immer weiter fort.

Millionen Menschen in Uganda versuchen, dieses Problem zu lösen, indem sie das Wasser vor Gebrauch abkochen. Das ist teuer und dauert seine Zeit. Und darum kochen viele Menschen das Wasser nicht lange genug und haben am Ende ein Trinkwasser, in dem immer noch Verunreinigungen sind. Und weil Holz der beliebteste Brennstoff ist, verschärft die Notwendigkeit, jeden Tag Wasser abzukochen, das schon erwähnte Problem der Entwaldung.

Impact Water versucht, diesen Teufelskreis zu durchbrechen, indem es sauberes Trinkwasser dort verfügbar macht, wo Kinder ihre meiste Zeit verbringen – in den Schulen. Die Ingenieure der Firma haben verschiedene Wasseraufbereitungssysteme entwickelt, die so konzipiert sind, dass sie das größtmögliche Ergebnis zu den kleinstmöglichen Kosten bringen, und an die Bedürfnisse von Schulen verschiedener Größe und mit unterschiedlicher Wasserversorgung angepasst sind. Für kleine Schulen genügt ein Keramikfiltersystem, das ohne Stromverbrauch 3 bis 5 Liter Wasser pro Stunde liefert. Für größere Schulen gibt es ein Ultrafiltersystem, das Wasser durch Kohlefilter und Hohlfasermembranen laufen lässt, wieder ohne Stromverbrauch. Und für die größten Schulen empfiehlt sich ein Ultraviolett-Desinfektionssystem, das Wasser in einem großen Edelstahltank aufbereitet und speichert. Dieses letztere System erfordert lediglich ein bis zwei Stunden Elektrizität pro Tag – das ist angemessen in einem Land, in dem das Stromnetz unzuverlässig ist und in manchen Gebieten ganz fehlt.

Impact Water verbessert sein Angebot noch, indem es Schulen für zwei Jahre vorbeugende Wartung garantiert, die in jeder Installation inbegriffen ist, und gut gestaltete Zahlungssysteme, die sauberes Wasser sogar für kleine Schulen mit bescheidenen Mitteln erschwinglich machen. Zum Beispiel unterstützt Impact Water die Schulen bei der Ausarbeitung eines Zahlungsplans, der auf die Einnahmen aus den Schulgebühren abgestimmt ist. Schulen mit Impact Water Filtersystemen können sich stolz als moderne Schulen präsentieren, die das Wohlergehen ihrer Schüler fördern, die so wahrscheinlich eine bessere Gesundheit genießen und daher weniger fehlen werden.

Ende 2016 hatte Impact Water seine Systeme schon in mehr als eintausend Schulen installiert, die zusammen mehr als eine halbe Million Schüler haben. Das Unternehmen bemüht sich einerseits, weitere Schulen als Kunden zu gewinnen, arbeitet aber auch schon an Expansionsplänen für neue Märkte, zum Beispiel Kasernen und Gefängnisse.

Je effektiver Impact Water mit seinen Trinkwasserlösungen für Institutionen eine große Zahl von Menschen erreichen kann, desto größeren Einfluss hat es bei der Bekämpfung der durch verschmutztes Wasser verursachten Krankheiten.

Uganda ist ein schnell wachsendes Land mit einer ganzen Reihe von Umweltproblemen, die Lösungen brauchen. Gewinnorientierte Social Business-Unternehmen wie Savco Millers, Green Bio Energy und Impact Water gehen diese Probleme an ihren Wurzeln an, und sie schaffen gleichzeitig Arbeitsplätze und fördern das kontinuierliche Wirtschaftswachstum. Solche Firmen beweisen, dass die landläufige Annahme, Wirtschaftswachstum gehe zwangsläufig mit Umweltzerstörung einher, überholt ist. Im Gegenteil: Sauberes Wachstum ist keine Phantasie, sondern Wirklichkeit.

Neue Wirtschaft und Nachhaltigkeit

Wie die hier vorgestellten Beispiele zeigen, widmet sich eine steigende Zahl von Social Business-Unternehmen in aller Welt Produkten und Dienstleistungen, die Umweltprobleme bekämpfen, von der Entwaldung über die Berge von Plastikmüll bis zum Fehlen von Trinkwasser. Eins unserer Grundprinzipien ist, dass jedes Social Business ökologisch nachhaltig sein muss – egal, ob sein Hauptzweck die Reduzierung der Armut, der Zugang zu Gesundheitsversorgung, die Verbesserung der Bildung oder sonst etwas ist.

Denn das Ziel aller unserer wirtschaftlichen Projekte ist, die Welt zu einem besseren Ort zu machen. Wenn ein Social Business zwar die Arbeitslosigkeit senkt oder die Ernährung von Kindern verbessert, dabei aber die Umwelt zerstört, bedeutet das im Endeffekt keine wirkliche Verbesserung für die Menschheit. Denn die menschliche Existenz als solche hängt von einem gesunden Planeten ab. Ein Social Business ohne das Engagement für den Umweltschutz ist schlicht nicht vorstellbar.

Doch Social Business allein kann unsere gegenwärtige Umweltkrise nicht lösen. Wir müssen die Probleme von allen Seiten her angehen. Das betrifft sowohl unseren Lebensstil als auch die politischen Rahmenbedingungen. Da gewinnmaximierende Unternehmen auf absehbare Zeit den allergrößten Anteil an Unternehmensaktivitäten ausmachen werden, müssen die Weichen so gestellt werden, dass sie ökologisch verantwortlich handeln. Staatliche Vorgaben und der gesellschaftliche Druck von Kunden und Bürgerinitiativen werden bei der Durchsetzung dieser Forderungen eine wichtige Rolle spielen. Denn es ist völlig widersinnig, dass Social Business-Unternehmen an der Reparatur von Umweltschäden arbeiten, während gewinnmaximierende Unternehmen gleichzeitig weiterhin die Umwelt schädigen.

Vielmehr müssen sich Unternehmen aller Art an dieser riesigen Initiative zur Bewahrung der Menschheit beteiligen, zu der wir alle gehören. Sie müssen auf ethische und verantwortliche Weise agieren, um nicht die Umwelt zu zerstören, von der wir alle abhängen. Die Besonderheit bei einem Social Business ist nur: Da es bei ihm nicht um Gewinnmaximierung geht, hat es eine größere Flexibilität und Freiheit zum Experimentieren mit neuen Formen, die Umwelt zu verbessern und zu reparieren. Die Freiheit von Markterwartungen und von der Notwendigkeit ständig wachsender Gewinne ermöglicht es einem Social Business, bei Zielen wie dem Schutz der gemeinsamen globalen Güter – unserem universellen Erbe von sauberer Luft, Wasser, Ackerland und anderen Ressourcen – in Führung zu gehen, ohne dass diese Aktivitäten auf die Gewinnmaximierung Einzelner ausgerichtet sind.

Dabei sind Social Business-Unternehmen, die sich der Lösung von Umweltproblemen verschrieben haben, in den entwickelten Ländern genauso wichtig wie in Ländern mit niedrigem Einkommen wie Haiti und Uganda. In den reichen

Ländern Nordamerikas, Europas und Ostasiens sind Social Business-Unternehmen, die sich um regenerative Energien bis zum Abfallrecycling, sauberes Trinkwasser und nachhaltige Landwirtschaft, weniger aufwendige Verpackungen bis zu Energie sparenden Transportsystemen drehen, leicht vorstellbar. Die Möglichkeiten werden nur durch die Grenzen der menschlichen Vorstellungskraft begrenzt.

Die Nachhaltigkeit zu fördern und dem Ziel von Null Netto-CO_2-Emissionen näherzukommen sind eine riesige Aufgabe, an der alle Menschen und alle Organisationen mitarbeiten müssen. Die Grundvoraussetzung, um diese Ziele erreichen zu können, ist ein neues Wirtschaftssystem, das geprägt ist von Unternehmen, die auf gesellschaftliche Zielsetzungen ausgerichtet sind.

6 DER FAHRPLAN IN EINE BESSERE ZUKUNFT

Unsere Ansichten über die Welt und ihre Zukunft pendeln zwischen Extremen. Einmal sind die Medien und die öffentliche Meinung sehr optimistisch und voller Hoffnung, ein anderes Mal sind sie geprägt von Pessimismus und Verzweiflung. Dabei scheinen politische Wellenbewegungen und die An- oder Abwesenheit inspirierender Persönlichkeiten eine Rolle zu spielen.

Momentan durchleben wir eine Phase von extremem Pessimismus. Viele Menschen wirken zynisch und bezweifeln, dass überhaupt etwas getan werden kann, um die gravierendsten Probleme der Welt zu lösen; sie reden, als ob Regierungen, Non-Profit-Organisationen und internationale Initiativen machtlos wären bei der Organisation irgendeiner bedeutsamen Veränderung. Manche scheinen den Schluss gezogen zu haben, dass die Menschen die Auswirkungen des »freien Marktes« nicht beeinflussen können, weil sie glauben, dass er allmächtig ist.

Auch ich halte die Probleme, mit denen die Menschheit gegenwärtig konfrontiert ist, für sehr ernst. Probleme wie Reichtumskonzentration, globale Armut, Ungleichheiten in Gesundheitsversorgung und Bildung, Missachtung der Menschenrechte, Umweltzerstörung und Klimawandel verlangen unsere sofortige und konzertierte Aufmerksamkeit. In einigen Fällen – besonders beim Klimawandel – sagt die Expertenprognose, dass wir uns einem entscheidenden Wendepunkt nähern, der unmittelbar wirksame Aktionen erfordert, um drohende Katastrophen zu vermeiden.

Aber obwohl ich die Probleme, denen die menschliche Gesellschaft gegenübersteht, für sehr ernst halte, bin ich grundsätzlich optimistisch bezüglich der Zukunft. Ich bin überzeugt, dass es in unserer Macht steht, alle Veränderungen zu realisieren, die wir brauchen, um diese Probleme zu lösen und das Leben für praktisch jeden Menschen auf der Welt grundsätzlich besser zu machen.

Für meinen Optimismus gibt es eine Reihe von Gründen. Einer der wichtigsten ist einfach nur logisch: Da unsere Probleme von Menschen gemacht wurden, können sie auch von Menschen gelöst werden. Veränderungen in unserem Denken und Verhalten werden eine dramatische Auswirkung auf unsere Zukunft haben.

Ein weiterer Grund für meinen Optimismus ist die Tatsache, dass es schon Hoffnungsgeschichten von internationaler Zusammenarbeit und internationalem Erfolg gibt. Eine davon ist die Geschichte der Millenniumsentwicklungsziele (Millennium Development Goals, MDGs) und der Nachhaltigen Entwicklungsziele (Sustainable Development Goals, SDGs).

Die Millennium Development Goals sind ein Ergebnis des Millenniumsgipfels der Vereinten Nationen im Jahr 2000. Alle 189 damaligen Mitgliedsstaaten der UNO und mindestens 22 internationale Organisationen verpflichteten sich, der Welt zu helfen, bis 2015 die acht Millenniumsziele zu erreichen. Diese Ziele waren:

1. Bekämpfung von extremer Armut und Hunger
2. Primärschulbildung für alle
3. Gleichstellung der Geschlechter / Stärkung der Rolle der Frauen
4. Senkung der Kindersterblichkeit
5. Verbesserung der Gesundheitsversorgung der Mütter
6. Bekämpfung von HIV/AIDS, Malaria und anderen schweren Krankheiten
7. Ökologische Nachhaltigkeit
8. Aufbau einer globalen Partnerschaft für Entwicklung

Jedes Ziel hatte spezifische Unterziele und Daten zu ihrer Erreichung. Um den Fortschritt zu beschleunigen, beschlossen im Juni 2005 die Finanzminister der acht leitenden

Wirtschaftsmächte der Welt (bekannt als die »G8«), diese Zielsetzungen mit zusätzlicher Finanzkraft auszustatten. Sie beschlossen die Bereitstellung von Mitteln für Entwicklungsbanken und für den Internationalen Währungsfond (IWF), um einigen der ärmsten Länder der Welt die Gesamtsumme von 40 bis 55 Milliarden US-Dollar Schulden zu erlassen. Das würde diesen Ländern erlauben, Geldmittel umzuleiten in Programme zur Reduzierung der Armut und zur Verbesserung von Gesundheit und Bildung.

Schon allein die Existenz der Millenniumsziele stellt einen Meilenstein dar. Nie zuvor hatten sich Regierungschefs aller in der UNO vertretenen Länder der Welt auf gemeinsame Entwicklungsziele geeinigt. Das Verabschieden der Millenniumsziele war der wichtigste Maßnahmenkatalog, der je auf der Basis eines globalen Konsenses und mit quantifizierbaren Zielen abgeschlossen wurde.

Sie können sich vorstellen, dass die Millenniumsziele von Optimisten wie mir begeistert begrüßt wurden, während Pessimisten und Zyniker mit den Schultern zuckten und erwarteten, dass wenig oder gar nichts Positives geschehen würde. Inzwischen ist die Frist für die ehrgeizigen Millenniumsziele abgelaufen. Was sind die Ergebnisse, und was haben wir aus dieser Erfahrung gelernt?

Optimisten wie ich feiern die Erfolge, die die Welt durch die Millenniumsziele erreicht hat, während Pessimisten ihr Scheitern aufzeigen. Ich freue mich über die Anerkennung, die Bangladesch für seine großen Erfolge erhalten hat, besonders bei der Reduzierung der Armut. Das nationale Ziel Bangladeschs war, bis 2015 die Armutsrate auf 29 Prozent zu senken. Zwei Jahre vorher, also 2013, war die Armutsrate schon auf 26,2 Prozent gesunken, also fast drei Prozentpunkte besser als das Ziel. Bangladesch hat auch die volle Gleichstellung der Geschlechter in der Primar- und Sekundarschulbildung erreicht, eine große Senkung der Säuglings- und Kindersterblichkeit sowie eine bedeutende Verbesserung in der Gesundheitsversorgung der Mütter. Insgesamt gesehen hat Bangladesch bedeutende Fortschritte bei allen acht Millenniumszielen gemacht. Das ist eine beachtliche Erfolgsliste, auf die die Menschen in Bangladesch zu Recht stolz sind und die sie anspornt, es in Zukunft noch besser zu machen.

Der Erfolg der einzelnen Länder bei der Umsetzung der Millenniumsziele war sehr unterschiedlich. Eine Reihe von Ländern erreichte viele der Ziele, während andere aufgrund politischer oder finanzieller Probleme kein einziges erreichten. Außerdem standen die letzten sieben Jahre des Millenniumsziele-Programms, also praktisch die Hälfte des gesamten Prozesses, im Schatten der Großen Rezession, dem schlimmsten wirtschaftlichen Zusammenbruch seit der Großen Depression der 1930er-Jahre. Und deren Auswirkung auf die Schwellenländer war noch größer als auf die reichen Länder des Westens.

Gerade auf diesem Hintergrund ist das Erreichte beachtlich. Obwohl die Welt als Ganzes die Ziele nicht erreicht hat, haben einzelne Länder wie Bangladesch einige der schwierigsten Ziele voll erfüllt und bei einigen der Ziele sehr gute Ergebnisse erzielt. Auch eine Reihe von bedeutenden globalen Erfolgen sind zu verzeichnen. Hier einige Beispiele:
- Die Welt hat es geschafft, die Zahl der Menschen, die in extremer Armut leben (Definition: ein Einkommen von weniger als 1,25 US-Dollar pro Tag), um die Hälfte zu reduzieren, nämlich von 1,9 Milliarden Menschen im Jahr 1990 auf 836 Millionen im Jahr 2015.
- Das Ziel der universellen Primarbildung wurde nicht erreicht, aber 2015 erreichte die Einschulungsquote in den Entwicklungsländern 91 Prozent – eine große Verbesserung und ein riesiger Schritt in Richtung auf das Ziel von 100 Prozent Schulbesuch.
- Viele Maßnahmen zur Geschlechtergleichstellung wurden erfolgreich umgesetzt. Während zum Beispiel 1990

in Südasien auf 100 in einer Schule eingeschriebene Jungen nur 74 Mädchen kamen, lag das Verhältnis 2015 bei 103 Mädchen pro 100 Jungen. Der Frauenanteil in Nationalparlamenten verdoppelte sich von 1990 bis 2015, auch wenn Frauen immer noch nur etwa 20 Prozent der politischen Entscheidungsträger der Welt ausmachen.
- Die Kindersterblichkeit halbierte sich von 90 pro 1.000 im Jahr 1990 auf 43 pro 1.000 im Jahr 2015.
- Die Zahl der HIV-Neuinfektionen sank zwischen 2000 und 2013 um etwa 40 Prozent, und die Malariafälle sanken um etwa 37 Prozent, was eine Rettung von geschätzt etwa 6,2 Millionen Menschenleben bedeutet.

Wir leben in einer Zeit, wie es sie in der Geschichte der Menschheit noch nie gegeben hat: Unsere Gesellschaft verfügt über enorme wirtschaftliche Ressourcen, über noch nie da gewesene technologische Errungenschaften und über ein Maß an Frieden, Freiheit und Zusammenarbeit, wie es die Menschen noch nie zuvor erlebt haben. Wie die eindrucksvollen Ergebnisse bei der Umsetzung der Millenniumsziele zeigen, kann die menschliche Gesellschaft jedes beliebige Ziel erreichen, wenn wir es nur ernsthaft wollen. Das ist der Hauptgrund, warum ich optimistisch in die Zukunft blicke und warum ich mit noch mehr Verbündeten noch größere Erfolge in den kommenden Jahren erreichen möchte.

Eine globale To-Do-Liste – die »Ziele der Nachhaltigen Entwicklung«

Angespornt von den ermutigenden Ergebnissen bei der Umsetzung der Millenniumsziele, haben sich die UNO-Länder jetzt noch ehrgeizigere globale Ziele vorgenommen: die Ziele der Nachhaltigen Entwicklung (ZNE). Die ZNE wurden in einem langen Prozess von Studien, Konsultationen und

Diskussionen entwickelt, an dem Fachleute, Politiker und gesellschaftliche Aktivisten weltweit beteiligt waren. Die »Ziele der Nachhaltigen Entwicklung« bestehen aus siebzehn allgemeinen Zielen und 169 spezifischen Maßnahmen, und jedes ist in messbaren Einheiten definiert, sodass der Fortschritt im Detail nachvollziehbar überwacht und gemessen werden kann. Bis zum Jahr 2030 sollen alle siebzehn Einzelziele erreicht sein.

Wie die Millenniumsziele, so repräsentieren auch die ZNE einen bemerkenswerten Durchbruch in der Geschichte der Menschheit. Nie zuvor haben Vertreter des ganzen Planeten sich zusammengetan, um gemeinsam die Probleme zu bekämpfen, denen die Menschheit als Ganze gegenübersteht – Arm und Reich, Mann und Frau, Jung und Alt, in allen Rassen, Kulturen und Glaubensgemeinschaften. Die gemeinsam festgelegten Ziele orientieren sich an den ökologischen Realitäten, die die Zukunft des Lebens auf dieser Erde bestimmen werden.

Das Wort *nachhaltig* im Titel der ZNE ist die wichtigste Botschaft der Ziele. Alles, was wir tun – von der Schaffung einer Infrastruktur und von neuen Industrien bis zur Gründung von Städten und zur Entwicklung innovativer Technologien – betrifft uns alle sowie das globale Ökosystem, von dem wir abhängen. Die Art und Weise, wie wir natürliche Ressourcen einsetzen, die demografische Entwicklung berücksichtigen, Energie produzieren und konsumieren sowie den geschaffenen Reichtum durch soziale Aktivitäten teilen – all das hat Auswirkungen auf die Umwelt und deshalb auch auf die Überlebenschancen unserer Spezies. Wir müssen Ernst damit machen, solche Entscheidungen nicht im Blick auf sofortige oder kurzfristige Gewinne zu fällen, sondern dabei die Hoffnungen und Bedürfnisse zukünftiger Generationen zu berücksichtigen.

Das ist die tiefere Bedeutung von *Nachhaltigkeit*. Nachhaltigkeit bedeutet, die Früchte zu essen, ohne den Bäumen zu schaden, ja sogar die Bäume dabei noch produktiver zu machen, damit auf Dauer alle Menschen die Möglichkeit haben, ihre Früchte zu genießen. Innerhalb der letzten Jahrzehnte haben Regierungsvertreter, Wissenschaftler, Wirtschaftsexperten, Unternehmer, soziale Aktivisten und andere Führungspersonen gemeinsam erkannt, dass alle Pläne und alle Programme für die zukünftige Entwicklung immer mit dem Ziel der Nachhaltigkeit entworfen werden müssen.

Am deutlichsten wird das am Beispiel des Klimawandels. Vor dreißig bis vierzig Jahren, als ein paar wenige weitsichtige Fachleute für Biosphäre begannen, uns vor den Gefahren der Kohlenstoffemissionen zu warnen, hielten die meisten Menschen sie für verrückt. »Die Welt lebt seit Millionen Jahren mit ständigen Veränderungen beim Klima und beim Wetter, und jetzt sagt ihr, dass die Umweltverschmutzung durch ein paar Autos und Fabriken unseren Planeten in den nächsten fünfzig oder siebzig Jahren zerstören wird? Ihr spinnt doch.«

Das behauptet heute fast niemand mehr. Die wissenschaftlichen Indizien häufen sich, und inzwischen verstehen wir, dass Klimaveränderungen in weit entfernter Vergangenheit bereits zum Untergang ganzer Spezies geführt haben, unter ihnen das Aussterben der Dinosaurier vor etwa 65 Millionen Jahren. Wir sehen auch deutliche Anzeichen der globalen Erwärmung, und sie vollzieht sich weitaus schneller, als Experten je gedacht hatten. Und endlich sind Regierungsführer zusammengekommen und haben gesagt: »Wir müssen das jetzt stoppen. Wir müssen Schritte tun, damit die durchschnittliche Temperatur nicht mehr als 1,5 Grad Celsius über ihre Höhe vor Beginn des Industriezeitalters steigt.« Das Ergebnis war das Abkommen von Paris, über das ich in Kapitel 2 geschrieben habe. Es legt die grundlegenden Praktiken und Prinzipien fest, die wir befolgen müssen, um sicherzustellen, dass unsere wirtschaftlichen Aktivitäten in den kommenden Jahren nicht weiter zur Erderwärmung beitragen.

Aber der Klimawandel ist nicht das einzige Nachhaltigkeitsproblem, dem die menschliche Spezies gegenübersteht. Auch andere Veränderungen in der Beziehung zwischen Mensch und Umwelt müssen im Zusammenhang mit unserem Langzeitüberleben gesehen werden. Zum Beispiel können wir, sogar unabhängig von der Auswirkung auf das globale Klima, als Spezies nicht weiterleben, wenn wir die Wälder der Welt weiterhin im derzeitigen Ausmaß abholzen. Wir werden den zukünftigen Nahrungsmittelbedarf der Menschheit nicht decken können, wenn wir weiterhin die Fische und andere Lebewesen der Weltmeere so ausbeuten wie heute. Die Möglichkeit der Bauern von morgen, die Menschen in der Welt zu ernähren, wird schwer eingeschränkt sein, wenn wir weiterhin auf chemiekontrollierte Monokulturen setzen, die den Boden auslaugen und die Anfälligkeit der Ernten für Schädlinge und Krankheiten erhöhen. Die ständigen Überdosen von Antibiotika erhöhen das Risiko von verheerenden Epidemien, die Hunderten Millionen Menschen das Leben kosten können. Wenn wir nicht aufhören, den Plastikmüll in unsere Kanäle und Flüsse gelangen zu lassen, von wo aus er schließlich die wachsenden Plastikinseln im Pazifischen Ozean vergrößert, werden wir bald Fisch essen, der mit unverdaulichen Plastikmikrogranulaten versetzt ist, und Wasser trinken, das Plastikmikrofibern enthält.

All das sind Beispiele dafür, wie Entscheidungen, die wir heute fällen, darüber bestimmen, wie nachhaltig das Leben auf diesem Planet in den kommenden Jahrzehnten und Jahrhunderten sein wird.

Außerdem beeinflusst die Nachhaltigkeit auch gesellschaftliche, wirtschaftliche und politische Herausforderungen, die nicht direkt mit ökologischen oder biologischen Faktoren zusammenhängen. Nehmen wir das Problem der wirtschaftlichen Ungleichheit. Wenn sich die gegenwärtigen Trends fortsetzen, bei denen immer mehr Reichtum und Einkommen zu einem immer kleineren Teil der Bevölkerung fließen, werden die Spannungen und Auseinandersetzungen zwischen den gesellschaftlichen Gruppen unvermeidlich heftiger werden. Bitterarme Menschen werden in die Kriminalität getrieben werden; zivile Unruhen, Aufstände und Gewalt werden unter den Menschen ausbrechen, die von einem dysfunktionalen Wirtschaftssystem in Slums oder Camps gezwungen wurden; Millionen von Flüchtlingen werden über Landesgrenzen strömen und einen fairen Anteil an den Ressourcen verlangen, die die reichsten Länder aufgehäuft haben; und zwischen den Ländern werden Kriege wegen wirtschaftlicher Ressourcen, von Öl und Bodenschätzen bis hin zu Wasser und Ackerland, immer wahrscheinlicher werden. Von wirtschaftlichen Konflikten zerrissene demokratische Gesellschaften werden versucht sein, Oligarchen die Macht zu überlassen, die versprechen, die gesellschaftlichen Unruhen dadurch zu kontrollieren, dass sie Mauern bauen und Milizen bewaffnen, um die Armen in Schranken zu halten.

Unter solchen Umständen wird die menschliche Gesellschaft nicht nachhaltig sein. Unsere Hoffnungen auf eine gerechte, demokratische und friedliche Gesellschaft sind unlöslich mit wirtschaftlicher Gerechtigkeit verbunden.

Die Überwindung der Armut ist ein zentraler Punkt bei der Sicherung des Friedens unter den Menschen. Die gerechte Verteilung des Reichtums ist letztlich eine Frage der Nachhaltigkeit, und dasselbe gilt für den Klimawandel, die Umweltverschmutzung oder die Ausbeutung natürlicher Ressourcen.

Die siebzehn Ziele, die das Programm der ZNE ausmachen, müssen vor diesem Hintergrund gelesen werden. Zusammen sind sie eine überzeugende Vision einer besseren Welt, die wir bis zum Zieldatum 2030 schaffen oder zumindest gut auf den Weg bringen können.

Dies sind die siebzehn Ziele für Nachhaltige Entwicklung:
1. Armut in all ihren Formen überall beenden.
2. Hunger beenden, eine sichere Versorgung mit Lebensmitteln und verbesserte Ernährung erreichen und eine nachhaltige Landwirtschaft fördern.
3. Gesundes Leben sicherstellen und das Wohlergehen für alle Menschen in jedem Alter fördern.
4. Inklusive, gerechte und hochwertige Bildung sichern und die Möglichkeit für lebenslanges Lernen für alle fördern.
5. Geschlechtergerechtigkeit und Empowerment für alle Frauen und Mädchen erreichen.
6. Verfügbarkeit und nachhaltiges Management von Wasser und sanitären Einrichtungen sowie Abwassersystemen sichern.
7. Zugang zu bezahlbarer, zuverlässiger, nachhaltiger und moderner Energie für alle sichern.
8. Dauerhaftes, inklusives und nachhaltiges Wirtschaftswachstum, volle und ertragreiche Erwerbstätigkeit und menschenwürdige Arbeit für alle erreichen.
9. Belastbare Infrastruktur aufbauen, inklusive und nachhaltige Industrialisierung fördern und Innovation unterstützen.
10. Einkommensunterschiede innerhalb und zwischen den Ländern verringern.
11. Städte und Siedlungen inklusiver, sicherer, widerstandsfähiger und nachhaltiger gestalten.
12. Nachhaltige Konsum- und Produktionsstrukturen sichern.
13. Vordringlich Maßnahmen zur Bekämpfung des Klimawandels und seinen Auswirkungen ergreifen.
14. Ozeane, Meere und Meeresressourcen im Sinne der nachhaltigen Entwicklung erhalten und nutzen.
15. Ökosysteme der Erde schützen, wiederherstellen und ihre nachhaltige Nutzung fördern. Wälder nachhaltig bewirtschaften, die Verwüstung bekämpfen und unfruchtbares

Land wiederbeleben und den Verlust der Biodiversität stoppen.
16. Friedliche und inklusive Gesellschaften im Sinne einer nachhaltigen Entwicklung fördern, allen Menschen Zugang zu Justiz ermöglichen und wirksame, zuverlässige, rechenschaftspflichtige und inklusive Institutionen auf allen Ebenen aufbauen.
17. Mittel zu Umsetzung und Wiederbelebung der globalen Partnerschaft für nachhaltige Entwicklung stärken.[17]

Zu jedem der siebzehn Ziele gehört eine Reihe von konkreten inhaltlichen Maßnahmen. Zum Beispiel führt die UNO unter der Überschrift von Ziel 1, Keine Armut, folgende sieben Maßnahmen auf:
- Bis 2030 die extreme Armut – gegenwärtig definiert als Anteil der Menschen, die mit weniger als 1,25 US-Dollar pro Tag auskommen müssen – für alle Menschen überall auf der Welt beseitigen.
- Bis 2030 den Anteil der Männer, Frauen und Kinder jeden Alters, die in Armut in all ihren Dimensionen nach der jeweiligen nationalen Definition leben, mindestens halbieren.
- Den nationalen Gegebenheiten entsprechende Sozialschutzsysteme und -maßnahmen für alle umsetzen, einschließlich eines Basisschutzes, und bis 2030 eine umfangreiche substanzielle Absicherung der Armen und Schwachen erreichen.
- Bis 2030 sicherstellen, dass alle Männer und Frauen, insbesondere die Armen und Schwachen, die gleichen Rechte auf wirtschaftliche Ressourcen sowie Zugang zu grundlegenden Diensten, Grundeigentum und Verfügungsgewalt über Grund und Boden und sonstige Vermögensformen, Erbschaften, natürliche Ressourcen, geeignete neue Technologien und Finanzdienstleistungen einschließlich Mikrofinanzierung haben.

- Bis 2030 die Widerstandsfähigkeit der Armen und der Menschen in prekären Situationen erhöhen und ihre Exposition und Anfälligkeit gegenüber klimabedingten Extremereignissen und anderen wirtschaftlichen, sozialen und ökologischen Schocks und Katastrophen verringern.
- Eine erhebliche Mobilisierung von Ressourcen aus einer Vielzahl von Quellen gewährleisten, einschließlich verbesserter Entwicklungszusammenarbeit, um den Entwicklungsländern und insbesondere den am wenigsten entwickelten Ländern ausreichende und berechenbare Mittel für die Umsetzung von Programmen und Maßnahmen zur Beendigung der Armut in all ihren Dimensionen bereitzustellen.
- Auf nationaler, regionaler und internationaler Ebene solide politische Rahmenbedingungen auf der Grundlage armutsorientierter und geschlechtersensibler Entwicklungsstrategien schaffen, um beschleunigte Investitionen in Maßnahmen zur Beseitigung der Armut zu unterstützen.[18]

Wie Sie sehen, sind diese Ziele so klar und spezifisch wie möglich definiert und beinhalten auch quantitative Ziele, wo immer das angebracht ist. So können spezialisierte Analytiker und Sozialanwälte objektiv feststellen, ob die Ziele erreicht wurden, und wenn nicht, genau sagen, wie und wo Defizite entstanden sind, sodass Schritte zu ihrer Behebung getan werden können. Die Erfolge, die schon durch die Millenniumsziele erreicht worden sind, geben uns Anlass zur Hoffnung, dass durch die ZNE sogar noch mehr Erfolge erzielt werden können. Zum Beispiel lässt die Tatsache, dass Bangladesch von 2000 bis 2013 seine Armutsrate halbiert hat, es plausibel erscheinen, dass wir bis 2030 die extreme Armut völlig beseitigen können.

Wie bei den Millenniumszielen haben sich Länder, gewinnorientierte Unternehmen, Non-Profit-Organisationen und einflussreiche Persönlichkeiten in aller Welt der Unterstützung der ZNE verschrieben. Die Großmächte der Welt – Länder wie die USA und China, alle großen Geldinstitute der Welt, riesige multinationale Konzerne und natürlich die UNO selbst – werden eine große Rolle bei der Erreichung der siebzehn Ziele spielen. Und unzählige Menschen und Gruppen haben sich schon mit Aktivitäten und durch Lobbyarbeit engagiert, um die ZNE zu unterstützen. Egal, welche Arbeit Sie tun oder was Ihre Hauptinteressen als Bürger und Sozialaktivist sind, Sie werden unter den ZNE einen Bereich oder mehrere finden, die Sie in Ihrem direkten Umfeld und in der Welt als Ganzer unterstützen können.

Es ist mir eine Ehre, eine der Einzelpersonen zu sein, die in aller Welt mitarbeiten bei der Bewusstseinsbildung zu den ZNE und der Verpflichtung auf sie. Im Januar 2016 kündigte der UN-Generalsekretär Ban-Ki Moon die Bildung einer Gruppe von »Anwälten« an, welche die ZNE unterstützen sollten. Die ZNE-Anwälte haben den Auftrag, den Generalsekretär bei seinen Bemühungen zu unterstützen, Dynamik und Selbstverpflichtung zur Erreichung der ZNE bis 2030 anzukurbeln. So haben sie ihre Stimmen vereint, um Aktionen für die visionäre und transformierende nachhaltige Entwicklungsagenda ins Leben zu rufen. Sie engagieren sich zusammen mit Partnern aus Zivilgesellschaften, Universitäten und Parlamenten auf allen Kontinenten und mit Führungskräften aus dem privaten Sektor, um für die Umsetzung der ZNE neue und bahnbrechende Ideen und Wege zu entwickeln.

Als ZNE-Anwalt ermutige ich alle Menschen, die ZNE als ihre persönlichen Ziele anzunehmen und als Ziele aller Organisationen, Unternehmen oder Zivilverbände, mit denen sie verbunden sind, denen sie angehören oder auf die sie Einfluss haben. Als Bürger dieser Welt müssen wir alles tun, was in unserer Macht steht, um sicherzustellen, dass wir bei der Umsetzung jedes einzelnen Zieles Erfolg haben.

Die traurige Wahrheit ist, dass unsere gegenwärtige Lebensweise aus ökologischen, sozialen und wirtschaftlichen Gründen nicht nachhaltig ist. Um unsere Zukunft zu sichern, müssen wir eine neue Zivilisation schaffen – eine Aufgabe, vor der wir nicht fliehen können. Die ZNE bieten eine machtvolle Agenda für die verschiedenen Veränderungen, die wir herbeiführen müssen. Die Tatsache, dass die Länder der Welt übereingekommen sind, diese Aufgabe gemeinsam in Angriff zu nehmen, ist ein beachtlicher Schritt in der Geschichte der Menschheit.

Wie Unternehmen der Neuen Ökonomie das Erreichen der ZNE beschleunigen werden

Eine alte Straße führt immer an ein altes Ziel. Wenn wir ein neues Ziel erreichen wollen, das sich stark von dem alten unterscheidet, müssen wir eine neue Straße bauen. Von dieser Regel gibt es keine Ausnahmen.

Das Social Business spielt eine zentrale Rolle beim Bau dieser neuen Straße in Richtung der neuen Zivilisation, die wir brauchen. Das besagt bereits die Theorie, und die praktische Erfahrung bestätigt es, denn viele Social Business-Unternehmen helfen schon bei der Umsetzung von einem oder mehreren der ZNE.

Eine der geografischen Regionen, in denen das Yunus Social Business (YSB) arbeitet, ist der Balkan – der ärmste Teil des europäischen Kontinents und eine Region, in der Arbeitslosigkeit, Armut, Umweltzerstörung und heruntergewirtschaftete Sozialinstitutionen seit Langem große Probleme sind.

Die Länder der Balkanhalbinsel in Südosteuropa, die lange von der Sowjetunion beherrscht wurden, blieben wirtschaftlich hinter dem Rest des Kontinents zurück. Mit dem Zusammenbruch der Sowjetunion und dem Ende des

Kalten Krieges begann auf dem Balkan ein Übergang zur freien Marktwirtschaft. Aber dieser Übergang wurde von Kriegen unterbrochen, die der Auflösung des Vielvölkerstaates Jugoslawien folgten. Ab 1991 entstanden allmählich mehrere unabhängige Länder, nämlich Slowenien, Kroatien, Bosnien und Herzegowina, Mazedonien, Montenegro und Serbien. Die schon seit Langem bestehenden Konflikte zwischen ethnischen Gruppen und die Verbrechen gegen die Menschheit, begangen von politischen Führern wie dem serbischen Diktator Slobodan Milosevic, verursachten in der Region enormes Leid und behinderten die wirtschaftliche und soziale Entwicklung. Millionen Menschen wurden aus ihrer Heimat vertrieben, und viele Tausende flohen aus der Region.

Heute herrscht in den meisten Balkanländern Frieden, aber in wirtschaftlicher Hinsicht haben die Menschen der Region weiterhin zu kämpfen. Das BIP pro Kopf in Albanien, Serbien und den anderen Ländern des Westbalkans beträgt nur etwa ein Viertel des BIP von westeuropäischen Ländern wie Deutschland, Frankreich und Großbritannien. Nach langen Jahren von Vernachlässigung, Unterinvestitionen und Kriegsschäden weist die Region eine unzulängliche Infrastruktur und schwer beschädigte Sozial- und Wirtschaftsstrukturen auf. Trotz der Bemühungen um den physischen, wirtschaftlichen und gesellschaftlichen Wiederaufbau beträgt zum Beispiel die Arbeitslosenrate in Bosnien-Herzegowina schockierende 40 Prozent (2017).

Mitglieder des YSB-Teams begannen ihre Arbeit auf dem Balkan mit der Analyse der wirtschaftlichen und gesellschaftlichen Bedingungen und befragten Einheimische aus allen Gesellschaftsschichten. Sie suchten einen Punkt, an dem die Konzepte des Social Business angewandt werden konnten und ein kleiner Anfang möglich war. Sie fanden eine große Zahl von potenziellen Unternehmern, viele von ihnen mit sehr guter Bildung, die gerne ihre Kreativität und ihre Talente nutzen wollten, zum Wiederaufbau in ihren Heimatländern beizutragen. Aber das Fehlen von Investitionskapital und andere strukturelle Probleme hinderten sie daran. Zum Beispiel sagten 85 Prozent der vom YSB-Team interviewten Unternehmer, dass die Zinssätze herkömmlicher Banken für ein Startup-Unternehmen viel zu hoch wären. Das zwang drei Viertel von ihnen, sich an informelle Quellen wie Familie und Freunde zu wenden, um das Geld zusammenzukratzen, das sie zum Start einer Firma brauchten. Komplizierte Besteuerung und bürokratische Hürden erschwerten den Startup-Prozess zusätzlich.[19]

Als Antwort darauf entwickelte YSB ein Beschleunigungsprogramm für Balkanunternehmer, das denen ähnelt, die Risikokapitalgeber vielversprechenden Hightechunternehmen in Silicon Valley und anderswo zur Verfügung stellen, nur in einem anderen Kontext: dem des Social Business. In einem einwöchigen Workshop erhielten angehende Unternehmer in der albanischen Hauptstadt Tirana eine solide Einführung in die Prinzipien des Social Business und Training in Fähigkeiten wie Marktanalyse, Kundenentwicklung, Produktgestaltung und -erprobung im Kontext eines Social Business.

Das von YSB angebotene Training konzentriert sich auf den Gebrauch des neuen Unternehmenskonzepts »Social Business« zur Bekämpfung der spezifischen sozialen Probleme der Menschen in dem jeweiligen Land und auf die Probleme der Unternehmer. Zum Beispiel ist eine der größten Herausforderungen, die viele Unternehmer zu bewältigen haben, die Schwierigkeit beim Zugang zu den reichen Märkten der großen Städte Europas durch Exportprogramme, Großhandelsnetze oder internationale Verteilerketten. Zum YSB-Team gehören Fachleute, die Möglichkeiten finden helfen, diese Barrieren zu überwinden.

Eins der Unternehmen, dem die Unterstützung von YSB geholfen hat, ist *Udruzene*, eine Firma aus Bosnien, die gestrickte und gehäkelte Handarbeitsprodukte von Weltklasse herstellt.

Die Gründerin von Udruzene, Nadira Mingasson, floh im Alter von 19 Jahren aus ihrem Heimatland Bosnien, als der Krieg ausbrach. Sie kam nach Paris, wo sie in der Modebranche zu arbeiten begann. Bei einem Besuch in ihrer Heimat im Jahr 2008 entdeckte sie die schönen handgemachten Textilien, die arme Frauen auf dem Land herstellten, und erkannte, dass dies eine kreative Geschäftsmöglichkeit wäre. Sie startete Udruzene, was auf Bosnisch »Vereinigte Frauen« bedeutet.

Heute wird die von den Udruzene-Frauen hergestellte Kleidung von einigen der prominentesten Modedesigner in Deutschland, Japan, Norwegen, Italien und anderen Ländern vermarktet. »Ich wusste, dass die Frauen diese Standards erreichen können«, sagt Mingasson. »Sie mussten nur ihre Fähigkeiten auf den neuesten Stand bringen.«[20] Die Produkte werden von Frauen in ländlichen Gebieten des Balkans entworfen, allesamt geschickte Kunsthandwerkerinnen, die sonst sehr wahrscheinlich Opfer der um sich greifenden Arbeitslosigkeit in ihren Heimatländern geworden wären. Udruzene beschäftigt derzeit mehr als dreihundert Strickerinnen aus Bosnien und Herzegowina. Jede von ihnen ist eine selbstständige Unternehmerin, die durch die Verkaufs- und Verteilerkanäle von Udruzene einen größeren Markt erreichen kann. So hilft Udruzene Frauen, die unter Krieg, Gewalt und gesellschaftlicher Marginalisierung gelitten haben, durch die wirtschaftliche und soziale Macht eines Social Business, das Stricken als einen Weg zur Wiedereingliederung in die Gesellschaft zu nutzen.

Ein anderes von YSB unterstütztes Social Business auf dem Balkan, das Geschäftsmöglichkeiten für individuelle Unternehmer in der ganzen Region schafft, ist *Rizona*, das einen verlässlichen Markt für biologisch angebautes und verarbeitetes Gemüse von Spitzenqualität aufgebaut hat, die hundert Kleinbauern in der Rahovec-Region des Kosovo produzieren. Ein drittes ist *St. George Valley Organic Farm*, eine Social Business-Firma, die ein Einheimischer namens Emiland Skora gegründet hat und die mit Heilpflanzen arbeitet. St. George liegt in der Nähe von Tirana und baut Heilkräuter an, aus denen Essenzen destilliert werden, die dann auf den internationalen Märkten zur Verarbeitung in medizinischen oder kosmetischen Produkten verkauft werden. Das ist ein Geschäft mit einer viel höheren Gewinnspanne als sonst im landwirtschaftlichen Bereich. St. George verpachtet das Land an etwa sechzig einheimische Bauern, schult sie in den Techniken und Praktiken des Kräuteranbaus und verschafft ihnen und ihren Familien dadurch ein höheres Einkommen. Und da für die medizinische Nutzung die Kräuter aus biologischem Anbau stammen müssen, ist dieses Unternehmen auch umweltfreundlich.

Wie diese Beispiele zeigen, ist ein Social Business ein Problemlösungsbusiness. Ganz gleich, auf welches Problem sich ein Social Business konzentriert, es erfüllt direkt und indirekt einige der ZNE, schafft Einkommenschancen, Arbeitsplätze, Geschlechtergerechtigkeit, trägt zur Reduzierung der Armut bei und so fort.

Zwei weitere Beispiele von Social Business, die ich hier vorstellen möchte, kommen aus Kolumbien und Frankreich. Sie sind in vieler Hinsicht interessant. Beide sind Joint Ventures mit einem Megakonzern der Landwirtschaft, der im Bereich der Lebensmittelproduktion aktiv ist.

Campo Vivo, ein auf Gewinn ausgerichtetes Unternehmen im lateinamerikanischen Land Kolumbien, wurde von YSB in Partnerschaft mit *McCain Foods* geschaffen. McCain Foods ist ein familiengeführter Konzern mit Sitz in Kanada, der 1957 gegründet wurde und sich seit den 1960er-Jahren in Europa und der ganzen Welt etabliert hat.

Jean Bernou, McCain's Regionalpräsident für Kontinentaleuropa, den Nahen Osten und Nordafrika, ist ein ungewöhnlicher Mensch. Er lebt in Lille (Frankreich) und interessiert sich seit vielen Jahren für die Idee des Social Business. Er besuchte Vorträge und Konferenzen, auf denen ich sprach, und begann, mit mir Wege zu diskutieren, wie McCain durch Unternehmensressourcen, Talente und Fachkenntnisse zur Entwicklung eines neuen Wirtschaftssystems beitragen könnte, um die brennendsten Probleme der Welt zu bekämpfen. Außerdem stellte er mich und einige andere Mitglieder des Grameen-Teams Mitgliedern der McCain-Familie in Kanada vor. Auch sie begannen, sich für das Social Business-Konzept zu interessieren und wollten sich entsprechend engagieren. Die Gelegenheit zur Zusammenarbeit kam schließlich, als YSB nach Lösungen für einige der wirtschaftlichen Probleme zu suchen begann, unter denen die ärmsten Menschen in Kolumbien leiden.

Etwa 31 Prozent der kolumbianischen Bevölkerung leben auf dem Land, wo die wichtigste Einkommensquelle die Landwirtschaft ist. Genau wie überall anders stehen auch in Kolumbien die Bauern oft großen Problemen gegenüber wie begrenztem Zugang zu Kapital, zu neuen Agrartechnologien und technischer Unterstützung und einer schwachen Verhandlungsposition beim Verkauf ihrer Ernten. In den letzten Jahren haben sich diese wirtschaftlichen Probleme noch weiter zugespitzt. Kolumbien, einstmals berühmt für seinen kolumbianischen Kaffee, hat große Marktanteile am Kaffeemarkt eingebüßt. Asiatische Produzenten in Länder wie Vietnam und Indonesien drängten in den Kaffeemarkt und stürzten Kolumbiens Kaffeebauern in eine schwere wirtschaftliche Krise.

McCain ist auf Anbau, Verarbeitung und Vermarktung von Kartoffeln spezialisiert. Jedes Jahr verwandelt McCain in Betrieben in aller Welt mehr als fünf Millionen Tonnen Kartoffeln in Pommes Frites und ähnliche Produkte. Angesichts der ständig wachsenden Beliebtheit von Pommes Frites im US-amerikanischen Stil erkannten wir eine Gelegenheit für die leidenden kolumbianischen Bauern, auf eine neue Unternehmenslinie umzusteigen. So wurde die Idee für *Campo Vivo* geboren.

Campo Vivo ist ein Joint Venture von McCain Foods und YSB mit der Zielsetzung, die Existenzgrundlagen von einheimischen Bauern und ihren Familien zu verbessern, die in benachteiligten Regionen Kolumbiens leben und denen der Zugang zu Märkten und Netzwerken zum Verkauf ihrer Produkte fehlt. Die Firma profitiert von McCain's Knowhow und ermöglicht es den kolumbianischen Bauern, durch die Nutzung der ertragreichsten Landwirtschaftstechniken Kartoffeln mit Spitzenqualität anzubauen.

Am 13. Mai 2014 wurden auf der Ramada Farm in der Kommune von Une Cundinamarca im Ostdistrikt von Kolumbien die ersten Saatkartoffeln R12 gepflanzt, eine Sorte, die für besonders gute Erträge bekannt ist. Es war ein kleines Prototyp-Entwicklungsprojekt mit 84 Menschen aus 21 Familien.

Am 11. November 2014 fand die erste Campo-Vivo-Kartoffelernte statt – und die Ergebnisse übertrafen die Erwartungen bei weitem. Der Ertrag von 54,4 Tonnen pro Hektar war wesentlich höher als der nationale Durchschnitt von etwa 22 Tonnen pro Hektar, und die folgenden Ernten waren genauso erfolgreich.

Nach der guten Erfahrung von Campo Vivo schlug McCain vor, in Frankreich ein Social Business in Partnerschaft mit verschiedenen anderen Unternehmen zu gründen. Es wurde *Bon et Bien* genannt und bekämpft ein Problem, das die Manager von McCain zwar seit vielen Jahren kannten, mit dem sie sich aber nie näher beschäftigt hatten. Ihre Beteiligung an dem Social Business in Kolumbien änderte das. Ihre neuen Social Business-Augen nahmen das Problem wahr und erkannten die Chance darin.

Das Problem, von dem ich spreche, sind nicht verkaufte Kartoffeln. Auf dem herkömmlichen Markt für Landwirtschaftsprodukte können Bauern 20 Prozent der Kartoffelernte nicht vermarkten, weil dieser Teil der Kartoffeln nicht die richtige Form für die Produktion von Pommes Frites oder Chips hat. Sie passen nicht in die Maschinen der Verarbeitungsbetriebe von Unternehmen wie McCain. Weitere 6 Prozent der möglichen Ernte bleiben in der Erde, weil die üblichen Erntemaschinen diese Kartoffeln nicht greifen. Das Ergebnis ist, dass ein Viertel der tatsächlich produzierten Ernte nicht dem Verzehr zugutekommt – eine immense Verschwendung von Nahrungsmitteln.

Kartoffeln sind nicht das einzige Nahrungsmittel, bei dem Vergeudung üblich ist. Fachleute beklagen, dass heute mehr als 30 Prozent der Lebensmittel, die wir produzieren – jährlich schätzungsweise 1,3 Milliarden Tonnen – unverzehrt in den Abfall wandern, während mehr als 800 Millionen Menschen an Hunger und Unterernährung leiden. Gleichzeitig wird der Anstieg der Weltbevölkerung in den nächsten 35 Jahren von 7 Milliarden auf 9,6 Milliarden geschätzt, was unsere landwirtschaftlichen Ressourcen noch stärker unter Druck setzt. Daher ist es schlichtweg inakzeptabel, Lebensmittel wegzuwerfen, die verzehrt werden könnten.

Die Vergeudung von Lebensmitteln geschieht aus vielen Gründen und in jeder Phase der Wertschöpfungskette der Lebensmittelindustrie, von der Ernte über Lagerung, Transport, Verarbeitung und Vermarktung bis zum Verbrauch. Das liegt in jeder Phase an einer ganzen Reihe von spezifischen Faktoren. Aber letzten Endes ist die wirkliche Ursache unser dysfunktionales Wirtschaftssystem. Es besagt, dass jedes Produkt, das nicht zu einem Preis verkauft werden kann, der mindestens einen bestimmten Durchschnittsgewinn bringt, weggeworfen oder vernichtet werden muss.

Ist es nicht pervers, dass wir hier keinerlei Verantwortung spüren? Dass wir uns nicht in der Pflicht sehen, nach einer Lösung für dieses Problem zu suchen? Dreißig Prozent des in Europa produzierten Gemüses werden aus einem eigenartigen Grund weggeworfen: weil es von der Norm abweichende Formen hat. In den einschlägigen Unternehmen wird es »hässliches Gemüse« genannt. Es passt nicht in die perfekten militärischen Formationen, die wir in den Supermärkten sehen, und darum wird es ausgeschieden, obwohl es perfekt essbar ist und alle Nährwerte enthält.

McCain schuf »Bon et Bien«, um dieses Problem zu lösen. Weitere Partner kamen hinzu, einschließlich fünf Mitglieder der *International Food Waste Coalition*, einem Verband von Lebensmittelfirmen, der sich der Vermeidung von Lebensmittelverschwendung widmet: die Einzelhandelsfirma E. Leclerc, die Arbeitsvermittlung Randstad Frankreich, die französischen Lebensmittelbanken und der französische Verband der Kartoffelerzeuger (GAPPI). Jeder dieser Partner leistet seinen spezifischen Beitrag zu Bon et Bien, und im Oktober 2014 eröffneten sie die Firma, die hässliches Gemüse in attraktive Lebensmittel verwandelt.

Und so funktioniert Bon et Bien: McCain arbeitet mit einigen seiner tausend regionalen Anbauer zusammen, um frisches, aber hässliches Gemüse aufzukaufen. Dann wird das Gemüse – zum Beispiel Kartoffeln, Möhren, Chicorée und Zwiebeln – nach Rezepten einheimischer Küchenchefs zu Suppen verarbeitet. Das hässliche Gemüse einfach in Stücke zu schneiden beseitigt schon die wichtigste Barriere zwischen den Konsumenten und diesen köstlichen nährstoffreichen Nahrungsmitteln, da der Konsument nicht mehr sehen kann, welche Form sie ursprünglich hatten.

In der Lebensmittelverarbeitung von Bon et Bien arbeiten Langzeitarbeitslose, die wieder in den Arbeitsmarkt einsteigen wollten. *Randstad Frankreich* organisiert den Einstellungsprozess, die Ausbildung und die soziale Unterstützung. Die französischen *Lebensmittelbanken* übernehmen eine Beraterrolle, und *GAPPI* ist das Bindeglied zwischen den Erzeugern und dem Social Business. Am Ende werden die verpackten Suppen unter dem Markennamen Bon et Bien in den Templeuve-Supermärkten verkauft, die von der Einzelhandelsfirma *E. Leclerc* gemanagt werden.

Jean Bernou sagte bei der Einweihung: »Dieses Projekt ist eine Win-win-Lösung für alle. Wir arbeiten mit unseren Erzeugerpartnern und unserem wichtigsten Kunden E. Leclerc zusammen bei der Bekämpfung der Lebensmittelverschwendung. Gleichzeitig schaffen wir lokale Arbeitsplätze und eine Quelle für die Produktion von Kartoffelflocken in unseren Fabriken. Und der gesamte von Bon et Bien erzielte Gewinn wird in den Rollout und für weitere soziale und ökologische Projekte reinvestiert.«[21]

Nach mehr als zwei Jahren voller Erfolge hat Bon et Bien heute seine Angebotspalette erweitert und stellt küchenfertige Beilagen aus hässlichem Gemüse her. Bon et Bien expandiert auch nach Belgien und Griechenland, und Marokko soll Ende 2017 folgen.

Die beiden Unternehmen Campo Vivo und Bon et Bien verfolgen wichtige ZNE: Nr. 1: Keine Armut; Nr. 2: Kein Hunger; Nr. 8: Menschenwürdige Arbeit und Wirtschaftswachstum; und Nr. 12: Nachhaltigkeit bei Konsum und Produktion. Da es nachhaltige Unternehmen sind, können sie ohne Einschränkungen immer wieder nachgeahmt werden.

Ein neues Wirtschaftssystem, das die menschlichen Ziele erreichbar macht

Die Social Business-Unternehmen Campo Vivo und Bon et Bien öffneten durch neue, innovative Ideen bislang verschlossene Türen. Viele Menschen in aller Welt werden noch brillantere Ideen haben. Weil das Social Business uns die Welt mit neuen Augen sehen lässt, können wir Dinge wahrnehmen, die wir noch nie zuvor bemerkt haben. Dank dieser neuen Augen werden wir alle ZNE rechtzeitig erreichen.

Die ZNE definieren die Hauptprobleme, denen die Welt heute gegenübersteht. Das ist etwas, das eine globale Organisation wie die UNO leisten kann. Aber sobald sie die Prozesse zu erklären versucht, durch die solche Probleme entstanden sind, beginnt leider eine hitzige und endlose Debatte. Daher ist es einfacher für mich, meine Ansichten als Einzelperson vorzustellen.

Aus meiner persönlichen Perspektive kann ich sagen, dass die Liste der ZNE ausgezeichnet funktioniert, um zu dokumentieren, wo das Mainstreamwirtschaftssystem versagt hat. Diese Liste des Versagens ist eine Anklageschrift gegen das bestehende System. Das wirft die Frage auf: Können wir darauf vertrauen, dass ein System, das alle diese Probleme geschaffen hat, sie auch lösen kann? Und selbst wenn die Probleme gelöst werden, können wir garantieren, dass dieses System dieselben Probleme nicht immer wieder neu verursachen wird?

Dagegen setze ich meine Grundannahme: Wir müssen das Wirtschaftssystem neu gestalten, um die Welt neu zu gestalten. Wir brauchen neue Straßen, um zu einer neuen Welt zu gelangen. In einer Welt, in der die Nonstopkonzentration des Reichtums als die einzig legitime wirtschaftliche Aktivität betrachtet wird, können die ZNE nicht nachhaltig sein, selbst wenn sie erreicht würden. Und auch die drei Ziele – die Beseitigung der Armut, die Abschaffung der Arbeitslosigkeit und die Förderung der Nachhaltigkeit –, die ich als meine eigene, vereinfachte Version der Ziele einer nachhaltigen Entwicklung vorgestellt habe, können wir auf den alten Wegen nicht erreichen. Um diese Ziele zu erreichen, brauchen wir ein alternatives System. Wir brauchen neue, völlig andere Konzepte mit einer komplett anderen Ausrichtung.

Das Social Business ist ein entscheidendes Werkzeug beim Übergang von unserer gegenwärtigen Wirtschaftsform, die auf Habgier basiert, zu einer Überlebenslösung, die auf den tieferen menschlichen Werten von Teilen und

Füreinanderdasein aufbaut. Nur wenn wir diesen Übergang erfolgreich bewerkstelligen, können wir den Generationen, die nach uns kommen, eine wirklich nachhaltige Lebensweise mit auf den Weg geben.

DRITTER TEIL

DIE MEGAKRÄFTE ZUR VERÄNDERUNG DER WELT

7 JUGEND: DEN JUNGEN MENSCHEN DER WELT ENERGIE UND MACHT VERLEIHEN

Für viele Menschen war die Nachricht ein Schock. »Die Mehrheit der Millennials«, so eine Schlagzeile der *Washington Post*, »lehnt heute den Kapitalismus ab«.[1] Bei einer Umfrage unter jungen Erwachsenen zwischen 18 und 29 Jahren (den »Millennials«), die 2016 von Fachleuten der Harvard University durchgeführt wurde, gaben nur 42 Prozent an, den Kapitalismus zu befürworten, während 51 Prozent das Gegenteil sagten. Das war nur die neueste von mehreren Erhebungen, die das tiefe Misstrauen vieler junger Menschen gegenüber dem Mainstreamwirtschaftssystem zeigen. Zum Beispiel ergab 2012 eine Umfrage des renommierten *Pew Institute*, dass nur 46 Prozent der Millennials den Kapitalismus positiv sehen, 47 Prozent aber negativ. Der Journalist Max Ehrenfreund kommentierte, dass die Harvardergebnisse »eine offensichtliche Ablehnung der Grundprinzipien der US-Wirtschaft« widerspiegeln.

Das war, gelinde gesagt, überraschend. 1991 hatte es beim Zusammenbruch der Sowjetunion so ausgesehen, als ob damit das einzige Gegenmodell zum Kapitalismus ad acta gelegt sei. Was war geschehen, dass die jüngere Generation sich gegen das kapitalistische System stellte, das gerade einmal 25 Jahre zuvor scheinbar endgültig triumphiert hatte?

Verfechter des heiligen freien Marktes reagierten mit Überraschung und Bestürzung. Bei einer Stellungnahme auf der Website der Foundation for Economic Education schien der Wirtschaftswissenschaftler Michael Munger die Umfrageergebnisse als bedeutungslos zu betrachten. Er schrieb: »Man kann doch den Kapitalismus nicht einfach so ›ablehnen‹, genauso wenig, wie man die Schwerkraft ablehnen kann.«[2] Einige Kommentatoren hoben hervor, dass die befragten jungen Menschen keine klare Alternative zum

Kapitalismus vertreten würden. Nur 33 Prozent sagten zum Beispiel, dass sie für den Sozialismus wären. Andere betonten, dass den Befragten keine klaren wirtschaftlichen Definitionen angeboten worden wären, und spekulierten, dass die Umfrageergebnisse vielleicht einfach eine Unsicherheit darüber widerspiegeln würden, was »Kapitalismus« eigentlich bedeutet.

Der vielleicht beste Kommentar kam von Sarah Kendzior in der Zeitschrift *Foreign Policy*. »Ist es ein Wunder, dass mehr als die Hälfte der 18- bis 29-Jährigen in den USA sagen, dass sie den Kapitalismus nicht unterstützen?«, fragte sie. Kendzior fuhr fort:

Man braucht keine Erhebung, um die verzweifelte Lage von US-amerikanischen Jugendlichen zu konstatieren. Es reicht, ihre Bankkonten zu betrachten, ihre Jobs, die Jobs, die ihre Eltern verloren haben, ihre Schulden, die Chancen, die sie suchen, die ihnen aber verwehrt werden. Man braucht keinen Slang und keine Ideologie, um den Status quo anzuklagen. Die beste Anklage gegen den Status quo ist der Status quo selbst.[3]

Ich persönlich war von dem Umfrageergebnis nicht überrascht. Meine Arbeit führt mich an Hochschulen in der ganzen Welt. Ich habe häufig Gelegenheit, mit jungen Leuten über ihr Leben, ihre Probleme und ihre Hoffnungen und Zukunftsträume zu sprechen. Mir war schon lange klar, dass junge Menschen überall, sowohl in den reichen als auch in den ärmeren Ländern der Welt, zutiefst unzufrieden sind mit dem Gesellschafts- und Wirtschaftssystem, in dem sie leben. Sie sind sich seiner Defizite sehr wohl bewusst, und das nicht nur wegen der Schwierigkeiten, die sie persönlich haben – Arbeitslosigkeit, Studienschulden, mangelnde Berufschancen –, sondern wegen der globalen Probleme, die sie in ihrem Umfeld sehen, vom Fortbestehen der Armut und der Umweltzerstörung bis zur grassierenden Ungleichheit und den Verletzungen von Menschenrechten. Aber ich glaube, dass sie nicht wirklich verstehen, dass all diese Probleme in ihrem Umfeld am Kapitalismus liegen. Ich denke, sie sagen einfach, dass ihnen das, was sie sehen, nicht gefällt. Und was am wichtigsten ist, sie betrachten das »System« weder als heilig, noch glauben sie, dass die Resultate des freien Marktes immer perfekt sind, wie einige Ideologen behaupten. Sie beurteilen das System anhand seiner Ergebnisse, und auf dieser Basis beurteilen sie es als mangelhaft.

Andererseits vertreten die meisten der jungen Leute von heute keine der alternativen Ideologien, die einmal anstelle des Kapitalismus entworfen wurden wie zum Beispiel den Sozialismus oder den Kommunismus. Sie betrachten diese Systeme als ebenso mangelhaft. Stattdessen suchen sie sehnlichst ein neues Konzept – ein neues System, das die Realität der menschlichen Natur besser erfasst und das Potenzial hat, die kreativen Kräfte der Menschen freizusetzen für die Lösung der gravierenden Probleme, mit denen die Menschheit konfrontiert ist. Mir fällt insbesondere eine konkrete Eigenschaft auf, die den jungen Leuten von heute gemein ist: Sie sind in weitaus größerem Maße als die Generationen vor ihnen bereit, anderen nützlich zu sein. Sie suchen nach Möglichkeiten, sich in der Welt nützlich zu machen.

Die Befragungen zeigen nur, dass junge Menschen mit dem System unzufrieden sind – dass dieses System keine sie zufriedenstellenden Ergebnisse liefert. Um es vorsichtig zu sagen: Das System inspiriert sie nicht. Egal, ob sie selbst aktiv nach einem neuen Wirtschaftssystem suchen oder nicht. Manche fühlen sich gefangen innerhalb überkommener Strukturen wie dem Aktienmarkt oder der traditionellen Geld- und Steuerpolitik. Sie begrüßen freudig jeden, der ihnen anbietet, die frische Luft außerhalb dieser Mauern zu atmen. Das erklärt die Begeisterung, die ich erlebe, wenn ich meine Ideen jungen Zuhörern auf allen Kontinenten erkläre.

Es sind diese jungen Leute, die die Welt anführen werden bei der Schaffung der neuen Zivilisation, die wir so dringend brauchen. Sie arbeiten schon hart daran und suchen Ideen und eine Aktionsagenda. Wenn sie erst einmal wissen, was sie wollen, können sie es viel leichter erreichen, als es vor dreißig Jahren möglich gewesen wäre.

Die jungen Leute von heute verfügen über beachtliche Mittel für diese große Aufgabe. Sie haben eine bessere Bildung als je eine Generation vor ihnen, sie sind auf den unterschiedlichsten Ebenen global vernetzt dank der digitalen Kommunikation und der Informationstechnologie, die junge Menschen überall verbindet. Internationale Reisen, Studierendenaustauschprogramme, Praktika und Netzwerkkontakte durch soziale Medien haben vielen von ihnen geholfen, über alle Grenzen von Nationalität, Rasse und Religion hinweg Freundschaften zu schließen.

Die jungen Leute von heute haben nur eine undeutliche Vorstellung von der Welt, in der sie leben wollen. Aber ihnen ist klar, dass weder die wissenschaftliche noch die politische Welt es geschafft hat, ihnen eine Roadmap für die bessere Welt zu geben, die sie suchen, und ihnen auch nicht die Werkzeuge in die Hand gegeben haben, die sie zur Gestaltung ihrer eigenen Roadmap brauchen.

Ihre Enttäuschung darüber führt sie in zwei verschiedene Richtungen. Manche neigen dazu, Pessimisten zu werden und sich aus der Gesellschaft zurückzuziehen, während andere noch die Hoffnung haben, dass die Dinge sich zum Besseren wenden werden. Sie spüren, dass sie eine enorme Macht haben, aber es gelingt ihnen nicht herausfinden, wie sie diese Macht gebrauchen können. Jede überzeugende Roadmap für die Zukunft, die ihrem inneren Hunger entspricht, wird in ihnen eine unaufhaltsame Kraft mobilisieren, wie die Welt sie noch nie zuvor gesehen hat.

Ich schlage als integralen Teil des Bildungssystems vor, dass jede Klasse jedes Jahr eine Woche darauf verwenden sollte, sich die allgemeinen Eigenschaften einer Welt vorzustellen, die sie schaffen würden, wenn sie die Freiheit dazu hätten. In den ersten beiden Tagen sollten sie die Eigenschaften der Welt sammeln und besprechen, die jeder Schüler sich individuell vorgestellt hat. Und an den restlichen Tagen sollten sie gemeinsam an der Aufstellung von einer gemeinsamen Liste oder mehreren arbeiten, mit den Eigenschaften der Welt, die sie für sich für richtig halten.

Heute wird Studierenden nie gesagt, dass sie ihre eigene Welt schaffen können. Aber ich meine, dass es der wichtigste Teil eines jeden Bildungsprozesses sein sollte, sich diese Welt vorzustellen. Wenn sie diese Welt entworfen haben, werden sie darüber nachzudenken beginnen, wie sie diese Welt aus der reinen Vorstellung in die Realität übersetzen können. Wenn wir uns etwas vorstellen können, hat es eine gute Chance, auch verwirklicht zu werden. Wenn wir uns etwas nicht vorstellen, hat es fast keine Chance, Wirklichkeit zu werden. Wenn sie ihre vorgestellte Welt entwerfen, werden die Schüler merken, wie sehr sich die gegenwärtige Welt von der unterscheidet, die sie wollen. Diese Erkenntnis wird der Beginn des aktiven Handelns sein.

Die jungen Leute von heute repräsentieren eine der drei »Megamächte«, von denen ich glaube, dass sie die globale Gesellschaft in den nächsten Jahrzehnten transformieren werden, indem sie die Wirtschaftsstruktur völlig neu konzipieren, um die kreative Kraft von Frauen und Männern in der ganzen Welt freizusetzen. Sie werden sicherstellen, dass das System nicht länger nur eine schön aussehende Maschine bleibt, die für eine Handvoll reicher, weltbeherrschender Elefanten entworfen wurde und Milliarden andere dazu verurteilt, ihr Leben als fleißige Ameisen zu verbringen. Wenn die heutigen Jugendlichen erst einmal wissen, welche Welt sie wollen, wird es viel leichter sein, sie Realität werden zu lassen.

Schulen und Universitäten können junge Menschen befähigen, ihre eigene Welt zu entwerfen

Wie ich schon dargelegt habe, sind die Grundannahmen und Haltungen, die wir jungen Menschen während ihrer Ausbildung einflößen, eins der zentralen Probleme des bestehenden Wirtschaftssystems. Wir erziehen unsere Kinder zu dem Glauben, dass ihr Leben mit einer Arbeitsstelle beginnt. Keine Arbeitsstelle, kein Leben – diese Botschaft kommt laut und deutlich aus allen Ecken: Elternhaus, Schule, Medien, politische Debatten. Wenn du groß bist, musst du dich der Musterung durch den Arbeitsmarkt stellen. Ein Job bestimmt dein Schicksal. Wenn du keinen bekommst, endest du in der Schlange der Sozialhilfeempfänger. Niemand sagt jungen Menschen, dass die Natur sie dazu geschaffen hat, selbst Unternehmer zu werden, anstatt darauf zu warten, eingestellt zu werden.

Eine andere wichtige Lektion, die unsere jungen Leute schon als Kinder lernen, ist, dass der fundamentale Zweck der Arbeit die Erzeugung von persönlichem Einkommen und Reichtum sei. Wir lehren sie, dass alle anderen Motivationen, einschließlich selbstloser Wünsche wie zum Beispiel der Drang, anderen zu helfen und die Welt zu einem besseren Ort zu machen, von sekundärer Bedeutung sind und nur in der »Freizeit« verfolgt werden dürfen oder um etwas in einer Art von Rückzahlung »zurückzugeben«. Durch diese Behauptungen werden junge Menschen auf enge Pfade geleitet, die ihren Aktivitätsradius und ihre Erfolge einschränken. Sie begnügen sich mit kleinen Dingen und vergessen ihre angeborene Fähigkeit, globale Träume zu haben und sie Wirklichkeit werden zu lassen. Wenn wir eine neue Zivilisation schaffen wollen, die die große Bandbreite der menschlichen Wünsche und Fähigkeiten anerkennt, respektiert und wirksam werden lässt, müssen wir das Bildungssystem ändern und vor allem die Annahmen, die hinter diesem System stehen.

Ich freue mich über eine neue Entwicklung an verschiedenen Universitäten in aller Welt. In den letzten zehn Jahren haben viele Universitäten Kurse zu Social Business in ihre Ausbildungsprogramme aufgenommen. Es gibt ein wachsendes Netz von Universitäten weltweit, an denen Lehrende und Studierende neue Formen unternehmerischer Aktivitäten erforschen.

Heute gründen Universitäten auf allen Kontinenten *Yunus Social Business Centres* (YSBCs) für Vorlesungen, Forschungen und als Dokumentationsstellen für Social Business-Ideen, die Wirtschaftsführern, Stiftungen, NGOs, gesellschaftlichen Aktivisten, Regierungsorganisationen, Geldinstituten und so fort zur Verfügung stehen. Einige dieser Zentren veranstalten Wettbewerbe, um Social Business-Lösungen für Probleme zu finden, die ihre Studierenden an der Universität, in ihrem Land und sogar in aller Welt auf den Nägeln brennen. Jungen Wissenschaftlern stehen diese Zentren offen für weitere Forschungen zu verschiedenen Aspekten des Social Business. Kongresse zum Social Business werden regelmäßig im November in mehreren großen Städten der Welt veranstaltet. Bei diesen Kongressen werden Vorträge über Forschungen gehalten und neue Programme und Erfahrungen diskutiert.

Dadurch entwickelt eine wachsende Zahl junger Menschen die Fähigkeiten und Kenntnisse, die sie brauchen, um neue Formen ökonomischen Denkens in die Praxis umzusetzen und diese neuen Ideen zukünftig noch weiter zu verbreiten.

Am 9. April 2017 unterschrieb das Yunus-Zentrum ein Abkommen zur Öffnung des neuesten dieser Universitätszentren an der Lincoln University in Christchurch (Neuseeland). Es ist das 34. YSBC der Welt. Weitere bestehen an folgenden Instituten: Glasgow Caledonian University in Schottland, La Trobe University Business Schule in Melbourne (Australien), Becker College in Worcester (Massachusetts, USA), University of California auf Channel Island, Chinesische Universität von Hongkong, King's College in London, National Central University in Taiwan, Renmin University in Peking, HEC Business School in Paris und Montreal (Frankreich und Kanada), Universität von Florenz (Italien), Azerbaijan State University of Economy (UNEC, Aserbaidschan), Asian Institute of Technology in Khlong Luang (Thailand), eine Gruppe von Universitäten in Barcelona (Katalonien) und an verschiedenen anderen Instituten in aller Welt, von Deutschland bis Japan und von Malaysia bis zur Türkei. Weitere Zentren in anderen Ländern stehen schon auf dem Plan, und bald wird die Zahl der YSBCs fünfzig übersteigen.

Wie Sie sich vorstellen können, ist jedes dieser Yunus-Zentren einzigartig und profitiert von der besonderen Stärke der jeweiligen Universitätspartner, den spezifischen Interessen und Themen der lokalen und nationalen Wirtschaft und anderen wichtigen Eigenschaften. Zum Beispiel setzen unsere Zentren an der Glasgow Caledonian University und an der Universität von New South Wales einen Schwerpunkt auf Themen der Gesundheitsversorgung, speziell auf die medizinischen Bedürfnisse der armen Menschen, die in den unterprivilegierten Stadtvierteln der Städte Schottlands und Australiens leben. Die YSBCs an der Kasetsart University und Lincoln University haben sich auf Landwirtschaft konzentriert. Das YSBC am SSM College of Engineering in Tamil Nadu (Südindien) hat seinen Fokus auf Möglichkeiten des Social Business für Absolventen in Fächern wie Maschinenbau und Technologie. An anderen Standorten konzentrieren sich Yunus-Zentren auf Industrien, Landwirtschaft, Produktion oder Dienstleistungen, je nach den Bedürfnissen und Mitteln der Institutionen.

Trotz dieser Unterschiede sind allen Yunus-Zentren an Universitäten einige Aktivitäten gemein. Alle können als Denkfabriken für Themen aus dem Bereich wirtschaftlicher

Innovationen und des Social Business betrachtet werden, konzentrieren sich besonders auf die Linderung von Armut und die Förderung von Nachhaltigkeit und veranstalten Workshops, Seminare, Kongresse und andere Treffen zur Diskussion der neuesten Forschungen und Entwicklungen in diesem Feld. Alle bieten Studierenden und Unternehmern Kurse zu Social Business und anderen Formen von wirtschaftlicher Innovation an. Und alle funktionieren als eine Drehscheibe für den Ideenaustausch unter Wissenschaftlern, Wirtschaftsführern, Unternehmern und Regierungsvertretern.

Die HEC Business School in einem südlichen Vorort von Paris illustriert gut einige der unterschiedlichen Weisen, wie Universitäten die Kenntnisse zur Wirtschaftserneuerung fördern und verbreiten. Der Mitbegründer des HEC Society and Organizations Center ist Professor Bénédicte Faivre-Tavignot, der an dieser Universität auch den Lehrstuhl für Social Business/Unternehmen und Armut innehat.

Dr. Faivre-Tavignot leitete mehrere HEC-Projekte zu innovativer Wirtschaft. Die Universität bietet jetzt ein Zertifikat in Social Business für Studierende an, die an einer bestimmten Zahl von Studien und Forschungen teilgenommen haben. Sie sponsort auch ein Onlinebildungsprogramm (einen sogenannten »massive open online course«, MOOC) mit Namen Ticket4Change (Ticket zur Veränderung), der bisher etwa vierzigtausend Studierende in den Techniken und Strategien dessen ausgebildet hat, was Faivre-Tavignot »Veränderungsunternehmer« nennt. Außerdem bietet HEC unter dem Titel »Inklusives Business und Wertschöpfung« eine Fortbildung für Geschäftsführer an. Und schließlich verbindet HEC durch die französische Aktionsfabrik, deren Arbeit ich in Kapitel 3 beschrieben habe, alle diese Formen von Forschung und Studium mit Experimenten in der realen Unternehmensentwicklung.

Andere Universitäten, die zum Netzwerk der Yunus Social Business-Zentren gehören, haben ihre eigenen Lehrpläne und Bildungsangebote entwickelt. Die Glasgow Caledonian University bietet einen MSc-Abschluss (Master of Science) in Social Business und Mikrofinanzierung an. Das Yunus-Social Business-Zentrum an der Universität von Florenz organisiert jedes Jahr »Formationstage«, die mehr als tausend Studierende von Universitäten und Hochschulen in die Konzepte des Social Business einführen. An einer Reihe anderer Universitäten, wie zum Beispiel der La Trobe Business School, sind Module zu Social Business Teil des vorgeschriebenen Lehrplans geworden, den alle Studierenden absolvieren müssen.

Viele der Yunus-Zentren unterstützen auch aktiv wirtschaftliche Experimente, indem sie mit Anwendern und Unternehmern zu Social Business-Projekten arbeiten. Zum Beispiel geht das Yunus Social Business-Zentrum am Becker College Partnerschaften mit schon bestehenden und neuen Non-Profit-Organisationen in der Region ein, um Social Business-Unternehmen zu gründen und weiterzuentwickeln. Gemeinsam mit der Millbury National Bank hat es auch ein Mikrokreditprogramm geschaffen, das Social Business-Startups in Massachusetts Kredite zur Verfügung stellt. Der Schwerpunkt liegt dabei auf Projekten von Studierenden oder Absolventen des Becker College.

Wie diese Beispiele zeigen, existiert bei jungen Menschen weltweit eine enorme Nachfrage nach Informationen und Ideen zum Social Business und zu anderen Formen innovativer wirtschaftlicher Experimente. Die jungen Menschen dieser Welt sind unzufrieden mit dem gegenwärtigen Wirtschaftssystem und auf der Suche nach Auswegen. Es ist ein hoffnungsvolles Zeichen, dass Bildungsinstitutionen in der ganzen Welt auf die Bedürfnisse von jungen Leuten reagieren und ihnen andere Optionen anbieten.

Ob das Social Business-Konzept einen festen Platz in der Wirtschaft erobern kann oder lediglich eine schon bald vergessene Form von Idealismus bleibt, die kurzzeitig von ein paar Enthusiasten praktiziert wurde, hängt von den jungen Menschen an den Universitäten und von den Universitäten selbst ab. Ich freue mich über ihre wachsende Begeisterung und die Bemühungen von Universitäten, ihre eigenen YSBCs zu schaffen. Diese Zentren werden zur Reife gelangt sein, wenn sie den Bachelor- und den Masterabschluss in Social Business anbieten können, und wenn sich im Umfeld dieser Zentren Aktion Tanks etablieren können.

Auch an Grund- und weiterführenden Schulen müssen Jugendliche in die Veränderung einbezogen werden, und inzwischen entstehen auch schon Programme zu diesem Zweck. Im Juni 2016 halfen Experten des Grameen Creative Lab beim Aufbau eines Bildungsprogramms, das mehr als zehntausend Schüler an europäischen weiterführenden Schulen erreichte. Diese Workshops wurden teilweise durch die Europäische Union (EU) finanziert und richteten sich an Schüler in 373 Schulen in sieben Ländern, die mit 507 Lehrern und mehr als 200 Unternehmensberatern zu den Konzepten des Social Business arbeiteten und ihre eigenen Projektideen entwickelten. Insgesamt wurden während dieses Programms 668 Social Business Ideen entworfen. Und noch eindrucksvoller ist, dass 97 Prozent der teilnehmenden Schüler sagten, dass sie hoffen, selbst einmal ein Social Business zu starten.

Die Lehrer, die bei diesen Workshops mitgearbeitet haben, wollen auf dieser Erfahrung aufbauen. Zum Beispiel hoffen sie, ein permanentes »Sozialunternehmen-Ökosystem« zu schaffen, das an weiterführenden Schulen in Europa die Studien und Experimente mit neuen Wirtschaftsmodellen fortsetzen wird. Sie hoffen auch, ein Beurteilungssystem zu entwickeln, das zur Schaffung eines formellen Zertifikats über unternehmerische Kompetenzen führen könnte. Solche Bescheinigungen dürfen nicht zum Selbstzweck werden. Doch wenn sie Lehrer und Schüler anspornen, sich für das Social Business zu begeistern und für unternehmerische Initiativen zu wirtschaftlichem und sozialem Fortschritt, dann haben sie meine volle Unterstützung.

Wir brauchen in aller Welt viel mehr Programme wie diese Workshops und müssen auch mit noch jüngeren Schülern zu arbeiten beginnen. Ein tieferes Verständnis der Ökonomie muss Kindern von klein auf nahegebracht werden – ein Verständnis, das sowohl die selbstlose Seite der menschlichen Natur als auch die egoistische Seite akzeptiert und über die persönliche Bereicherung hinaus die vielen unterschiedlichen Motivationen anerkennt, die die menschliche Kreativität und Produktivität antreiben. Wir sollten unseren Kindern sagen, dass sie Jobsuchende oder Jobschaffende sein können, und dass sie sich darauf vorbereiten sollen, zwischen diesen beiden Möglichkeiten zu wählen. Wir müssen Mädchen und Jungen ermutigen, große Träume zu haben – sich die Art der Welt vorzustellen, in der sie leben wollen, und dann spezifische Projekte und Unternehmen zu planen, die sie aufbauen können und die helfen werden, diese Welt Wirklichkeit werden zu lassen.

Jugend in Aktion: Das aufkeimende globale Netzwerk der Social Business-Unternehmer

Trainingsprogramme an Schulen und Hochschulen können eine wichtige Rolle spielen bei dem Bemühen, jungen Menschen Anstöße zur Transformation unserer Wirtschaft zu geben. Aber Tausende junger Leute in aller Welt warten nicht auf die traditionellen Bildungseinrichtungen, um diesen Weg zu gehen. Viele informieren sich selbstständig über Social Business und suchen Gleichgesinnte, die neue Wirtschaftsformen ausprobieren und Entdeckungen über sich selbst und ihre Fähigkeiten auf die machtvollste Weise machen, die es gibt: indem sie es einfach tun!

Ein Beispiel ist *MakeSense*, eine Technologieorganisation, die dem Social Business auf viele verschiedene Arten dient. Sein Gründer ist ein junger Mann namens Christian Vanizette mit einer spannenden persönlichen Geschichte. Er stammt von der Südseeinsel Tahiti, studierte Naturwissenschaft und Maschinenbau und baute sich in den ersten Jahren nach seinem Studium eine erfolgreiche Karriere im Bereich der Spitzentechnologie auf. Er verdiente gut und übernahm immer mehr Verantwortung und Macht in der Firma, in der er arbeitete. Eines Tages rief ihn der Vorstandsvorsitzende in sein Büro und erklärte Vanizette das nächste Projekt, das er entwickeln sollte. Er sagte ihm, dass er in den nächsten Monaten für einen Kunden eine Untersuchung machen sollte, wie man Kühlschränke an ein elektronisches Kommunikationsnetz anschließen kann. Es handelte sich um ein Projekt innerhalb des wachsenden digitalen Phänomens, das wir »Internet der Dinge« nennen.

Vanizette merkte, dass er sich damit nicht wohlfühlte. Er wusste, dass es technologisch gesehen ein interessanter und herausfordernder Job war. Aber er fragte sich nach dem praktischen gesellschaftlichen Nutzen, den das bringen würde. Je mehr er darüber nachdachte, desto weniger sinnvoll erschien es ihm. »Es muss eine bessere Möglichkeit geben, meine Fähigkeiten zu nutzen, als Kühlschränken beizubringen, miteinander zu reden«, beschloss er. So schockte Vanizette seine Familie und Freunde mit dem Ausstieg aus seinem hoch bezahlten Job. Er hatte gemerkt, dass er mehr über eine neue Idee lernen wollte, von der er irgendwo gehört hatte – eine Idee, die sich Social Business nennt.

Vanizette hob seine Ersparnisse ab und machte eine Weltreise, um mehr über Social Business zu lernen. Er traf sich mit vielen Unternehmern, von Asien und Afrika bis Europa und USA, studierte die sozialen und wirtschaftlichen Probleme in vielen Ländern und lernte die Bedürfnisse und Wünsche unzähliger Menschen kennen, die arm sind und mit den elementarsten Problemen des Lebens zu kämpfen haben. Nach mehreren Monaten brachte er eine Idee ein, von der er glaubte, dass sie eine wichtige Verbindung zwischen seinen Hightechkenntnissen und den vielen verschiedenen Chancen herstellen könnte, die er für das Social Business entdeckt hatte. Das war die Keimzelle von MakeSense.

Christian Vanizette und seine Freunde in aller Welt sind inzwischen zu einer starken Kraft in der Social Business-Bewegung geworden. Heute gehören mehr als 25.000 junge Menschen zu MakeSense und bieten Social Business-Unternehmen in aller Welt ihre Ideen und Unterstützung an. Im Kapitel 8 werde ich detaillierter auf MakeSense eingehen, insbesondere auf den Einsatz von Technologie zur Ausbreitung des Social Business.

Ein anderes Beispiel ist das Wachstum von *Yunus&Youth* (Y&Y), einer weiteren internationalen Organisation von jungen Menschen, die sich dem Social Business widmet. Yunus&Youth wurde mitbegründet von Cecilia Chapiro, einer dynamischen jungen Frau mit großer Erfahrung sowohl im unternehmerischen wie im gemeinnützigen Bereich. Y&Y begann seine Tätigkeit, als eine Gruppe junger Menschen aus aller Welt 2013 zum Global Social Business Summit in Kuala Lumpur (Malaysia) zusammenkam, um sich mit führenden Persönlichkeiten des Social Business zu treffen. Die Teilnehmer sahen ein riesiges Potenzial: Wie wäre es, wenn die gegenwärtige Generation von Social Business-Führungspersönlichkeiten ihre Kenntnisse mit der nächsten Generation von Social Business-Unternehmern teilen würde? Aus dieser Idee wurde Y&Y geboren. Sein Hauptzweck ist, engagierten und ambitionierten jungen Social Business-Unternehmern die Orientierung und Unterstützung zu geben, die sie brauchen, um ihre Träume Wirklichkeit werden zu lassen.

Heute hat Y&Y Büros in USA, Brasilien und Marokko. Die Organisation wird von einem internationalen Team junger Fachleute aus acht Ländern und vielen unterschiedlichen

Gesellschaftsschichten geleitet: Uniabsolventen und Berater, Journalisten und Graphikdesigner – unter ihnen Menschen, die schon für *Google*, *McKinsey & Company* und die Grameen-Bank gearbeitet haben – sowie Wissenschaftler von *Rhodes* und *Fulbright*, Ingenieure und Dichter. Ihre wichtigste Aufgabe besteht darin, unter den Menschen der nächsten Generation potenzielle Social Business-Leiter ausfindig zu machen, zu rekrutieren und zu fördern. Junge Menschen, die als Y&Y-Mitglieder ausgewählt werden, durchlaufen ein einzigartiges Curriculum, das ihnen die Startup-Prinzipien vermittelt und beim Aufbau von erfolgreichen Social Business-Unternehmen hilft, die nachhaltig und strategisch solide sind.

Ein halbes Jahr lang nehmen die Y&Y-Mitglieder alle zwei Wochen an Webinaren teil, die von Unternehmensexperten gegeben werden, treten in Verbindung mit einem globalen Netzwerk von beruflichen Mentoren und Menschen, die Veränderung schaffen, und erhalten wichtige Sachinformationen und individuelle Unterstützung durch das Y&Y-Team. Die Mitglieder werden auch mit beruflichen Mentoren zusammengebracht – erfolgreichen Unternehmern und Businessexperten, die bereit sind, ihr Know-how weiterzugeben, damit die Mitglieder das Wachstumspotenzial ihres Social Business-Unternehmens maximieren können. Diese jungen Startups fördern die gesellschaftliche Veränderung, weil ihre Gründer nahe dran sind an den Problemen, die sie mit Hilfe ihrer Unternehmensideen lösen wollen, und an den Menschen, denen sie mit ihrem Unternehmen helfen wollen. Den Jahrgang 2016 bildeten 26 Y&Y-Mitglieder aus siebzehn Ländern, zum Beispiel:

- Diego Padilla aus Peru, der Gründer von *Recidar*, einem Social Business, das auf einem Wiederverwertungsmodell basiert. Recidar sammelt wiederverwendbare Gegenstände aus Haushalten, verkauft sie zu niedrigen Preisen in armen Gemeinden und verwendet die Einnahmen, um seine Kapazitäten auszubauen. Diegos Ziel ist eine So-

lidaritätskette, die Menschen miteinander und mit der Natur verbindet, Abfall vermeidet und in Gemeinden mit niedrigem Einkommen Geschäftsmöglichkeiten schafft.
- Walaa Samara aus Palästina, die *Bella Handmade Jewelry* gegründet hat mit dem Ziel, für Frauen in Flüchtlingslagern Arbeit zu schaffen. Walaa träumt davon, dadurch eine Quelle der Hoffnung zu sein für Frauen, die unter verheerenden Bedingungen leben, und ihnen die Möglichkeit zu geben, um für sich selbst und ihre Familien etwas dazuzuverdienen.
- Hendriyadi Bahtiar aus Indonesien, der Gründer von *Sahabat Pulau*, einem Sozialunternehmen zur Verbesserung der Lebensbedingungen von Frauen von Fischern durch die Produktion eines indonesischen Nationalsnacks auf Fischbasis. Seine langfristige Vision ist, 22 Millionen indonesischer Frauen und ihre Familien aus der Armut zu befreien und ihnen ein Einkommensniveau von mindestens 3 US-Dollar pro Tag zu ermöglichen.
- Jezze Jao von den Philippinen, der das *Carrier Pigeon Project* gegründet hat, ein Mode-Social Business, das als E-Commerce funktioniert und dessen Einnahmen Bildungsstipendien und Alphabetisierungsprogramme für unterprivilegierte Kinder finanzieren. Sein Ziel ist, die Bildung als einen Schlüssel zu gebrauchen, der Menschen über ihre gegenwärtigen Lebensumstände hinauskommen lässt und ihnen eine Chance gibt, ihre Träume zu verwirklichen.

MakeSense und Y&Y sind nicht die einzigen Organisationen, die jungen Menschen helfen, die Macht des Social Business zu nutzen. Eine weitere ist die *Social Business Youth Alliance* (SBYA), eine globale Initiative, die seit 2013 besteht. SBYA informiert junge Menschen über das Social Business in Ausbildungsprogrammen, Workshops und Wettbewerben. Es gibt auch vielversprechenden jungen Social Business-Unternehmern die Gelegenheit, potenzielle Investoren zu treffen und so eine der großen Hürden zu überwinden, mit denen sich Unternehmensgründer konfrontiert sehen: Zugang zu Kapital, mit dem sie ihr Unternehmen starten können.

Eine der Aktivitäten von SBYA ist *Social Business-Champ*, ein Wettbewerb für Social Business-Pläne für Universitätsstudierende, die ihre unternehmerischen Fähigkeiten und ihre kreativen Ideen zur Lösung von dringenden gesellschaftlichen Problemen vorstellen möchten. Eine andere ist YY Goshti, eine Drehscheibe für Social Business-Gründungen. Das *YY Goshti Innovation Camp* umfasst ein intensives Ausbildungsprogramm, bei dem ausgewählte Teilnehmer 60 Stunden Ausbildung erhalten und Unternehmen besuchen, um zu sehen, wie bestehende Unternehmen funktionieren. Der Höhepunkt dieses Entwicklungsprozesses ist eine öffentliche Veranstaltung, bei der die Teilnehmer ihre Social Business-Modelle vor einem Publikum von erfahrenen Unternehmern, Investoren und Aktionären präsentieren, unter ihnen auch Social Business-Fonds Betreiber wie *Spark International* mit Sitz in Australien und das *Blue Gold Programm*, gesponsort von der Regierung der Niederlande. Die Gewinner durchlaufen dann eine dreimonatige Startup-Operationsphase, in der ihnen Büros, Beratung und andere wichtige Mittel zur Verfügung gestellt werden, die sie zum Betreiben ihres Social Business brauchen.

SBYA veranstaltet auch regelmäßige Summits, die vom Potenzial des Social Business begeisterte junge Menschen aus aller Welt zusammenbringen. Diese Treffen gehören zu den wirkungsvollsten Aktivitäten, die SBYA sponsort. Der Präsident von SBYA, Shazeeb M. Khairul Islam, sagt:»Wir bringen 300 brillante Köpfe zusammen zu zwei Tagen voller spannender Gelegenheiten, sich zu vernetzen. Die Teilnehmer kommen aus Universitäten, Social Business-Unternehmen, Startup-Gemeinden, Unternehmensinkubatoren und -beschleunigern sowie verschiedenen Social Business-Fonds und treffen sich, um die Möglichkeiten und Herausforderungen für das Social Business heute zu diskutieren. Es ist das ›komplette Paket‹, weil wir dadurch Zugang zu Wissen, menschlichen Ressourcen und möglichen Finanzierungsperspektiven bieten.«[4]

Eine letzte Geschichte von jungen Social Business-Unternehmern ist die von *Impact Hub*. Im April 2017 besuchte ich den Berliner Standort dieser bemerkenswerten Organisation, *Impact Hub Berlin*, und war sehr überrascht. 2010 hatte ich als Ehrengast an der Eröffnungszeremonie seiner Bruderorganisation *Impact Hub Wien* teilgenommen, aber ich hatte keinerlei Vorstellung davon, wie stark es seitdem gewachsen war. Ich war sehr beeindruckt von Impact Hub Berlin – ein helles, buntes Gebäude mit Versammlungsraum, Innovationslaboratorium, Veranstaltungssaal, Fokusbereich und Cafeteria. Alles ist so gestaltet, dass junge Social Business-Unternehmer sich treffen, Ideen austauschen, Erfahrungen teilen, von Experten lernen und Herausforderungen gemeinsam angehen können. Leon Reiner, der Geschäftsführer von Impact Hub Berlin, hat ein attraktives Angebot von Events und Diensten entwickelt, das angehende Unternehmer sehr inspirierend finden.

Seit seiner Entstehung hat Impact Hub einen langen Weg zurückgelegt. Jonathan Robinson, ein junger Unternehmer und Schriftsteller, gründete es 2005 unter dem Namen »Hub« im Obergeschoss eines alten Warenhauses in London. Sein Ziel war, Jugendliche vor Ort auf dem Weg des Unternehmertums zu unterstützen. Robinson schuf Hub nicht als Unternehmen und noch viel weniger als Social Business. Er erfuhr vom Social Business erst viel später, als er im Jahr 2009 auf einem Flug Hans Reitz von Grameen Creative Lab kennenlernte.

Robinsons Interesse erhielt einen weiteren Schub, als Hinnerk Hansen und zwei weitere junge Unternehmer ihn kontaktierten, die in Wien eine Version von Hub als Social Business gründen wollten. Gemeinsam überarbeiteten sie das Konzept von Hub und machten Pläne zu seiner Erweiterung durch Franchising. Sie gaben der Firma einen neuen Namen, Impact Hub, und einen neuen Hauptsitz in Wien. Sie gründeten die *Impact Hub Association*, ein Kollektiv aller gegenwärtigen und zukünftigen Impact Hubs, und machten es zum einzigen Besitzer der *Impact Hub Company*, einem Charity-Unternehmen mit der Zielsetzung, globale Operationen zu managen und die Entwicklung des Netzwerkes zu fördern.

Hans Reitz half bei der Bereitstellung von Mitteln durch einen neu gegründeten Social Business-Fonds namens Good Bee, der seinem Rat folgend von der Ersten Bank und der ERSTEN Stiftung in Wien übernommen wurde. 2010 hatte ich die Ehre, Impact Hub Wien offiziell eröffnen zu dürfen.

Heute gibt es 80 Impact Hub-Standorte in 45 Städten in aller Welt, unter anderem in London, Wien, Melbourne, Johannesburg, São Paulo, San Francisco und Singapur. Impact Hub dient mehr als 15.000 Mitgliedern, die innovative Unternehmen mit sozialen Zielen in praktisch jedem vorstellbaren Bereich aufbauen – von Armut, Gesundheit und Frauenempowerment bis zu Energie, Bildung und Umwelt.

Die weltweite Begeisterung, die hinter Organisationen wie MakeSense, Yunus&Youth, SBYA und Impact Hub steht, zeigt die Faszination, die das Social Business auf junge Leute in aller Welt ausübt. Die Herausforderung, eine neue Gesellschaft zu schaffen, erschreckt die Jugend von heute nicht – sie begeistert sie!

Sport – eine Feier der Jugend und eine Triebkraft für soziale Werte

Als der Präsident des Internationalen Olympischen Komitees, Thomas Bach, mich einlud, am Tag vor der Eröffnung der Olympischen Spiele 2016 in Rio beim Jahrestreffen des Komitees zu sprechen, ergriff ich die Gelegenheit, die

Führungspersönlichkeiten der globalen Sportwelt daran zu erinnern, dass der Sport eine Feier der Jugend ist – und ein starker Motor für Veränderung.

Mich hat die Sportwelt immer fasziniert. Welch einen enormen Einfluss sie hat! Spannende Events wie die Olympischen Spiele fesseln die Aufmerksamkeit von Milliarden Menschen überall auf dem Planeten.

Zugleich ist Sport ein elementarer Bestandteil des menschlichen Lebens. Jedes Kind auf der Welt beginnt sein Leben mit Sportübungen, die es normalerweise selbst erfindet, ohne Regeln, Trainer oder Ausbildung. Kinder treffen sich, um ihre eigenen Spiele nach ihren eigenen Regeln zu schaffen, und haben dabei riesigen Spaß.

Wenn sie heranwachsen, machen einige weiterhin Sport, während andere ihn links liegen lassen. Aber der Geist bleibt, und er gibt den Menschen Energie, auch wenn sie das oft nicht erkennen. Manchmal errichten wir eine Mauer aus Glas zwischen der Sportwelt und der Welt des Alltagslebens. Die Menschen auf den beiden Seiten sehen sich, aber sie überwinden die Mauer nicht. Ich bin überzeugt, dass beide Welten gewinnen werden, wenn wir diese Glasmauer abbauen und eine einzige Welt schaffen, in der gewöhnliche Menschen mit ganz unterschiedlichen Ausrichtungen und unterschiedlichen Graden von sportlichen Fähigkeiten gemeinsam leben, und in der alle die Freuden von Spiel, Erfolg und freundschaftlichem Wettbewerb genießen.

Weil die meisten Menschen Sport lieben, haben Sportler einen enormen Einfluss auf ihre Fans. Wirtschaftsführer wissen das und nutzen daher Sportler und Sportveranstaltungen, um ihre Produkte zu bewerben. Dieselbe Wirkung kann genutzt werden, um Sportfans zu ermuntern, ihre gewaltige kreative Macht zur Bekämpfung der Probleme zu benutzen, denen die Welt gegenübersteht.

Eine Möglichkeit, wie die Sportwelt Fans für die Lösung sozialer Probleme mobilisieren kann, ist die Schaffung von

Social Business-Unternehmen auf Vereinsebene und auch auf der regionalen, nationalen und internationalen Ebene. Genau wie jedes andere Social Business können sich diese Unternehmen auf Probleme wie Jugendarbeitslosigkeit, Gesundheit, Bildung und Technologie konzentrieren. Sie können auch einige der vielen Probleme der Sportwelt selbst angehen, zum Beispiel die Herausforderungen, denen Sportler gegenüberstehen, wenn ihre relativ kurzen Karrieren enden und sie auf ein anderes Leben umsteigen müssen, nachdem ihre intensive Phase der Wettbewerbe vorüber ist.

In diesen Tagen diskutieren wir die Vermächtnisprogramme, die große Sportveranstaltungen wie die Olympischen Spiele hinterlassen. Solche Programme können und sollten Formen von Social Business einschließen, die zur Unterstützung bei der Vorbereitung der Spiele geschaffen wurden. Das Social Business kann eingesetzt werden beim Bau von Stadien und Schwimmbädern für die Spiele, von Unterkünften für die Sportler und bei der Lebensmittelversorgung für alle Teilnehmer. Diese und andere Variationen von Social Business können so konzipiert werden, dass sie den Menschen im Umfeld der Spielstätten langfristig und nachhaltig großen Nutzen bringen.

In ähnlicher Art und Weise könnte es auch Vermächtnisprogramme für jeden Verein, jede Mannschaft und jede Veranstaltung der Sportwelt geben, auch wenn sie noch so klein sind. Die Sportler und die Fans werden ein gutes Gefühl haben, wenn sie wissen, dass sie an etwas teilnehmen, das ihnen Spaß macht und das zugleich eine positive Auswirkung auf die Gesellschaft hat. Da es beim Sport um Wettbewerb geht, kann jeder Verein oder Verband den Wettbewerbsgeist in sein Konzept der Lösung sozialer Probleme einbringen. Stellen Sie sich vor, wie stolz die Sportler, ihre Fans und ein ganzes Land oder eine ganze Region sein können, wenn ihr Favorit nicht nur eine Meisterschaft gewonnen hat, sondern darüber hinaus dazu beigetragen hat, Tausenden bedürftiger Menschen Wohnungen, bessere Schulen oder bezahlbare Gesundheitsversorgung zu ermöglichen! Ich habe mich sehr gefreut, dass meine Rede vor dem Internationalen Olympischen Komitee in Rio bei den meisten Mitgliedern des Komitees auf sehr positive Resonanz gestoßen ist. Sie hat auch unmittelbar zu einigen konkreten Aktionen geführt.

Nach meiner Rede lud mich Anne Hidalgo, die Bürgermeisterin von Paris, zum Abendessen ein und betonte dabei, dass sie das Social Business in Paris verankert sehen wollte, und dass der Sport dabei eine führende Rolle spielen sollte. Später besuchte ich Paris, um mit ihr diese Ideen intensiv zu diskutieren. Im Rahmen einer Pressekonferenz stiftete sie Les Canaux, ein historisches Gebäude im 19. Arrondissement von Paris, als Social Business-House und beauftragte mich, in diesem Gebäude das Yunus Centre Paris einzurichten, um Social Business-Programme in der Stadt zu fördern und zu koordinieren. Die Bürgermeisterin kündigte an, wenn Paris zum Austragungsort der Olympischen Spiele 2024 gewählt würde, diese Spiele zu den ersten Social Business-Spielen der Geschichte zu machen. Aber unabhängig davon, ob Paris gewählt wird oder nicht, beabsichtige sie, Paris zur Welthauptstadt des Social Business zu machen.

In der Zwischenzeit hat Bürgermeisterin Hidalgo allerhand unternommen, um dieses Ziel zu erreichen. Zum Beispiel hat sie initiiert, dass junge Leute in Paris Wettbewerbe zu Social Business-Konzepten organisieren, die die Probleme der Stadt angehen sollen. Sie ist auch die Vorsitzende von C40, einem Verband von globalen Megastädten, die sich in der Bekämpfung der durch den Klimawandel verursachten Probleme engagieren. Derzeit gehören dem Verband neunzig Städte mit einer Gesamtbevölkerung von 600 Millionen Einwohnern an.

Diese Erfahrungen mit der Pariser Bürgermeisterin Hidalgo bestätigen mir einmal mehr, dass führende Politiker in aller Welt sehr wohl die Forderungen junger Menschen nach wirtschaftlichen und sozialen Veränderungen wahrnehmen und entsprechend handeln.

**Partnerschaft zwischen den Generationen:
Wie Jung und Alt zusammenarbeiten können,
um eine Neue Welt zu schaffen**

Wie Sie sehen, bin ich höchst begeistert von dem Potenzial junger Menschen in aller Welt, führend bei der Transformation der globalen Wirtschaft mitzuarbeiten, die die Menschheit so dringend braucht. Aber das bedeutet natürlich nicht, dass in diesem Projekt kein Platz wäre für ältere Menschen wie mich. Im Gegenteil: Ich bin davon überzeugt, dass ein großartiges Potenzial entsteht, wenn es zu einer kraftvollen Allianz zwischen den Generationen kommt, wenn Jung und Alt ihre Kräfte bündeln, um eine neue Zivilisation zu schaffen, die an den Bedürfnissen der ganzen Menschheit ausgerichtet ist.[5]

Inzwischen bin ich selbst über siebzig und werde ich oft nach meiner Meinung zu dem weltweiten demografischen Trend der alternden Bevölkerung gefragt. Gewöhnlich wird er als eine große wirtschaftliche und gesellschaftliche Herausforderung betrachtet. Wenn Menschen länger leben, muss eine wachsende Zahl von alten Menschen versorgt werden. Wie wird die Gesellschaft dieser Schwierigkeit beggenen?

Unlängst wurde ich bei einem Besuch in Deutschland gebeten, zu diesem sogenannten Überalterungsproblem Stellung zu beziehen. Meine Freunde in Deutschland hatten ein Fernsehinterview mit zwei alten Menschen organisiert, mit denen ich über die Chancen und Probleme einer alternden Bevölkerung sprechen sollte.

Am Tag des Interviews überraschten sie mich mit der Ankunft von zwei Damen, die beide über hundert Jahre alt waren. Eine von ihnen – nennen wir sie Helga – war 105.

Sie erzählte Geschichten aus ihrer Vergangenheit, auch aus der Zeit, in der sie gegen Adolf Hitler gekämpft hatte. Sie war eine Führungsperson der Kommunistischen Partei, saß mehrfach im Gefängnis und sollte ermordet werden, konnte dem aber entkommen.

Helga erinnerte sich ganz exakt an jede Einzelheit ihrer Erlebnisse, bis hin zu konkreten Menschen, Orten und Daten. Als ich ihr vorschlug, ein Buch zu schreiben, antwortete sie: »Junger Mann, ich habe 28 Bücher geschrieben; wollen Sie, dass ich noch eins schreibe?«

Um das Thema zu wechseln, fragte ich sie, was sie von den jungen Leuten heute halte. Sie antwortete spontan: »Je weniger ich über die sage, desto besser. Die meinen, sie wüssten alles. Die haben kein Interesse, jemandem zuzuhören.«

Ich fragte sie, ob sie das aus eigener Erfahrung mit jungen Menschen sage.

»Natürlich. Ich habe eine Tochter, und die macht mich verrückt. Sie ist unmöglich.«

Ich fragte: »Wie alt ist sie?«

»Sie ist 75«, antwortete Helga ruhig.

Plötzlich wurde mir klar, dass das Wort »jung« für jeden von uns etwas anderes bedeutet, und ich fragte mich, wie wir überhaupt Menschen zwingen können, sich mit 65 Jahren »zur Ruhe zu setzen«. Für Helga ist eine 65-Jährige praktisch ein Baby!

Ich glaube, dass Helga die richtige Haltung gegenüber dem Altern hat. Seit einigen Jahren schlage ich vor, das Wort »Ruhestand« in den Ruhestand zu schicken. Mit wachsendem Alter sehen viele Menschen dem Tag ihres kommenden Ruhestandes als einem fürchterlichen Tag entgegen. Sie verstehen ihn als eine Botschaft der Arbeitswelt, die ihnen sagt: »Sie sind nicht länger produktiv, nützlich oder kreativ.« Viele Menschen, die in Rente gegangen sind, wissen nicht, was sie mit sich anfangen sollen. Ihnen kommt das Rentnerdasein wie eine Strafe vor.

Ob ein Arbeitgeber eine Person ab einem gewissen Alter weiterbeschäftigen soll, ist seine eigene Sache. Ich will das nicht hinterfragen. Aber ich bin gegen den Gebrauch des Wortes »Ruhestand« für diesen konkreten Übergangsmoment im Leben eines Menschen. Es ist ein furchtbares Wort! Es sagt Ihnen, dass Sie Ihr Arbeitsleben beschließen müssen. Ich sehe nicht ein, warum jemand zum Ruhestand gezwungen werden sollte, außer aus gesundheitlichen Gründen. Die Gesellschaft hat mit dem Ruhestand von Menschen nichts zu tun. Ein Arbeitgeber hat das Recht, einen Menschen ab einem gewissen Alter nicht mehr zu beschäftigen. Aber er hat nicht das Recht, jemanden für arbeitsunfähig zu erklären, indem er seinen Ruhestand anordnet. Kann ein Mensch eingemottet werden? Macht es irgendeinen Sinn zu denken, dass die kreative Macht von Menschen schwindet oder plötzlich abgeschaltet wird, weil sie eine bestimmte Altersgrenze überschreiten? Verwandeln sie sich plötzlich in unbrauchbare, unkreative Menschen, wenn sie 65 Jahre alt werden? Ein Mensch ist keine Maschine mit einem Knopf zum An- oder Abschalten – ein Mensch kann nicht abgeschaltet werden.

Aus diesem Grund bestehe ich darauf, dass das Wort *Ruhestand* pensioniert und aus unserem Wortschatz gestrichen werden sollte. Wir brauchen ein neues Wort, das das Weiterbestehen von kreativem Leben anerkennt und die Chance betont, einen Übergang zu gestalten von Lebensphase Eins zu Lebensphase Zwei, der spannendsten Phase des Lebens. Phase Zwei ist die wahre Freiheitsphase des Lebens, in der man endlich frei ist von all den Verpflichtungen. Es ist die Phase, in der man all die Dinge tun kann, die man zu tun gehofft hat.

Ein Mensch, der sich diesem Übergang annähert, sollte Folgendes denken:

Ich habe x Jahre für meinen Arbeitgeber gearbeitet.
Jetzt, wo mein Vertrag abgelaufen ist, kann ich mich auf

*Dinge konzentrieren, die ich immer tun wollte, aber die
wegen meines Arbeitsvertrags nicht geklappt haben.
Aus einer Welt mit Mauern trete ich jetzt ein in eine Welt
ohne Mauern – eine weite Welt, eine Welt unbegrenzter
Möglichkeiten. Jetzt habe ich die Chance, zum ersten
Mal in meinem Leben ich selbst zu sein. Jetzt ist die Zeit
gekommen, zu genießen, dass ich ich bin.*

Phase Zwei des Lebens ist für alle Menschen eine Gelegenheit, etwas für die Welt zu tun. Wenn sie beginnt, können diese Menschen sagen:

Ich habe meine Pflicht gegenüber meinem Arbeitgeber, meinen Kindern, meiner Familie erfüllt. Jetzt kann ich es mir endlich leisten, mich anderen Dingen zu widmen. Jetzt ist die Zeit, meine kreativen Kräfte zu gebrauchen, um einige der sozialen Probleme zu lösen, die mich immer krankgemacht haben. Ich kann Dinge beenden, die ich für falsch halte, und ich kann Dinge tun, von denen ich meine, dass sie getan werden sollten. Ich brauche nicht auf das zu achten, was andere denken – das einzig Wichtige ist, den Instinkten meines Herzens zu folgen. Jetzt ist meine Zeit für Social Business.

Wenn wir beginnen, nach Formen zu suchen, wie ältere Menschen voll und ganz am kreativen Leben der Gesellschaft teilnehmen können, tauchen viele Ideen für eine bessere Phase Zwei auf.

Während einer Deutschlandreise besuchte ich mit einem bayerischen Freund ein Dorf in Bayern. Ein Dorf mit 3.000 Einwohnern, in dem für junge Leute alle Einrichtungen vorhanden waren, die eine moderne Gesellschaft braucht – schöne Schulen, schöne Sporthallen, riesige Spielplätze. Was mein Freund mir aber vor allem zeigen wollte, war die Tatsache, dass die Schulen weitgehend leer waren, weil es in dem Dorf nicht mehr viele Kinder gibt. Und die derzeitigen demografischen Trends zeigen, dass diese Situation wahrscheinlich noch extremer werden wird.

Auf der anderen Seite gibt es in diesem Dorf immer mehr Menschen, die sechzig Jahre und älter sind. Die meisten von ihnen langweilen sich, sind einsam und haben nichts zu tun; sie verbringen viel Zeit in den Kneipen, trinken und werden depressiv.

Mein Freund organisierte ein Treffen mit einigen der Dorfbewohner, und wir führten ein langes und intensives Gespräch. Dann beschlossen wir gemeinsam, dass in dem Dorf ein neues Programm gestartet werden sollte. Alle Menschen über sechzig sollten eingeladen werden, sich in den Schulen einzuschreiben, um zu lernen, wie sie ihr Leben noch einmal neu beginnen können. Wenn sie neue Themen lernen, über die nachzudenken sie vorher nie Gelegenheit hatten, kommen sie auch in Kontakt mit den Kindern, die dort sind. Wenn sie die leer stehenden Einrichtungen der Schulen für neue Inspirationen nutzen, können spannende Initiativen entstehen – einschließlich toller Gelegenheiten für Jung und Alt, voneinander zu lernen und auf diese Weise die Gesellschaft zu verändern.

Die Idee, Partnerschaften zwischen Jung und Alt zu schließen, kann auch neue Lösungen bringen für das Problem der finanziellen Unterstützung unserer wachsenden Bevölkerung von älteren Menschen. Phase Zwei ist nicht nur eine Zeit, in der Sie sich der Bekämpfung gesellschaftlicher Probleme widmen können, sondern auch eine gute Zeit, eine Social Business-Stiftung oder einen Social Business-Fonds zu gründen. Das Geld einer solchen Stiftung kann die Schaffung oder Expansion eines Social Business-Unternehmens unterstützen. Sie können den größten Teil Ihrer Ersparnisse in Ihre Stiftung stecken, sie selbst verwalten und Ihren Kindern und Freunden sagen, dass sie sie verwalten sollen, wenn Sie einmal nicht mehr da sind. Man muss nicht reich sein, um eine Social Business-Stiftung oder einen Social Business-Fonds zu schaffen. Sie können das mit jeder Geldsumme tun, die Sie gegenwärtig nicht brauchen, oder es kann nach Ihrem Tod geschehen durch eine einfache Verfügung in Ihrem Testament.

Um ein Gefühl für das Potenzial dieser Idee zu bekommen, schauen Sie einfach auf die Einlagen in den Pensionsfonds in aller Welt. Sie betragen geschätzte 25 Billionen US-Dollar, und durch die Investitionserträge und neuen Beiträge wachsen sie jedes Jahr weiter. Welch eine gigantische finanzielle Kraft, die ganz dem Wohlergehen von alten Menschen gewidmet ist! Wenn wir einen kleinen Teil dieses Geldes in Social Business-Unternehmen investieren, die die Probleme des Alters angehen, können alle diese Probleme in kurzer Zeit gelindert werden. Alte Menschen werden nicht länger ein soziales Problem oder eine gesellschaftliche Last sein.

Alte Menschen sind kreative, einfallsreiche Menschen. Es ist an der Zeit, dies anzuerkennen und unseren alten Mitbürgern freizustellen, so viel, wie sie wollen, zur Transformation unserer Gesellschaft beizutragen. Wir müssen unsere alten Ideen über alte Menschen korrigieren. Wir sollten sie als kreative Menschen behandeln, die die Freiheit haben, sich selbst und ihren Reichtum einzubringen, um jene Welt zu schaffen, die sie immer gewollt haben.

8 TECHNOLOGIE: DIE MACHT DER TECHNOLOGIE ENTFESSELN, UM ALLE MENSCHEN ZU BEFREIEN

Wenn ich über die Notwendigkeit spreche, die Welt zu transformieren und eine neue Zivilisation zu schaffen, die alle menschlichen Werte umfassen kann und zugleich die größten Probleme der Menschheit löst, erhalte ich manchmal Widerspruch von Menschen, die glauben, dass die Technologie unsere Probleme lösen wird. Sie verweisen auf die beeindruckenden wissenschaftlichen Durchbrüche, die in letzten Jahrzehnten erreicht worden sind, und sagen: »Die Technologieexperten werden es schaffen, alles in Ordnung zu bringen. Erderwärmung, Hunger, fehlende Gesundheitsversorgung, Probleme mit Bildung, Einkommensungleichheit – all das wird sich lösen durch die großartigen neuen Produkte und Dienste, die Forscher in den nächsten Jahren entwickeln werden.« Manche sagen eine Ära der Fülle voraus, in der alle Menschen der Welt im Reichtum schwimmen werden. Man wird auf Knopfdruck alles haben können, was man will, wann man will und wo man will. Das halten diese Menschen für das zwangsläufige Ergebnis des unglaublichen Fortschritts der Wissenschaft, den die Zukunft bringen wird.

Ich bin ein großer Enthusiast, wenn es um die Potenziale neuer Technologien geht. Ich schreibe der Technologie eine zentrale Rolle zu bei den massiven sozialen und wirtschaftlichen Verbesserungen in der Welt. Aber ich glaube nicht, dass die Technologie alles automatisch in Ordnung bringen wird. Die Technologie kann Wunder wirken. Aber wir müssen bedenken, dass die Technologie nicht selber denken kann. Die Technologie ist ein Werkzeug, das für einen Zweck geschaffen wird, und dieser Zweck wird vom Menschen bestimmt. Wir entscheiden über die Zwecke, für die wir Technologie konzipieren wollen, und wir entscheiden, ob wir sie für andere Zwecke anpassen wollen.

Die Entwickler und Betreiber der Technologie sind die Menschen. In der heutigen Welt wird die Technologie hauptsächlich für egoistische Zwecke entworfen, für kommerziellen Erfolg – und manchmal sogar für schreckliche Zerstörung, wie die Geschichte der Kriege ganz klar zeigt. Heute besteht die Herausforderung darin, Entwicklern sozialer Ideen und Lenkern sozialer Entwicklungen die Zügel der Technologie in die Hand zu geben, um sie in die richtige Richtung zu lenken.

Ich bin kein Technologieentwickler, und deshalb habe ich immer nur versucht, bestehende Technologien, die für egoistische Zwecke entworfen wurden, so anzupassen, dass sie einem sozialen Zweck dienen. Aber das ist nur die zweitbeste Lösung. Eine Technologie, die direkt für soziale Zwecke entworfen würde, wäre viel mächtiger und hätte eine sich exponentiell verstärkende Wirkung. Diese Dimension fehlt uns bislang bei der Entwicklung von Technologie. Durch meine Arbeit, die bestehenden Technologien für soziale Zwecke anzupassen, habe ich versucht, die Aufmerksamkeit auf diese Lücke zu lenken. Lassen Sie mich diesen Adaptationsprozess anhand von einigen Beispielen erklären.

Schon vor vielen Jahren erkannte ich das Potenzial, das die Informations- und Kommunikationstechnologie (IKT) zur Veränderung des Lebens von armen Menschen hat. Darum gründete ich eine Handyfirma namens *Grameen Phone*. Wir haben Mobiltelefone in die Dörfer Bangladeschs gebracht und armen Frauen Kredite gegeben, damit sie diese kaufen und sich damit ein eigenes Einkommen erwirtschaften konnten: Sie wurden die »Telefonfräuleins« in den Dörfern und ermöglichten den Dorfbewohnern den Zugang zu einem Telefon. Das schuf eine neue Form von Unternehmertum. Als wir mit Grameen Phone begannen, war das örtliche »Telefonfräulein« oft der einzige Mensch in einem Dorf mit einem Telefon. Die Einheimischen, die mit der Außenwelt in Verbindung treten wollten – für Kontakte mit städtischen Märkten, Informationen von einer Verwaltungsstelle, Nachrichten über die Gesundheit eines Verwandten in einem weit entfernten Dorf oder um mit Familienmitgliedern zu sprechen, die in den USA leben oder als Gastarbeiter im Nahen Osten –, mieteten ein paar Minuten von der Handyzeit des Telefonfräuleins.

Dieses einfache Unternehmensmodell wurde ein sofortiger Erfolg. Fast eine halbe Million armer Frauen in Bangladesch erzielte als Telefonfräuleins ein zusätzliches Einkommen für ihre Familien. Heute sind Handys in ganz Bangladesch so verbreitet, dass die Blütezeit der Handydamen schon lange ein Relikt der Vergangenheit ist. Aber sie haben innerhalb kürzester Zeit die Telekommunikation zu einer hochgeschätzten Haushaltstechnologie für jede Familie im ganzen Land gemacht.

Regenerative Solartechnologie ist ein anderes Feld, auf dem beeindruckende Durchbrüche erzielt worden sind. Ich habe diese Technologie zur Lösung eines uralten Problems der Landbevölkerung Bangladeschs genutzt, indem ich ein Social Business-Unternehmen gründete, das Menschen auf dem Land erschwingliche und zuverlässige Heimsolarsysteme brachte. Wie ich im Kapitel 5 erklärt habe, ist *Grameen Shakti* eine sehr erfolgreiche Firma bei der Entwicklung und Vermarktung von umweltfreundlichen Küchenherden, Heimsolaranlagen und Biogasgeräten, die Tierabfall in Energie und in Brennstoff zum Heizen verwandeln. Alles wird zu Preisen verkauft, die für die meisten Familien im Hinterland von Bangladesch bezahlbar sind.

Manche Leser mögen sich fragen, warum wir es für nötig hielten, Unternehmen zu gründen, die den Armen Bangladeschs Handys und regenerative Energietechnologie brachten. Da diese technologischen Wunderwerke ursprünglich von traditionellen gewinnmaximierenden Firmen auf den

Markt gebracht worden waren, hätten wir abwarten und diese Firmen selbst die Bedürfnisse der armen Landbevölkerung in Bangladesch bedienen lassen können.

Der Grund, warum wir einen anderen Weg gewählt haben, ist wohl offenkundig. Konventionelle Unternehmen haben andere Ziele als wir. Sie gehen dahin, wo Geld ist. Um so viel Geld wie möglich zu machen, vermarktet man Produkte für Menschen an der Spitze der Einkommensleiter – vorzugsweise für das 1 Prozent, das den größten Teil des Reichtums der Welt kontrolliert. Und wenn der Markt der Superreichen gedeckt ist, bietet die breite Mittelschicht die zweitbeste Gelegenheit zum Geldmachen. Am unteren Ende der Reichtumsskala befinden sich zwar viele Millionen Menschen, doch sie sind kein attraktiver Sektor zum Gewinnemachen, da sie nicht über die notwendigen Mittel verfügen. Deshalb erreichen Technologien die breite Basis der Pyramide gewöhnlich erst, wenn die Unternehmen die Märkte der höheren Schichten ausgeschöpft haben.

Im Gegensatz dazu ist für Organisationen wie die Grameen-Unternehmenskette der bevorzugte Sektor der untere Bereich der Reichtumspyramide. Dort liegen alle sozialen und wirtschaftlichen Probleme. Hier ist Social Business gefragt, denn Social Business-Unternehmen entwerfen Produkte, um ihre Kosten zu decken und dabei gleichzeitig ein Problem zu lösen, und nicht, um den finanziellen Jackpot zu knacken.

Je mehr wir Technologiefortschritte erzielen, unsere Infrastruktur verbessern, die Globalisierung fördern und das Wirtschaftssystem effizienter machen, desto intensiver konzentrieren die multinationalen Konzerne ihre Strategien darauf, beim Verkauf an die Reichsten und an die Mittelschicht konkurrenzfähig zu sein. Wenn Sie für ein herkömmliches Unternehmen arbeiten, würden Sie kein Smartphone für die Armen entwickeln, bevor Sie nicht die Märkte in den oberen Einkommensschichten ausgeschöpft haben. Und wenn Sie es dann tun, werden Sie einfach eine billigere Version Ihres schon existierenden Produktes verkaufen wollen, statt ein Telefon für die Bedürfnisse der Armen zu entwerfen – eins, das nicht nur billiger, sondern auch einfacher wäre, offen für Upgrades, austauschbar gegen das nächste Modell, extrem langlebig und an die spezifischen Bedürfnisse armer Menschen angepasst.

Es ist interessant, dass neue Technologieprodukte nie in den armen Sektoren des Marktes eingeführt und dann allmählich an Märkte mit höherem Niveau angepasst werden. Es ist immer umgekehrt. Das Ergebnis ist eine große Kluft auf dem Technologiemarkt, in die schon Milliarden Menschen in aller Welt gefallen sind.

Die latente Macht der modernen Technologie ist wirklich faszinierend. Jedes Jahr scheint neue Durchbrüche zu bringen. Technologien, die neue Dimensionen von Geschwindigkeit, Flexibilität und Macht im Bereich von Transport, Produktion, Landwirtschaft, Gesundheitsversorgung und besonders Informations- und Kommunikationsmanagement bringen, revolutionieren viele Industrien. Aber es gibt keine globale Vision, die diese Veränderungen steuert. Große Innovationen werden hauptsächlich im Blick auf kommerzielle Erfolge entwickelt und die Märkte bestimmen die Entwicklungsprozesse. Die Kreativität geht in die Richtung, in der die Unternehmer ein Marktpotenzial sehen.

Ein Technologiegenie hat immer zwei prinzipielle Möglichkeiten. Zum Beispiel kann er oder sie die Arbeit einem medizinischen Durchbruch widmen, der Tausende von Leben retten wird – oder eine App entwickeln, mit deren Hilfe Menschen sich vergnügen können. In den meisten Fällen wird das Technologiegenie dazu gedrängt, sich auf das Produkt zu konzentrieren, das das Potenzial hat, Millionen Dollar Gewinne zu machen. Der Profit ist der Leitstern der herkömmlichen Ökonomie. Weil wir kein übergeordnetes gemeinsames Ziel haben, ist das einzige Orientierungsschild, dem wir folgen, der Gewinn. Niemand stellt einen Wegweiser auf, der die Welt zu einem gemeinsam angestrebten Ziel führt. Das wirft die Frage auf: Hat die Welt ein Ziel? Und wenn nicht, sollte sie eins haben?

Wie ich schon erklärt habe, sind die Ziele der Nachhaltigen Entwicklung (ZNE) ein Versuch, ein unmittelbares Ziel zu definieren, das innerhalb einer sehr kurzen Zeitspanne erreicht werden soll. Die ZNE sind schon ein guter Anfang. Sie geben uns ein Ziel für die nächsten fünfzehn Jahre – doch das ist nur ein kurzer Augenblick in den Hunderten oder Tausenden von Jahren der Menschheitsgeschichte. Viele Menschen und Institutionen haben sich zu einem Weg in Richtung der von den ZNE aufgezeigten Ziele verpflichtet. Aber leider haben die meisten gewinnorientierten Unternehmen sich nicht wirklich umorientiert, um diese Ziele zu erreichen, weil sie in ihrer Marktdefinition von Erfolg nicht vorkommen.

Dank der Macht der menschlichen Kreativität, die heute besonders durch die großartigen Durchbrüche in der Technologie verstärkt wird, ist jedes Ziel erreichbar. Aber während Milliarden Dollars in die Entwicklung von Robotertechnik und künstlicher Intelligenz für militärische und kommerzielle Zwecke gesteckt werden, besteht nur wenig Interesse, die Technologie zur Überwindung der massiven menschlichen Probleme der Welt zu nutzen. Wir konzentrieren uns völlig auf unsere egoistischen Firmenziele und persönlichen Ziele. Weil der Technologie als solcher jegliche soziale Ausrichtung fehlt, ist die Gefahr groß, dass wir Gelegenheiten verpassen, weil unsere egoistischen Radare sie nicht wahrnehmen können.

Aber es gibt individuelle Bemühungen, die Macht der Technologie zum Erreichen von gesellschaftlichen Zielen zu nutzen. In der ganzen Welt sind Einzelpersonen, Firmenmanager, Leiter von gemeinnützigen Organisationen und Social Business-Gründer schon dabei, Wege zu entwickeln, um die

Technologie zum Wohl der Menschheit zu nutzen. Einige der von ihnen erzielten Ergebnisse sind beeindruckend.

Ein Beispiel ist die Computerfirma *Endless*, die Matt Dalio gegründet hat, ein junger Mann aus Kalifornien. Ich kenne seinen Vater, Ray Dalio. Er ist ein erfolgreicher Unternehmer, der sich sehr für meine Ideen und meine Arbeit interessiert, und er hat den größten Teil der Mittel zum Start von Grameen in den USA zur Verfügung gestellt. Matt Dalio begeisterte sich für eine Idee, die ich immer wieder propagiert habe, nämlich den universellen Zugang zu Computern und zum Internet. Der Computer ist ein allmächtiges Werkzeug für schöpferische Arbeit. In Verbindung mit der Kommunikationstechnologie kann er zu einer mächtigen Lösungsmaschine werden. Aber die meisten Menschen der Welt haben keinen Zugang zu diesem Werkzeug. Warum? Weil ein Computer zu teuer ist und weil er ihnen ohne Internetanschluss nichts nützt.

Matt Dalio konzentrierte sich auf diese beiden Probleme. Ihm war bewusst, welch großes Potenzial Computer in Verbindung mit der heutigen Informations- und Kommunikationstechnik für die Transformation des Lebens der Armen haben. So begann er, die Macht des Computers mit der Macht des Smartphones zu kombinieren. Er wollte Desktop- und Laptopmodelle von Grund auf so konzipieren, dass sie für Konsumenten in den Schwellenländern erschwinglich und praktisch wären, und das sogar für Menschen mit geringem oder gar keinem Zugang zu zuverlässiger Elektrizität oder Internetverbindung. Sein Ziel war, den Preis eines Computers auf 50 US-Dollar zu senken.

Die Kosten der Technologie selbst waren nicht die größte Herausforderung. Dalio wusste, dass derselbe Prozessor, der in Smartphones steckt, auch die CPU eines Computers steuern kann. Eine Tastatur und eine Maus könnten für weniger als 10 US-Dollar dazukommen. Und die meisten Menschen haben Zugang zu einem Fernsehen, das als Monitor genutzt werden kann. Das größte Problem war die Konnektivität. Dieses Problem kann mit zwei Zahlen verdeutlicht werden: Auf Wachstumsmärkten bietet der durchschnittliche monatliche Onlineplan gerade einmal 300 Megabytes (MB), aber der durchschnittliche Computernutzer konsumiert jeden Monat 60 Gigabytes (GB). Das ist etwa das Zweihundertfache und bedeutet, dass ein normaler PC unter diesen Umständen nutzlos ist.

Dalio gab nicht auf. Seine Nachforschungen zeigten, dass die Kommunikation selbst nicht teuer ist. Zum Beispiel ist es möglich, mit einem 300-MB-Datenplan 100.000 Tweets zu versenden. Das eigentliche Problem ist der Download von Informationen. Aber Statistiken zeigen, dass wir nur einen kleinen Teil von dem konsumieren, was derzeit online verfügbar ist. Zum Beispiel konzentrieren sich etwa 80 Prozent von Wikipediarecherchen auf gerade einmal 3 Prozent der Wikipediainhalte.

Diese Tatsache zeigte Dalio die Lösung, die er suchte: die Datenspeicherung. Dalio erklärte mir, dass die meisten Menschen gut mit einer Speicherkapazität auskommen, die viel kleiner ist, als wir denken. In der Praxis ist es also tatsächlich möglich, alle Bilder und Daten von jeder Website herunterzuladen, die ein durchschnittlicher Mensch während seines ganzen Lebens besucht, sie zu komprimieren und in einem Computer auf einer einzigen Festplatte von 2 Terabyte (TB) zu speichern. Das Resultat: Man kann *ohne Internetanbindung* einem Menschen alle Informationen geben, die er jemals brauchen wird.

Matt Dalio sagt das so: »Das Ziel ist nicht, alles zu haben, sondern, dass alle fast alles haben.« Das ist das Geheimnis hinter der beeindruckenden Macht eines kostengünstigen Computers von Endless.

Ein typisches Endless-Modell funktioniert mit dem Open-Source-Betriebssystem Linux und wird mit 50.000 Wikipediaartikeln und mehr als einhundert Apps für Bildung,

Arbeit und Unterhaltung geliefert. Die so mitgelieferten Daten können offline benutzt werden und aktualisieren sich, sobald eine Internetverbindung besteht. Ein weiterer Vorteil ist, dass Kinder an Endless-Computern Zugang zu fast allen der enormen Informationsressourcen des World Wide Web haben, aber ohne die Gefahren eines unkontrollierten oder ungesteuerten Internetgebrauchs. Eltern sind darüber sehr erleichtert, weil sie keine Sorgen haben müssen, wie ihre Kinder den Internetzugang gebrauchen.

Aber das Beste ist der Preis: Computer von Endless werden für nur 79 US-Dollar verkauft, und das Ziel ist, den Preis auf 50 US-Dollar oder noch weniger zu reduzieren. Aber auch der derzeitige Preis macht sie erschwinglich für viele der 4,4 Milliarden Menschen der Welt, die sich früher ein solches Gerät nicht leisten konnten.[6]

Endless betreibt zwei Arten von Unternehmen. Ein Teil der Firma Endless arbeitet wie ein herkömmliches, gewinnorientiertes Unternehmen, während der andere Teil ein Social Business ist, das unterversorgten Bevölkerungsgruppen Bildungs-, Gesundheits- und Unterhaltungsdienste anbietet, die ihnen einst verwehrt waren.

Endless wird schon von vier der fünf größten Computerherstellern in alle Welt geliefert und ist zur führenden PC-Plattform in Indonesien und den meisten Ländern Südostasiens geworden. Es wurde auch als Standardbetriebssystem für das brasilianische Erziehungsministerium ausgewählt, und in den kommenden Monaten wird eine Reihe anderer lateinamerikanischer Länder es als Hauptplattform einführen. Das Endless-Team entwickelt nun Werkzeuge zur Schulung von Kindern überall auf der Welt und unterrichtet sie auch im Programmieren – eine Fähigkeit, von der Dalio glaubt, dass sie zur grundlegenden Alphabetisierung zukünftiger Generationen gehören wird.

Angesichts des beeindruckenden Potenzials des Computers bei der Transformation der Welt meine ich, dass der Markenname, den Matt Dalio für seine Firma gewählt hat, sehr passend ist. Die Möglichkeiten sind tatsächlich unendlich.

Sie können nun wahrscheinlich verstehen, warum ich die Technologie als die zweite Megamacht bezeichne. Sie wird eine entscheidende Rolle spielen beim Aufbau der neuen Welt, die wir anstreben – aber diese entscheidende Rolle kann sie nur dann spielen, wenn wir Technologie nicht nur nutzen, um individuellen Reichtum oder Konzerngewinne zu schaffen, sondern wenn wir sie in den Dienst der ganzen Menschheit stellen.

Die Multiplikatormacht der Informations- und Kommunikationstechnologie (IKT) nutzbar machen

Als ich die Grameen-Bank startete, war eine der Herausforderungen das Fehlen von Informations- und Kommunikationstechnologie (IKT) im Hinterland von Bangladesch. Es war noch vor der Internetära, als erst wenige Unternehmen und noch weniger Haushalte in Bangladesch Computer besaßen, und als Geräte wie die heutigen Handys noch nicht einmal erfunden waren. In den Dörfern von Bangladesch war sogar der Zugang zu Strom ein Traum. Die digitale Buchführung und Kommunikation, auf der moderne Geldinstitute heute basieren, waren komplett unzugänglich.

Glücklicherweise brauchten wir uns über die Informations- und Kommunikationstechnologie (IKT) nicht den Kopf zu zerbrechen, weil sie damals noch gar nicht existierte. Wir entwarfen unser Programm für die Verwaltung der Grameen-Bank mit den verfügbaren Mitteln. Wir hingen völlig von der gewissenhaften manuellen Verwaltung der riesigen Datenmengen ab. Es war ein recht gewagtes Unternehmen, das auf großer Entschlossenheit basierte. Wir entwickelten für die Verwaltung unserer Buchhaltung und unserer Datenbank einfache Lowtechsysteme. Die Bankangestellten lebten in den entlegenen Dörfern und erreichten die Kreditnehmer, indem sie jeden Tag große Strecken zu Fuß zurücklegten, per Fahrrad auf engen, schlammigen Straßen oder Wegen, oder in winzigen Booten auf den vielen Flüssen Bangladeschs. Sie trugen die Kreditbilanzen mit der Hand in Bestandsbücher ein und sandten periodisch Berichte an die Hauptfiliale der Bank in Dhaka.

Die Systeme waren langsam und schwerfällig, aber sie funktionierten. Und sie waren perfekt für unsere Arbeit mit Kreditnehmern, die das Wort *Bank* noch nie gehört hatten und nicht die leiseste Vorstellung von diesem »Wundertier« hatten. Viele waren nicht nur Analphabeten, sondern hatten auch noch nie Geld gesehen.

Als die Desktopcomputer nach Bangladesch kamen, war die Grameen-Bank die erste Institution, die sie in ihren Filialen zum Speichern der Daten verwendete. Da es im Hinterland von Bangladesch, wo all unsere Filialen sind, keinen Strom gab, statteten wir die Filialen mit Generatoren aus. Ein Internetanschluss war kein Thema, weil es damals noch kein Internet gab.

Heute ist die Grameen-Bank natürlich voll informatisiert und vernetzt und arbeitet mit einer ausgeklügelten Buchhaltungs- und Managementsoftware, die eigens für uns entworfen wurde. Die Mitarbeiter notieren fast nichts mehr handschriftlich, sondern verfügen über automatisch erstellte Berichte. Und nicht nur sie, sondern auch fast alle Kreditnehmer und deren Kinder haben Handys, zum großen Teil Smartphones.

In einer Welt, die immer mehr durch Technologie verbunden ist, kann man so viel mehr tun, und vor allem schneller und leichter, was viel mehr Menschen zugutekommt. Die neue IKT hat eine beeindruckende Multiplikatormacht: Durch sie können Unternehmen Leistungen wie Bankgeschäfte an Orte bringen, die vorher extrem schwierig zu erreichen waren. Sie ermöglicht auch die Expansion innovativer Social Business-Programme in einem nie gekannten Umfang.

Ein Beispiel dieser Multiplikatormacht ist die Mikrofinanzierungsplattform *Kiva*, ein Pionier jener Technik, die heute als Crowdfunding (Gruppenfinanzierung) bekannt ist. Sie wurde 2005 von dem Softwareentwickler Matt Flannery und seiner Frau Jessica Jackley gegründet. 2003, als sie ihre Hochzeit vorbereiteten, nahm Jessica Matt zu einem Vortrag mit, den ich an der Stanford University hielt, an der sie arbeitete. Die Geschichte der Grameen-Bank und unserer Arbeit mit den armen Frauen in Bangladesch bewegte sie sehr. Nach der Hochzeit ging Jessica nach Uganda, um mit einer Mikrofinanzierungs-NGO zu arbeiten. Sie entdeckte, dass der begrenzende Faktor für die Vergabe von Mikrokrediten an arme Menschen das Fehlen von Kreditmitteln ist. Das inspirierte Jessica und Matt zu ihren eigenen Bemühungen, jenen Menschen Kapital zur Verfügung zu stellen, die es sonst nie bekommen hätten.

Diese jungen Leute, die uns besuchten, waren Millennials, und das heißt, dass sie »digital natives« sind, geborene Digitalnutzer, die mit der Technologie aufgewachsen sind und sich mit ihr wohlfühlen. Für sie war es nur natürlich, darüber nachzudenken, wie sie die IKT zur Vervielfachung der Auswirkungen von Mikrokrediten einsetzen könnten. Das Ergebnis war Kiva.

Kiva benutzt eine Internetplattform, um Unternehmer, die Kapital brauchen, mit Menschen zu verbinden, die Geld übrig haben. So ermöglicht es Kiva Menschen, ihr Geld an andere zu verleihen, deren Projekte sie für lohnend halten. Es sind jedes Mal nur kleine Beträge – 25 US-Dollar, 50 US-Dollar oder vielleicht 100 US-Dollar. Die vernetzende Macht des Internets erlaubt Menschen Verbindungen über riesige geografische Entfernungen hinweg. Und die Macht der Digitaltechnologie erleichtert das rasche Auffinden von interessanten Projekten. Ob Sie Ihr Geld an eine Unternehmerin in Lateinamerika verleihen wollen oder an einen Kunsthandwerker in Australien oder an eine Frau, die auf einer Straße in Nordafrika Snacks verkauft – bei Kiva werden Sie wahrscheinlich genau das finden, was Sie suchen.

So können Unternehmer, die von einer traditionellen Bank nicht als kreditwürdig betrachtet würden, eine Finanzierung für ihre kleinen Unternehmensprojekte erhalten. Und Menschen, die kleine Beträge verleihen können, haben die Befriedigung zu wissen, dass ihr Geld mitgeholfen hat, ein lohnendes neues Unternehmen Wirklichkeit werden zu lassen. Bis 2017 hatte Kiva durch ein globales Netzwerk von Mikrofinanzierungsorganisationen 1,6 Millionen individuelle Gläubiger mit 2,2 Millionen Kreditnehmern in 82 Ländern zusammengebracht. Kiva hat Kredite im Gesamtwert von mehr als 960 Millionen US-Dollar vermittelt, und die Rückzahlrate liegt bei 97 Prozent.

Als sich das Social Business-Konzept in vielen Ländern in aller Welt verbreitete, war die Idee, die Kivaplattform zur Unterstützung von Social Business-Unternehmen zu nutzen, ein nächster logischer Schritt. Saskia Bruysten von YSB traf sich mit Premal Shah, dem Präsidenten von Kiva, um darüber nachzudenken, wie das konkret funktionieren kann.

Das Konzept wurde zuerst bei zwei Social Business-Unternehmen getestet, die von YSB Albania unterstützt wurden. Eins ist Rozafa, das fünfzehn Kunsthandwerk-Werkstätten im ländlichen Albanien managt, Ausbildung, Ausstattung, Verkäufe und Verteilungszentren zur Verfügung stellt, und so mehr als 120 einheimischen Frauen ein Einkommen verschafft. Das andere ist »E Jona« in der Hauptstadt Tirana, ein Café für behinderte Menschen, die dort nicht nur Getränke und Snacks finden, sondern auch einen Ort, an dem sie sich treffen und vernetzen können.

Als diese Projekte ihr Debüt auf der Kiva-Website hatten, wusste niemand, ob die Besucher der Seite die Idee des

Social Business verstehen würden und ob es Kiva gelingen würde, das Geld zur Unterstützung der Unternehmen zu besorgen. Doch beide Initiativen waren sofort erfolgreich. Es zeigte sich, dass die Unterstützer von Kiva das Social Business-Konzept nicht nur verstanden, sondern es geradezu liebten. Und natürlich ist das Wunderbare an Kiva, dass die globale Reichweite des Internets bedeutet, dass Social Business-Projekte überall auf der Welt unterstützt werden können. YSB nutzt Kiva weiterhin als Quelle zur Geldbeschaffung für ausgewählte Social Business-Projekte in Albanien, Haiti, Brasilien und Uganda.

Kiva war nur der Anfang. Heute wird die Macht der digitalen IKT in neuen Weisen genutzt, um die Effektivität und Reichweite von vielen anderen Social Business-Programmen zu vervielfachen. Ein Beispiel ist *MakeSense*, die von Christian Vanizette gegründete Jugendbewegung, die wir in Kapitel 7 vorgestellt haben. MakeSense hat zwei Unternehmensformen: Die eine ist gemeinnützig und unterstützt das Social Business, und die andere ist ein Social Business in der Form einer gewinnorientierten Firma nach französischem Recht. Letztere gibt alle Gewinne an das gemeinnützige Unternehmen weiter, das ihr Inhaber ist. Dadurch qualifiziert sie sich als Social Business, denn sie generiert keine persönlichen Gewinne für einen Besitzer.

MakeSense betreibt eine digitale Open-Source-Plattform im Stil von Wikipedia, wo Tausende Menschen in aller Welt auf kreative und produktive Weise frei miteinander interagieren können. Die Wikipediaplattform erleichtert das Schreiben und Bearbeiten eines enzyklopädischen Wissens auf Basis von Information, die Tausende von Freiwilligen großzügig zur Verfügung stellen, und die MakeSense-Plattform unterstützt das Wachstum, die Entwicklung und die Verbreitung des Social Business.

Die siebzehn ZNE der UNO sind eine wichtige Komponente der MakeSense-Plattform. Wenn Sie ein potenzieller Social Business-Unternehmer sind, müssen Sie Ihre Zusammenarbeit mit MakeSense mit der detaillierten Erklärung beginnen, inwiefern Ihr Projekt unmittelbar einen Fortschritt bei einem oder mehreren der ZNE unterstützt. Sobald ein MakeSense-Entwickler Ihre Idee für unterstützenswert erklärt, werden Informationen über Ihr Projekt auf die Website gestellt, zusammen mit der Beschreibung der Fragen, die Sie klären wollen. Diese Fragen können verschiedene Probleme des Unternehmens betreffen: »Wie kann ich den bestmöglichen Markt für mein zukünftiges Produkt finden?« »Welche Vertriebskanäle sollte ich in Betracht ziehen?« »Wo kann ich einen Finanzexperten finden, der bereit sein könnte, in mein Projekt einzusteigen?«

An diesem Punkt kommt die MakeSense-Community ins Spiel, die durch die Macht des Internets verbunden ist. Anfang 2017 hatte die MakeSense-Plattform mehr als 25.000 Freiwillige in 45 Ländern, die an Verbindungen für mehr als 1.300 Unterstützung suchende Social Business-Unternehmer arbeiteten. Diese Freiwilligen nennen sich Gangsters, während die Unternehmer, die das Social Business entwickeln, SenseMakers genannt werden.

Das Onlinemanual von MakeSense erklärt, was die Unternehmer als nächsten Schritt erwarten können:

Dann beginnen Leute mit Brainstorming und stellen Ideen online, und wir starten einen Aufruf und suchen jemanden, der oder die einen Workshop leiten kann, der innerhalb der nächsten 30 Tage deine Fragen behandeln soll.

Wenn sich ein Freiwilliger zur Leitung dieses Workshops meldet, musst du Datum und Ort für den Workshop wählen und eine Stunde für ein Gespräch mit dem Leiter über die Details deiner Fragen einplanen.

Der Freiwillige, der deinen Workshop organisiert, wird dieses einstündige Interview nutzen, um sicherzustellen, dass wir mit unserer Hilfe zur Lösung deiner wichtigsten Fragen auf dem richtigen Weg sind. Er oder sie wird deine

Ziele und Voraussetzungen berücksichtigen, um sicherzustellen, dass du die Lösungen für dein Unternehmen realistisch umsetzen kannst, und ihr werdet einen Output vereinbaren, um sicherzustellen, dass du mit den Ergebnissen des Workshops zufrieden sein wirst.

Am Tag des Workshops stellst du den Teilnehmenden dein Projekt vor. Dann haben die Teilnehmenden ein paar Minuten Zeit für Fragen an dich, bevor der kreative Prozess beginnt, an dem du teilnehmen wirst. Man wird dich bitten, sich wie jeder andere Teilnehmende zu verhalten, um zu gewährleisten, dass der Prozess unabhängig von deiner Zustimmung oder Ablehnung ihrer Ideen abläuft.

Nach dem Workshop sende bitte eine Email mit Feedback an die Teilnehmenden. Erwähne die Lösungen, die dir gefallen haben, und sage ihnen, ob du Hilfe brauchst zur Ausarbeitung oder Umsetzung einer Lösung![7]

Genau wie Kiva ist auch MakeSense ein beeindruckendes Beispiel für die Multiplikatormacht der IKT. Wenn ein Social Business-Unternehmer dort eine Frage postet, hat er oder sie sofort Zugang zu einem weltweiten Netzwerk von Beratern – Tausende Menschen mit Erfahrung, Wissen und Einsichten in Gebieten, die von Werbung bis Personal, von Programmierung bis Produktdesign gehen. Und was noch wichtiger ist, alle sind begeisterte Unterstützer des Social Business-Konzepts: Menschen, die darauf brennen, ein neues Projekt zu unterstützen, damit es erfolgreich sein und Bedürftigen Nutzen bringen kann. Stellen Sie sich vor, wie spannend und wertvoll das ist, besonders für einen Anfänger im Bereich des Social Business, der an einem entlegenen Standort oder in einer armen Region arbeitet, wo man schwer an Unternehmens-Know-how herankommt.

MakeSense dient auch als Drehscheibe für eine Reihe weiterer Aktivitäten, die IKT-Innovationen für das Wachstum von Social Business nutzen. Hier ist zum Beispiel der Sense-Cube angeschlossen, ein realer (nicht virtueller) Inkubator für Social Business, der gegenwärtig in sechs Städten arbeitet: Paris, Mexiko City, Brüssel, Beirut, Manila und Dakar in Senegal (Westafrika). Er konzentriert sich auf Projekte, die technologische Lösungen und Online-Communitys für Zwecke des Social Business nutzt mit dem Ziel, diese Werkzeuge für ein Wachstum zu gebrauchen, das schneller und besser ist, als es mit dem alleinigen Gebrauch traditioneller Kommunikationsmittel möglich wäre.

Wie das funktioniert, zeigt zum Beispiel der *Food Assembly*, ein Unternehmen, das Bauern mit Menschen in ihrer Nähe vernetzt, die Lebensmittel bestellen wollen, die ihnen nach Hause geliefert werden. Das Ziel ist, das Einkommen von Kleinbauern zu erhöhen, ihren positiven, nachhaltigen Einfluss auf die lokale Umwelt zu stärken und gleichzeitig Stadtbewohnern gesunde Biolebensmittel leichter zugänglich zu machen. Und mit Hilfe von MakeSense experimentiert Food Assembly mit dem Gebrauch der Onlinevernetzung, um seine Dienstleistungen rasch auf viele Städte in aller Welt auszuweiten.

Food Assembly begann 2014 in Großbritannien und umfasst eine Reihe von einheimischen Unternehmen, alle von einem eigenen Host geschaffen und unterhalten. Ein Host ist hier ein individueller Unternehmer, der das Konzept der nachhaltigen regionalen Landwirtschaft unterstützt. Unter Anleitung eines Fachmoderators des Food-Assembly-Kollektivs sucht der Host einen einladenden Veranstaltungsort – vielleicht einen örtlichen Park, ein Gemeindezentrum oder eine Schule, wo regelmäßig Lebensmittellieferungen empfangen werden können – und lädt Bauern der Region ein, ihre Produkte dort zu verkaufen. Dann beginnt der Host mit dem Aufbau einer örtlichen Gemeinde für dieses Projekt und nutzt dabei die ganze Bandbreite von Reklame-, Vermarktungs- und Werbemitteln, um Kunden anzuziehen, die frische Produkte aus der Region suchen. So bildet er einen Onlinemarkt, auf dem die Kunden ihre Bestellungen aufgeben können.

Zu einer vereinbarten Zeit (zum Beispiel an einem Samstagmorgen) kommen die Bauern zum Food-Assembly-Marktplatz, um ihre Produkte an die Kunden zu liefern, die so auch die Gelegenheit erhalten, die Bauern zu treffen, die ihre Nahrungsmittel produzieren, und sich mit Nachbarn auszutauschen, die ebenfalls gesunde und regional angebaute Lebensmittel lieben. Mit der Zeit entsteht daraus oft eine Art lokaler Gemeinde von Menschen, die ihre Kräfte vereinen zur Unterstützung einer Reihe von Aktivitäten, die ihre gemeinsamen Werte ausdrücken – zum Beispiel den Umweltschutz.

Wie Sie sich vorstellen können, würde es viel Zeit und Mühe kosten, an verschiedenen Orten ein Food-Assembly-Unternehmen nach dem anderen aufzubauen. Um diesen Prozess zu beschleunigen, hat MakeSense gemeinsam mit Food Assembly eine Webplattform entwickelt, die von überall und für alle zugänglich ist. Sie besuchen die Seite und sehen, wo die nächste Food Assembly ist. Und wenn es in Ihrer Nähe noch keine gibt, erfahren Sie alles über die Teilnahme an der Bewegung und können vielleicht ein Host werden oder sich als Produzent einschreiben. Teilnehmende von bestehenden Food Assemblys stehen zur Verfügung, um Fragen zu beantworten und Mut zu machen. In weniger als drei Jahren hat sich Food Assembly an mehr als siebenhundert Standorten in Frankreich, Belgien, Großbritannien, Spanien, Deutschland und Italien ausgebreitet – zu einem großen Teil dank der Attraktivität dieser Onlineplattform. Das ist ein lebendiges Beispiel für das, was ich mit »Multiplikatormacht der digitalen Informations- und Kommunikationstechnologie« meine!

MakeSense arbeitet stets an der Entwicklung und Verfeinerung seines Gebrauchs von technologischen Werkzeugen, um Social Business zu verbessern und zu verbreiten. Seit 2016 arbeitet ein Spezialist mit Know-how in Entwicklung und Anwendung von Analysewerkzeugen bei MakeSense, dank der Unterstützung seines Hauptarbeitgebers, der Medienfirma Bloomberg L.P. Dieser Wissenschaftler entwickelt ein System zur Validierung und Bemessung der Performance von Social Business-Projekten. Das Ziel ist die Entwicklung einer neuen, genaueren Weise zur Bestimmung der Methoden und Praktiken, die die besten Ergebnisse für jene Menschen erzielen, denen ein bestimmtes Social Business zugute kommen soll.

Technologie nutzen, um die speziellen Probleme der Armen zu lösen

In einer Welt, in der traditionelle gewinnmaximierende Unternehmen von dem Zwang getrieben werden, ständig ihre Einnahmen, Gewinne und Aktienwerte zu steigern, geht die Tendenz der Unternehmen naturgemäß dahin, die Bedürfnisse armer Menschen zu vernachlässigen. Das Ergebnis ist, dass neue Technologien normalerweise rasch darauf ausgerichtet werden, Produkte und Dienstleistungen zu schaffen, die Menschen in den reichsten Ländern und Schichten attraktiv finden werden. Es gibt keine Knappheit an Videospielen, Unterhaltungsprodukten und anderen Luxusgütern, die neue Technologien nutzen. Aber Produkte, die die Probleme von Hunderten Millionen von Menschen lösen, die mit Armut, Hunger, Wohnungslosigkeit und anderen Problemen kämpfen, sind knapp bemessen.

Glücklicherweise sucht eine wachsende Zahl von Social Business-Unternehmen Möglichkeiten, die Technologie zur Bekämpfung der Probleme der Armen einzusetzen. In einigen Fällen benutzen sie Technologien, die ursprünglich zu teuren Produkten und Dienstleistungen für die Reichen gehörten, und finden Wege, sie derart zu vereinfachen und neu zu gestalten, dass sie für die Armen funktionieren. In anderen Fällen entwickeln sie von Grund auf ganz neue Produkte auf der Basis von intensiven Studien zu den Lebensbedingungen der Armen. Diese Projekte lassen das wahre Transformationspotenzial der neuen Technologien Wirklichkeit werden.

Nehmen wir das Beispiel der *Agriculture and Climate Risk Enterprise Ltd.* (ACRE), ein Technologie-Social Business mit der Zielsetzung, Kleinbauern hauptsächlich durch innovative Versicherungslösungen Schutz vor natürlichen Risiken zu bieten. Ich erfuhr von ACRE, weil es teilweise durch eine Investition von *Grameen Crédit Agricole's Social Business Fund* unterstützt wird. Das ist ein Investitionsfonds von Crédit Agricole, einem riesigen Netzwerk französischer Banken, das ursprünglich geschaffen worden war, um die Landwirtschaft in Frankreich zu unterstützen. Der Fonds investiert in Social Business-Unternehmen und richtet seine Aktivitäten hauptsächlich auf Entwicklungsländer, mit besonderem Fokus auf Afrika. (Im Kapitel 11 werde ich mehr über diesen Fonds sagen.)

ACRE wurde im Juni 2014 von der *Syngenta Foundation for Sustainable Agriculture* gegründet und ist dazu konzipiert, die wirtschaftlichen Risiken anzugehen, mit denen besonders Kleinbauern in Afrika zu kämpfen haben, und die es ihnen erschweren, durch ihre Arbeit aus der Armut herauszukommen. Um sein Funktionieren zu verstehen, muss man zuerst ein bisschen über die Realität der Landwirtschaftsrisiken wissen und über die Art, wie dieses Problem normalerweise behandelt wird.

Die Landwirtschaft ist natürlich schon immer ein risikoreiches Unternehmen gewesen. Das Wetter kann nicht kontrolliert werden, ist schwer vorherzusagen und hat eine immense Auswirkung auf die Ernteerträge, von denen die Bauern abhängen. Außerdem können unkontrollierbare und unvorhersehbare Veränderungen der lokalen, nationalen und globalen Märkte für Landwirtschaftserzeugnisse wilde Schwankungen im Preis von Agrarprodukten verursachen. Diese Schwankungen können leicht von heute auf morgen die Gewinne eines Bauern für eine ganze Erntesaison auslöschen. Aber die Landwirtschaft ist eine existenzielle Industrie. Die Menschen hängen für ihr Überleben völlig von ihr ab, und keine Gesellschaft kann sich Risiken bei ihrer Lebensmittelversorgung leisten. So unternehmen die meisten Länder Schritte, um ihre Bauern vor den wirtschaftlichen Risiken der Landwirtschaft zu schützen.

Deshalb werden in vielen Ländern, einschließlich der USA, den Bauern Landwirtschaftsversicherungen angeboten zu Preisen, die bis zu 60 Prozent von der Regierung subventioniert werden. Aber diese Subventionsprogramme gelten nur für Großbetriebe und die von ihnen erworbenen Versicherungspolicen. In dieser Beziehung, genau wie in vielen anderen, werden Besitzer von kleinen Unternehmen gewöhnlich nicht als kreditwürdig oder bankfähig betrachtet, und das bedeutet, dass sie keinen Zugang haben zu Finanzmitteln, die für Besitzer größerer Unternehmen selbstverständlich sind.

Daher werden »Mikroversicherungspläne«, die für Kleinbauern angemessen sind, nicht subventioniert – und das sogar in Regionen wie Afrika, wo Kleinbauern einen großen Teil der Landwirtschaftsindustrie und der Bevölkerung ausmachen. Der Hauptgrund sind die Kosten: Die Verwaltung von Versicherungspolicen ist teuer, und wenn eine Police klein ist, machen es die relativ hohen Kosten schwer, die Versicherungsleistung zu einem angemessenen Preis anzubieten. Dieses Problem betrifft etwa 450 Millionen Kleinbauern in ganz Afrika und den restlichen Schwellenländern. Kleinbauern sind hier verstanden als Besitzer von weniger als zwei Hektar Land, die jedoch die Versorgung von mehr als zwei Milliarden Menschen absichern. In Kenia zum Beispiel hängen mehr als 96 Prozent des Ackerlandes vom Regen ab, sind anfällig für Dürre und unregelmäßigen Niederschlag und setzen die Bauernfamilien dem ständigen Risiko der wirtschaftlichen Vernichtung aus.

Zur Bekämpfung dieses Problems nutzt ACRE die Technologie. Sie hat das erste auf Kleinbauern ausgerichtete Versicherungsprogramm entworfen, das mobile Technologien und Instantdaten zu Klima und Landwirtschaft anwendet, um die Abdeckung effektiv und erschwinglich zu machen. Zum ACRE-Team gehören dreißig einheimische und internationale Spezialisten, die in Nairobi (Kenia) mit informatisierten Analysen von historischen Daten zu Wetter und Ernteerträgen arbeiten, die die Entwicklung von standardisierten Versicherungsprodukten mit mobiler Technologie ermöglichen. Durchbrüche bei der Wettervorhersage per Satellit und bei der Überwachungstechnologie haben ebenfalls eine Schlüsselrolle bei der Bereitstellung der notwendigen Daten gespielt.

Das Ergebnis ist das größte Landwirtschaftsversicherungsprogramm in Afrika, das in Kenia unter dem Markennamen *Kilimo Salama* vermarktet wird. Um die ACRE-Versicherungen erschwinglich und weithin zugänglich zu machen, hat man sie mit anderen Produkten verbunden, die Bauern ohnehin schon kaufen, zum Beispiel Mikrokredite und sogar Tüten mit Samen oder Dünger. Einen Versicherungsvertrag abzuschließen ist sehr einfach. In den Samentüten steckt eine kleine Karte, die die Versicherungspolice beschreibt, auf die der Bauer ein Recht hat, und eine Nummer, die er oder sie anrufen kann, um die Versicherung zu aktivieren. Einen Morgen Land Mais gegen Dürre zu versichern kostet normalerweise etwa 37 US-Dollar, was ungefähr 10 Prozent des Wertes der Ernte ausmacht – ein bescheidener Preis für den Schutz gegen eine Dürre oder Überschwemmung, die die gesamte Ernte zerstören könnten.

Danach können die Experten von ACRE aufgrund der Wetterdaten für die nächsten Wochen automatisch bestimmen, ob der Bauer berechtigt ist, eine Versicherungsauszahlung zu empfangen. Es ist nicht notwendig, dass ein Vertreter der Versicherungsfirma den Bauernhof besucht, um die Berechtigung der Auszahlung zu bestätigen. Das senkt die Kosten drastisch und ermöglicht es der Versicherung, ihren Kunden eine weit bessere Leistung zu gewähren. Je nach Police kann die Auszahlung einfach in Form von neuen Samen erfolgen, die der Bauer kostenlos erhält, oder als automatische Barzahlung auf das digitale Bankkonto auf seinem Handy.

Ende 2015 hatten fast vierhunderttausend afrikanische Bauern eine ACRE-Versicherung. Das ist ein bemerkenswertes Beispiel dafür, wie moderne IKT in der Lage ist, Armutsprobleme zu bewältigen, die früher unlösbar schienen – wenn es die Technologieexperten und Unternehmensmanager nur schaffen, nicht ihre Sorgen um Gewinn in den Mittelpunkt zu stellen, sondern sich stattdessen auf die Entwicklung von einfachen, praktischen Lösungen zu konzentrieren, die den Bedürfnissen armer Menschen entgegenkommen.

Wie ich in Kapitel 3 erklärt habe, ist eins der hoffnungsvollen Zeichen dafür, dass sich das neue wirtschaftliche Bewusstsein in unserer Welt ausbreitet, das Interesse einiger der erfolgreichsten Konzernleiter, neben ihren traditionellen gewinnmaximierenden Unternehmen auch mit Social Business zu experimentieren. Eine der Firmen, die sich in diesem Bereich engagiert, ist die *Intel Corporation* im Silicon Valley, die weltweit führend ist bei der Herstellung von Computerprozessoren und anderen Hightechprodukten.

Die Initiative, die als *Grameen Intel* bekannt wurde, wurde nach einem Besuch von Craig Barrett, dem damaligen Präsidenten von Intel, in Bangladesch im Jahr 2007 aus der Taufe gehoben. Bei einem Treffen sprachen Barrett und ich lange über die Grameen-Unternehmenskette und das Social Business-Konzept. Nach reiflichen Überlegungen beschlossen Barrett und seine Kollegen die Gründung eines Social Business, das sich auf den kreativen Gebrauch der Technologie konzentriert, um die verarmten Menschen der Welt bei der Suche nach einem besseren Leben zu unterstützen. Die

Mittel für das Projekt kamen von Intel Capital und Grameen Trust, den beiden Anteilseignern dieses Social Business.

Heute hat Grameen Intel ein Büro in Dhaka (Bangladesch) und Teammitglieder in den USA und Indien. Einige arbeiten in Vollzeit für Grameen Intel, während andere bei Intel angestellt sind und einen Teil ihrer Zeit dem Social Business widmen. Die dabei entwickelten Projekte konzentrieren sich auf Softwareapplikationen, die spezifische Probleme der Armen bekämpfen sollen. Die meisten sind für die Nutzung auf kompakten, tragbaren Computergeräten wie zum Beispiel Smartphones konzipiert, die erschwinglich, weithin erhältlich und besonders gut geeignet sind für den Gebrauch in Schwellenländern, von entlegenen Dörfern bis zu überbevölkerten Vierteln in Großstädten.

Einige der Initiativen von Grameen Intel zielen darauf, die Produktivität und Gewinnspanne von Kleinbauern zu verbessern, also derselben Zielgruppe wie beim ACRE-Versicherungsprogramm. Zum Beispiel ist *Mrittikā* eine App, die Bauern in entlegenen Dörfern Bangladeschs mit den neuesten und genauesten Daten zu Bodenqualität, Pflanzennährstoffen und Bedarf an Düngemitteln versorgt – mit beachtlichem Nutzen für die Landwirtschaft in diesen Dörfern.

Mrittikā arbeitet mit weithin verfügbaren Methoden der Bodenanalyse, die den Gehalt von Basisnährstoffen wie Stickstoff, Phosphor und Kalium sowie den Säuregehalt (pH) misst. Das Geniale der App liegt in ihrem einfachen Gebrauch und in der Gründlichkeit und Genauigkeit der erhobenen Informationen. In wenigen Schritten kann der App-Nutzer sämtliche Daten über den Bauern und sein Vorhaben eingeben, von der genauen Lage des Feldes (via Google Maps) bis zum geplanten Anbau, der Pflanzsaison und vielem mehr. In der Antwort gibt Mrittikā detaillierte Informationen zu den empfohlenen Arten von Düngemitteln, den genauen Mengen, dem idealen Datum für ihren Gebrauch usw. Die App zeigt sogar eine Liste der regionalen Geschäfte, in denen das richtige Düngemittel zu wettbewerbsfähigen Preisen gekauft werden kann. So können die Bauern die genau passenden Düngemittel kaufen und nicht mehr als sie – das spart Geld, verbessert Ernteerträge und schützt den Boden, der leicht durch den übermäßigen oder unsachgemäßen Einsatz von Chemieprodukten gefährdet wird.

Grameen Intel hat ausführliche Tests mit Probefeldern gemacht, um die Genauigkeit der App-Empfehlungen zu überprüfen. Die Ergebnisse waren überzeugend. Zum Beispiel hat eine Testpflanzung von Auberginen (einem sehr gefragten Lebensmittel in Bangladesch, das dort *begun* genannt wird), bei der die Düngeempfehlungen von Mrittikā beachtet wurden, höhere Erträge gebracht als Ernten auf der Basis von traditionellen Methoden, die unter Bangladeschs Bauern von Generation zu Generation weitergegeben werden, oder auf der Basis der offiziellen Standards, die das staatliche Bangladesch Agricultural Research Institute (BARI) herausgibt. Und vor allem kostete die von Mrittikā empfohlene Düngung 29 Prozent weniger als die von BARI empfohlene und volle 468 Prozent weniger als die traditionelle Methode. Das ist eine große mögliche Ersparnis für einen kleinen Bauern, der normalerweise knapp bei Kasse ist.

Heute ist Mrittikā an vierzig Standorten in Bangladesch in Gebrauch und wird auch schon in Indien und Kambodscha ausprobiert. Die App ist sehr beliebt bei einheimischen Unternehmern, die Bauern Bodenanalysen mittels eines chemischen Testkits in Kombination mit der App anbieten. So nützt Mrittikā nicht nur den Bauern direkt, sondern unterstützt auch die Sekundärunternehmen, die Bauern beraten oder Düngemittel verkaufen, und gibt so der gesamten ländlichen Wirtschaft einen willkommenen Kick.

Die Gesundheitsversorgung ist ein anderer Bereich, in dem arme Menschen besondere Bedürfnisse haben – Bedürfnisse, deren Bedienung viele traditionelle gewinnmaximierende Unternehmen als nicht lohnend betrachten.

Daher arbeitet Grameen Intel auch an Lösungen für einige der typischen Gesundheitsprobleme der Armen.

Eins der größten Probleme, denen sich arme Menschen besonders in Schwellenländern gegenübersehen, ist der Zugang zu Informationen über die Gesundheitsversorgung. Dörfer im Hinterland, in denen Millionen von Menschen leben, sind oft viele Kilometer vom nächsten Krankenhaus oder der nächsten Gesundheitsstation entfernt, und unasphaltierte Straßen und das Fehlen von effizienten Transportsystemen können eine Fahrt von 30 Kilometern zu einer anstrengenden Tagesreise machen, die einem Kranken besser erspart bleiben sollte. Einheimische Ärzte und Krankenschwestern füllen diese Lücke bis zu einem gewissen Grad durch Hausbesuche. Aber das reicht nicht aus, um den Bedarf zu decken, und so leben unzählige arme Menschen monate- oder jahrelang, ohne jemals die Gelegenheit zu einer Untersuchung bei einem Gesundheitsexperten zu erhalten.

Moderne IKT kann helfen, einige dieser Probleme zu lindern. Eins der Projekte von Grameen Intel auf diesem Gebiet hat das Ziel, Gesundheitsinformationen für werdende Mütter verfügbar zu machen, von denen viele keinen Zugang zur Schwangerschaftsbegleitung haben. Im Juni 2017 wird *Coel* herauskommen, ein hübsches Armband aus widerstandsfähigem Plastik von Spitzenqualität, das Informationen für werdende Mütter bietet. Das Konzept ist äußerst clever: *Coel* funktioniert zehn Monate lang, also während der gesamten Schwangerschaft, ohne Akkuauflading und ohne Internetzugang, kann alle einheimischen Sprachen, die eine Frau spricht, und lässt ein LED-Signal aufleuchten, wenn eine neue Nachricht reinkommt. Es kann auch dem individuellen Niederkunftsdatum angepasst werden, sodass es zum richtigen Zeitpunkt die passenden Gesundheitsinformationen und Ratschläge liefert. Es gibt ungefähr achtzig Gesundheitsnachrichten, und pro Woche werden etwa zwei von ihnen gesendet.

Aber das sind noch nicht alle Vorteile von Coel. Das Armband ist auch dazu konzipiert, die Qualität der Luft zu überwachen, die seine Trägerin einatmet. Insbesondere kann es die Luftverschmutzung in Innenräumen anzeigen, besonders Kohlenmonoxid, das oft beim Kochen mit Brennstoffen wie Holz, Kohle oder Dung entsteht. Millionen Frauen in Bangladesch und anderen Entwicklungsländern atmen jeden Tag solchen gefährlichen Rauch ein, oft mit schweren gesundheitlichen Folgen für ihre Babys. Coel wird sie warnen, wenn das geschieht, damit die Frauen wissen, dass es Zeit ist, ein bisschen an die frische Luft zu gehen.

Die Arbeit von Grameen Intel zur Entwicklung technologischer Lösungen für einige der gravierendsten Probleme der Armen ist überaus vielversprechend und inspirierend. Und dazu kommt, dass die Firma nicht die einzige ist, die auf diesem Gebiet arbeitet.

Eins der ambitioniertesten Projekte der Gesundheitstechnologie, das ich kenne, wird von Dr. Ashir Ahmed von der Kyushu University geleitet, einer der Institutionen, die eine Partnerschaft mit mir und der Grameen-Unternehmenskette eingegangen ist, um ein Yunus-Social Business-Zentrum zu schaffen. Dr. Ahmed nennt sein Projekt »*Doctor in a Box*«. Es handelt sich um eine tragbare Sammlung von Diagnostikinstrumenten, zusammen mit einem Display und einem Kommunikationsinterface, das ein Arzt, eine Krankenschwester oder eine geschulte Gesundheitsassistentin bei Besuchen in einem Dorf oder im Haus eines Patienten benutzen kann. Damit können die Fachleute Daten an einen Arzt in einer Stadt senden, der dann mit spezifischen Diagnostikinformationen und Behandlungsvorschlägen antworten kann.

Das Spannendste ist vielleicht, dass Dr. Ahmed glaubt, dass sein Doctor in a Box, wenn er einmal in Gebrauch ist, andere Unternehmen ermuntern wird, Waren und Dienstleistungen zu schaffen, die die Nützlichkeit dieses Dienstes erhöhen werden. Er schreibt: »Diese Box wird Geschäftsmöglichkeiten für Verkäufer von medizinischem Material schaffen, die Diagnostikinstrumente entwickeln können, und auch für Softwareanbieter, die diese Diagnostikinstrumente so gestalten und entwickeln können, dass eine Krankenschwester mit einem Minimum an Ausbildung sie benutzen kann.« Mit der Zeit könnte die Macht des Doktors in der Box dramatisch anwachsen und auch viele spezifische Tests und Werkzeuge umfassen, die auf die Bedürfnisse der Gesundheitsversorgung von Menschen zugeschnitten sind, die in bestimmten Ländern und Regionen leben.

Das »Kind«, das Dr. Ahmeds Gehirn geboren hat, und von dem er glaubt, dass es für etwa 300 US-Dollar produziert und verkauft werden kann, wird derzeit schon in Bangladesch getestet. Er freut sich auf den Tag, an dem Millionen dieser Kits von Krankenschwestern und Gesundheitsassistenten in allen Schwellenländern benutzt werden können und so helfen, die medizinischen Bedürfnisse von Milliarden Menschen anzugehen.

Wir leben in einer herausfordernden Zeit – einer Zeit, in der Bevölkerungswachstum, die Schere zwischen Arm und Reich, Umweltzerstörung und andere Probleme große Herausforderungen für die Zukunft der Menschheit darstellen. Aber es ist auch eine Zeit, in der die menschlichen Fähigkeiten gewachsen sind wie nie zuvor, zum großen Teil dank der faszinierenden technologischen Errungenschaften, die die Wissenschaft im Laufe der letzten Jahrzehnte entwickelt hat. Wenn wir das neue wirtschaftliche und gesellschaftliche System aufbauen, das diese Technologien in die richtigen Bahnen lenken wird, dann haben wir allen Grund zu hoffen, dass diese phänomenale Megamacht der Technologie eine entscheidende Rolle dabei spielen wird, unseren großen Traum zu einer wundervollen Wirklichkeit zu machen: eine Welt, in der die Armut beseitigt, die Arbeitslosigkeit abgeschafft und die Nachhaltigkeit gefördert wird.

9 GUTE REGIERUNGEN UND MENSCHENRECHTE: FUNDAMENTE EINER GESELLSCHAFT, DIE FÜR ALLE FUNKTIONIERT

Eine dritte Megamacht, die entscheidend sein wird für die Schaffung des neuen Wirtschaftssystems, das die Menschheit zum Überleben und Gedeihen braucht, ist eine politische und gesellschaftliche Struktur, die die Probleme von Korruption, Ungerechtigkeit und potenzieller Tyrannei auf ein Minimum reduziert und die Rechte aller Menschen achtet.

Einige Menschen haben fälschlicherweise geglaubt, dass die Achtung der Menschenrechte und die Notwendigkeit von Wirtschaftswachstum und Entwicklung zwei Themen sind, die nichts miteinander zu tun haben, oder sogar, dass diese beiden Forderungen miteinander in Konflikt stehen. Dieser Fehler wurde in der alten Sowjetunion gemacht, wo harte Maßnahmen von politischer Repression manchmal mit der Notwendigkeit eines kraftvollen Wachstums der russischen Wirtschaft gerechtfertigt wurden, um besser mit dem Westen konkurrieren zu können. Aber ein Wirtschaftswachstum, das durch eine rücksichtslose Regierungspolitik erreicht wird, ist nicht nachhaltig. Das Kernstück des Unternehmertums liegt in der Fähigkeit der Menschen, ein Maximum an Kreativität freizusetzen. Das kann in einem Klima von Repression und strenger Regierungskontrolle nicht gelingen.

Länder, die den Weg der Diktatur einschlagen in dem Glauben, dass er zu Wirtschaftswachstum führen wird, werden auf lange Sicht wahrscheinlich enttäuscht werden. Es ist viel besser, ein Klima von Freiheit und Experimentieren zu schaffen, in dem die kreativen Energien von individuellen Unternehmern freigesetzt werden. So werden dynamische Gesellschaften geschaffen und erhalten – und Länder mit teilhabender, nachhaltiger wirtschaftlicher Gesundheit auf lange Sicht aufgebaut.

Glücklicherweise erkennen die meisten Wirtschaftswissenschaftler, politischen Theoretiker und Soziologen dieses Prinzip heute an. Die enge Verzahnung zwischen guten Regierungen, Menschenrechten, wirtschaftlicher Gerechtigkeit und Wirtschaftswachstum sind heute weithin anerkannt. Die Herausforderung ist, dieses Verständnis in die Praxis umzusetzen und wirtschaftliche, politische und gesellschaftliche Systeme zu schaffen, die die Prinzipien von Freiheit, Gerechtigkeit und Integrität wirklich achten und so das Potenzial zu Kreativität und Wachstum bei Menschen aller Gesellschaftsschichten freisetzen.

Wie bei allen großen Herausforderungen wird es nicht leicht sein, das zu erreichen. Es erfordert Weisheit, Disziplin, Selbstlosigkeit und Mut. Aber keine der Herausforderungen, mit der wir als menschliche Spezies in den nächsten fünfzig Jahren konfrontiert sind, ist wichtiger als diese. Gute Regierungen sind absolut grundlegend, egal, welche Verbesserungen wir für unsere Gesellschaft erreichen wollen.

Wenn wir darauf hoffen, bei der Verfolgung unseres Ziels einer neu gestalteten Welt die entscheidende Megamacht von guten Regierungen und Menschenrechten freizusetzen, müssen wir eine Reihe von konkreten Bedingungen beachten. Dazu gehören faire, glaubwürdige Wahlen, eine korruptionsfreie Verwaltung der Regierung, eine aufrichtige Zivilgesellschaft und die Achtung der Rechtsstaatlichkeit. Auf den nun folgenden Seiten werde ich meine Ansichten zu diesen und anderen wesentlichen Elementen von guten Regierungen darlegen.

Faire und glaubwürdige Wahlen

Man kann keine ehrlichen, gut geführten Regierungen haben, wenn die Gesetzgeber und die obersten Manager der Regierung nicht durch Wahlen bestimmt werden, die unmanipuliert und frei von Einschüchterungen sind und die vom Volk anerkannt sind. So bestimmt die Qualität der nationalen Wahlen in großem Maße, ob ein Land eine gute Regierung bekommt oder nicht. Wenn Wahlen nicht auf faire und transparente Weise durchgeführt werden, hat keine der Komponenten von guten Regierungen eine Chance.

In einer Demokratie repräsentiert eine nationale Wahl eine Art Filter, dessen wiederholter Gebrauch die Politik und die Regierung eines Landes säubern kann. Aber wenn dieser Filter verstopft ist, gibt es keine Chance, eine Regierung zu bekommen, die diesen Namen verdient. Wenn Wahlen manipuliert werden, wird das Land wahrscheinlich am Ende eine Regierung haben, die in Wirklichkeit eine repressive Ausplünderungsmaschine ist, und deren Hauptziel es sein wird, sicherzustellen, dass der Filter für immer verstopft bleibt.

Wahlen in einem Klima von vollem Vertrauen in deren System ist das wichtigste Fundament von guten Regierungen. Alle Wähler müssen spüren, dass ihre Stimme zählt und dass sie die Kandidaten frei und ohne jegliche Gefahr von Einschüchterungen oder Repressalien wählen können. In vielen Ländern ist es nicht einfach, solche Wahlen abzuhalten.

Leider tendiert die Welt dazu, der Qualität von Wahlen nicht viel Aufmerksamkeit zu schenken. Eine nationale Wahl wird oft lediglich als ein Ritual betrachtet, das jedes Land durchlaufen muss, oder abgetan als eine »innere Angelegenheit«, die zu kommentieren niemand von außen ein Recht hat.

Ja, eine Wahl ist definitiv eine innere Angelegenheit, aber die Qualität von Wahlen sollte auch eine Angelegenheit anderer Länder sein. Eine gefälschte Wahl führt zu einer illegitimen Regierung und beeinträchtigt so die Weltgemeinschaft. Eine manipulierte Wahl kann eine Regierung einsetzen, die das Land destabilisiert, die Region bedroht und Aktivitäten fördert, die unserer Welt schaden.

Aus diesen Gründen empfehle ich dringend, dass die Vereinten Nationen der Unterstützung vertrauenswürdiger Wahlen eine sehr hohe Priorität einräumen und sie zu einem Teil ihrer Friedens- und Sicherheitsagenda machen. Auf dieser Agenda sollte ein spezielles Programm für die Entwicklung von Technologien für glaubwürdige Wahlen stehen, um allen Wahlbehörden ständige technische Unterstützung zu gewähren und um die Überwachung und Berichterstattung über die Qualität aller Nationalwahlen zu ermöglichen. Da die Qualität der Wahlen so eng mit der Qualität der Regierungen selbst zusammenhängt, ist eine hohe Wahlqualität wichtig für regionalen und globalen Frieden und Sicherheit sowie zum Erreichen der ZNE und der Ziele aller Sonderabteilungen der UNO, also zum Beispiel: UNO Hochkommissariat für Menschenrechte, UNO Frauen (Geschlechtergleichheit), UNICEF (Kinderrechte), UNDP (wirtschaftliche Entwicklung) und WHO (Gesundheitsversorgung).

Die UNO sollte ein Spektrum von politischen und technologischen Instrumenten entwickeln, die das sicherstellen. Zum Beispiel könnte die UNO unparteiische Systeme zur Beurteilung der Qualität von Wahlen entwickeln. Sie könnte diese Systeme benutzen, um einzelne Länder oder Gruppen von Ländern nach ihrer Wahlqualität zu bewerten und Ländern, die die Qualität ihrer Wahlen stetig verbessern, finanzielle, politische und diplomatische Vorteile gewähren. Sie sollte die Unabhängigkeit und Integrität der Beamten bewerten, die die Wahlbehörden beaufsichtigen, sowie den Grad der Freiheit von Presse, Oppositionsparteien und nationalen und internationalen Überwachungsorganisationen. Aufgrund dieser und anderer Maßnahmen sollte die UNO Standards aufstellen, die ein Qualitätsminimum für Wahlen definieren und Ländern, die wiederholt solchen Standards nicht entsprechen, Sanktionen auferlegen. Regionalverbände von Ländern können eine wichtige Unterstützerrolle spielen, indem sie Mitgliedsstaaten ermutigen, diese UNO-Wahlstandards einzuhalten.

Die UNO kann auch eine wichtige Rolle spielen bei der Entwicklung und Unterstützung von verbesserten Formen der Abstimmungstechnologie, einschließlich der Anwendung der neuesten Informations- und Kommunikationstechnologien. Leitende IKT-Unternehmen – die Googles, Facebooks und Twitters dieser Welt – können eingeladen werden, beim Entwurf dieser neuen Abstimmungstechnologie zu helfen und bei ihrer Vorstellung mit der UNO zusammenzuarbeiten. Zum Beispiel könnte die UNO die Entwicklung einer Technologie sponsern, die Fernabstimmung durch Smartphones ermöglicht und dazu biometrische Identifizierungsinstrumente benutzt. Diese Technologie könnte helfen, die Probleme von Wählereinschüchterung und Gewalt vor den Wahllokalen zu lösen, die Millionen von Menschen von der Teilnahme an Wahlen abhält.

Gleichzeitig könnte die Möglichkeit der Abstimmung während eines bestimmten Zeitraums – eine Woche oder ein Monat statt an einem bestimmten Tag – von zu Hause, aus dem Büro oder von überall in der Welt aus die Wahlbeteiligung drastisch erhöhen. Die neuesten IKT-Werkzeuge, die eine Echtzeitverfolgung bei der Stimmenauszählung ermöglichen (wie das Worldometer, das als eine unter vielen anderen Statistiken das Wachstum der Weltbevölkerung pro Sekunde anzeigt), könnten über die Stimmenzahl der verschiedenen Kandidaten berichten, während die Abstimmung noch weitergeht. Diese laufenden Informationen könnten bei Wählern eine größere Begeisterung, Gespanntheit und Beteiligung bewirken. Die Gleichgültigkeit Wahlen gegenüber könnte verschwinden, wenn ein Wähler sieht, dass ein »falscher« Kandidat viele Stimmen bekommt, während sein eigener Favorit zurückfällt. Die beste Art zur Mobilisierung von Wählern ist, über mehrere Tage hin die Wahl zu einer hochöffentlichen Liveveranstaltung zu machen, sodass alle jederzeit wissen, wie die Abstimmung läuft, und jeder Wähler spürt, dass er oder sie eine Chance zur Beteiligung hat und einen Einfluss auf das Ergebnis.

In dem Maße, wie internationale Standards für verbesserte Wahlmethoden entwickelt werden, kann die UNO permanent eine wichtige Rolle spielen bei der Unterstützung und Überwachung von nationalen Regierungen, die Wahlen vorbereiten. Eine Wahl ist keine isolierte Veranstaltung an einem bestimmten Datum; sie ist das Endergebnis eines langen Prozesses. Wenn dieser Prozess nicht korrekt läuft, kann auch sein Ergebnis nicht korrekt sein. In Fällen, in denen der Prozess mangelhaft oder korrupt ist, sollten Überwachungsorganisationen unter der Leitung der UNO Alarm schlagen, um dem Land und der Welt bewusst zu machen, was da zu geschehen droht. Das kann Korrekturen ermöglichen, bevor eine korrumpierte Wahl die Glaubwürdigkeit einer Nationalregierung unterminiert und die Sicherheit der ganzen Weltgemeinschaft bedroht.

Korruption ist ein mörderisches Übel

Das nächste große Problem, das eine gute Regierung gefährdet, ist die Korruption. Manchmal wird das Problem der Korruption von Menschen heruntergespielt, indem sie sagen: »In allen Ländern, auch den reichen, gibt es Korruption – kein Land ist immun dagegen. Also warum die ganze Aufregung?« Einige Menschen führen sogar Beispiele von Ländern an, die angeblich durch die Korruption aufgeblüht sind, als ob sie sagen wollten, dass Korruption lediglich eine Form ist, »die Räder der Gesellschaft zu schmieren«.

Es stimmt, dass Korruption ein weit verbreitetes Problem ist. In praktisch jeder Gesellschaft gibt es Korruption auf einem persönlichen Niveau, und auch Länder, die wirtschaftlich gut entwickelt und vergleichsweise »sauber« sind, haben ihre Korruptionsskandale. In vielen der Schwellenländer ist die Korruption allerdings fest verankert – sie ist so eng mit dem gesamten System verwoben, dass die Bürger es aufgegeben haben, dagegen zu protestieren, und sie stattdessen als Teil ihres Lebens akzeptiert haben.

In diesen Ländern ist die Korruption ein mörderisches Übel für eine gute Regierung. Es ist einfach, die schockierende Summe der öffentlichen Gelder aufzuzeigen, die jedes Jahr in die Korruption fließen. Aber das ist nur ein Teil der Geschichte. Noch katastrophaler ist die Weise, wie die Korruption ganze Regierungssysteme aushöhlt. Das Maß an Korruption wirkt sich direkt auf das Niveau der Rechtsstaatlichkeit aus. Wenn man jeden Regierungsbeschluss, die Ausrichtung der nationalen Politik oder ein Gerichtsurteil für Geld kaufen kann, wird die Rechtsstaatlichkeit zum Hohn. Und wenn politische Macht einen Freifahrtschein zum Reichtum bedeutet, werden Menschen alle möglichen Verbrechen begehen, um an diese Macht zu gelangen. Das ist einer der Gründe, weshalb Wahlkampagnen in vielen Ländern so oft von Gewalt begleitet sind.

Es ist deprimierend zu sehen, wie die politische Korruption in den letzten Jahren immer ausgeklügelter geworden ist. Korrupte Regierungschefs und ihre Hintermänner haben gelernt, smarte Public-Relations-Techniken zu nutzen, um Beweise durch eindrucksvolle Märchen wegzuerklären (manche nennen das heute »alternative Fakten«), die sie dank ihrer Kontrolle über die Medien und mit Hilfe von verbündeten Intellektuellen verbreiten. Sie machen die Öffentlichkeit glauben, dass jeder, der gegen sie ist, ein Verräter ist, der es verdient, vor Gericht zu kommen. Auf diese Weise festigen sie ihre Macht und machen es noch schwerer, die Korruption auszurotten.

Wenn eine Korruptionskultur erst einmal eingerissen ist, pflegt sie sich auf alle Bereiche der Gesellschaft auszuweiten. Alle für die Regierung arbeitenden Menschen beginnen, für jeden Dienst ein Bestechungsgeld zu erwarten – eine Art »persönlicher Gebühr« zusätzlich zu ihrem regulären Gehalt. Um diese Gebühr zu rechtfertigen, ihre Zahlung sicherzustellen und zusätzliche Summen zu erpressen, werden die Bediensteten erfinderisch bei der Errichtung von Schwierigkeiten für Bürger, die auf eine Dienstleistung angewiesen sind. Die Zahlung, die sie für eine einfache Überprüfung eines Ausweises oder die Annahme eines ausgefüllten Formulars verlangen, mag gering sein, aber es bedeutet, dass staatliche Dienstleistungen für die Bürger teurer werden, weil die Bediensteten dadurch ihr eigenes Einkommen aufbessern. Manche Beamten verbreiten die Nachricht, dass sie Big-Ticket-Serviceleistungen anbieten, die das Unmögliche möglich machen, und stellen klar, dass kein Gesetz und keine Verordnung das verhindern werden. Schwer erhältliche Geschäftslizenzen, Verträge mit der Regierung, vorteilhafte Steuerbescheide, milde Gerichtsurteile – all das ist zu einem angemessenen Preis erhältlich. Und wenn Sie sich über diesen Preis beschweren, hat Ihr Freund in der Bürokratie eine Antwort parat: »Ich weiß, dass das teuer scheint, aber das kann man nicht ändern. Das Geld muss ich mit allen meinen Vorgesetzten teilen, bis hinauf zum Minister, der mein oberster Boss ist!« Und bei den größten Deals verhandelt der Minister direkt mit den »Kunden«.

Darüber hinaus umfasst die politische Korruption oft unzählige Vermittler außerhalb der Regierung, die sich zum Beispiel Berater, Repräsentanten, Agenten, Lobbyisten, Vertreter oder Managementdienstvermittler nennen. Durch Vetternwirtschaft sichern sich Freunde, Verwandte oder finanzielle Partner von mächtigen Politikern die lukrativsten Aufträge im Bereich der Infrastruktur und bei anderen Projekten. Ein riesiger Anteil des Nationaleinkommens wird umgeleitet in diesen »Korruptionssektor«. Die Kosten der Regierungsverträge oder -projekte steigen inflationär, weil sie Schmiergelder und andere Formen von Geldverschwendung mit einrechnen. Als Resultat bekommt die Gesellschaft Infrastruktur von miserabler Qualität und eine Versorgung, die unbrauchbar, teilweise gesundheitsschädlich und manchmal sogar lebensgefährlich ist.

Je schwächer der Rechtsstaat wird, desto stärker wird die Korruption – und umgekehrt. Die größte Gefahr der Autokratie ist, dass sie im Umkreis des Big Boss zu unbegrenzter Korruption führt. Wenn der Regierungschef korrupt ist, wird die Krankheit zu einer unaufhaltsamen Epidemie, die die Fundamente der Gesellschaft untergräbt. Jede konstitutive Institution wird dysfunktional, von der Rechtsprechung und der Polizei bis zum Militär und zum Finanzsystem. Oft werden sie in Repressionsinstrumente verwandelt, um sicherzustellen, dass die Machthaber ihre unrechtmäßig erworbenen Vorteile weiterhin genießen können.

Gegen Regierungskorruption und Vetternwirtschaft vorzugehen ist keine leichte Aufgabe. Die Geschichte zeigt, dass dort, wo Geld und Macht zusammenkommen, das menschliche Verhalten die Tendenz hat, sich zu korrumpieren. Nationale und internationale Gesetze und Verträge, die Korruption in Unternehmensgeschäften verbieten, haben ihre Ziele nicht erreicht. Zu viele Unternehmen verletzen weiterhin die gesetzlichen und ethischen Standards, die von ihren nationalen Gesetzgebern aufgestellt wurden, und Praktiken wie Geldwäsche und Offshoreanlage von Geld aus illegalen Aktivitäten gehen munter weiter.

Regelmäßig bekannt werdende Skandale in den USA und anderen westlichen Ländern zeigen, dass kein System gegen dieses Problem immun ist. Aber trotz der Skandale schneiden einige Gesellschaften besser ab als andere. Es ist ein Unterschied, ob klare Regeln gegen Insichgeschäfte, Interessenskonflikte und Vetternwirtschaft im Gesetz stehen und dann streng und gerecht angewandt werden oder nicht.

Um eine Gesellschaft zu schaffen, in der saubere Regierungen die Regel und nicht die Ausnahme sind, braucht es eine nationale Verpflichtung und gut verwaltete Institutionen. Dabei spielen viele Elemente eine Rolle. Unabhängige Machtzentren innerhalb der Regierung sind wichtig – zum Beispiel eine unabhängige Justiz, die Beamte zur Verantwortung ziehen kann, wenn sie das Gesetz übertreten. Starke Institutionen der Zivilgesellschaft außerhalb der Regierung, wie zum Beispiel unabhängige Zeitungen, Aufsichtsgremien, soziale Initiativen und angesehene Hochschulen und Universitäten können eine nützliche Rolle spielen bei der Enthüllung von Korruption und beim Aufruf zu korrigierenden Aktionen. Und die Regierenden selbst müssen ein Vorbild sein für selbstlose, am Gemeinwohl orientierte Amtsführung und so die Erwartung schaffen, dass Beamte arbeiten, damit alle Menschen etwas davon haben, und nicht, damit sie oder ihre Freunde reich werden.

Globale Korruptionswächter wie Transparency International (TI) machen eine verdienstvolle Arbeit, bei der sie Land für Land die Aufmerksamkeit der Öffentlichkeit auf die Korruption lenken. Mir persönlich gefällt besonders der TI-Korruptionsindex.[8] Es wäre wünschenswert, wenn TI einen weiteren Index ausarbeiten würde, der diesen vervollständigt: einen Wahlindex. In der Zusammenschau dieser beiden Indizes würde man die Korrelation zwischen beiden sehen und zu politischen Aktionen übergehen können, wann immer das nötig ist. Außerdem würde man sehen, dass Verbesserungen in einem Bereich auch Verbesserungen im anderen nach sich ziehen. Ich hoffe, dass TI diesen Vorschlag berücksichtigt.

Die Welt darf nicht aufhören, unermüdliche Anstrengungen zum Stoppen der Korruption im alltäglichen Funktionieren von Regierungen zu fordern. Wenn das nicht geschieht, werden wir weiterhin einen furchtbaren Preis zahlen: Ohne die Korruption zu beenden, werden nicht in der Lage sein, Gesellschaften auf der Basis von guten Regierungen aufzubauen.

Regierungen sind nicht das Problem

Ich hoffe, dass ich hier nicht den Eindruck erwecke, dass »Regierungen das Problem sind« oder dass die Lösung »weniger Regierung« oder sogar »gar keine Regierung« wäre. Das Volk ist die Regierung, und die Regierung ist das Volk. Ohne Regierung gibt es uns nicht als Gemeinschaft oder Nation. Die Aufgabe der Regierung ist es, die Vision ihres Volkes so gut wie möglich in die Realität zu übersetzen. Gleichzeitig ist die Regierung die Leitung des Volkes. Ihre Rolle besteht darin, die Wirtschaft und die Gesellschaft in die richtige Richtung zu lenken. Die Regierung ist so wichtig in unserem Leben, dass wir sie nicht aus den Augen lassen dürfen. Wir wollen, dass sie gut ist, ideal, perfekt – und je mehr sie sich der Perfektion annähert, desto mehr kann sie sich der Unsichtbarkeit annähern.

Eine Regierung kann natürlich nicht den Platz von individuellen Unternehmern einnehmen. Aber die Geschichte zeigt klar, dass gut geführte Regierungen eine wichtige Rolle spielen bei der Freisetzung unternehmerischer Initiativen in den Gesellschaften. Die Gesellschaften, die am erfolgreichsten waren bei der Reduzierung der Armut, der Verbesserung des durchschnittlichen Lebensstandards, dem Schutz einer gesunden Umwelt und der Förderung der persönlichen Entwicklung von einfachen Bürgern sind jene, die starke, stabile, ehrliche und effiziente Regierungen haben.

Einige Länder in Westeuropa, Nordamerika und Ostasien sind Beispiele für dieses Muster. Sie sind nicht perfekt, aber gewöhnlich vertraut ihnen ihr Volk, trotz großer Meinungsunterschiede zwischen den Menschen und der Regierung. Das Volk vertraut normalerweise darauf, dass sie klare Wege und Mittel haben, um diese Unstimmigkeiten zu lösen. Haben die Regierungen dieser Länder manchmal gefehlt bei ihrer Verpflichtung zu ehrlichem und fairem Vorgehen? Ja, natürlich. Haben sie Fehler gemacht, die das Wirtschaftswachstum behindert, das Fortbestehen von Armut erlaubt und den Anstieg von übermäßiger Ungleichheit toleriert haben? Wiederum: ja. Aber einige der traditionellen Charakteristiken dieser Länder, zum Beispiel ihre generelle Achtung der Rechtsstaatlichkeit, ihre allgemeine Förderung der wirtschaftlichen Freiheiten und ihre Tendenz, die Bedürfnisse von Bürgern auf allen Stufen der gesellschaftlichen Leiter zu berücksichtigen, sind wichtige Faktoren für ihren wirtschaftlichen Erfolg.

Dagegen sind einige Länder des globalen Südens, in denen diese Werte weniger umfassend geachtet und praktiziert werden, bei ihrer Bemühung um wirtschaftlichen Fortschritt gescheitert. Der Unterschied ist unverkennbar und beweist die Bedeutung von guten Regierungen – nicht als Ersatz für individuelle Initiativen, sondern als ihre unverzichtbare Unterstützung.

Andere wichtige Elemente von guten Regierungen

Zu den weiteren spezifischen Elementen von guten Regierungen, die ich als Grundvoraussetzungen für die Schaffung der neuen und besseren wirtschaftlichen Zukunft unserer Welt betrachte, gehören die nun folgenden.

Investitionen in Infrastruktur, die das Wirtschaftswachstum fördern. Einige der unverzichtbaren Ressourcen zum Start von erfolgreichen Unternehmen – sowohl traditionelle gewinnmaximierende Unternehmen als auch Social Business-Unternehmen – gehen über die Möglichkeiten individueller Unternehmer hinaus. Wenn Sie eine großartige Idee für ein Produkt oder einen Dienst haben, die Tausenden oder sogar Millionen von Menschen zugutekommen könnten, ist das wundervoll! Aber aus dieser Idee ein erfolgreiches Unternehmen zu machen, wird schwer sein, wenn die Sie umgebende gesellschaftliche und wirtschaftliche Infrastruktur unzulänglich ist. Wenn die Straßen, die Dörfer, Häfen und Städte verbinden, in schlechtem Zustand sind; wenn die Brücken und Tunnels, die Flüsse überspannen und Berge durchqueren, abbröckeln oder gar nicht vorhanden sind; und wenn es keine vernünftigen Häfen oder Flughäfen gibt, um den Transport von Waren und Menschen von einer Stadt in die andere zu erleichtern, dann ist der Aufbau und Ausbau eines erfolgreichen Unternehmens extrem langsam, teuer und schwer.

Bei der Bereitstellung und Unterhaltung der Infrastruktur spielt die Regierung eine wesentliche Rolle. Einige Bereiche der Infrastruktur werden nicht genug Einnahmen erzeugen, um auf kurze Sicht wirtschaftlich selbstfinanzierend zu sein. In einem solchen Fall muss die Regierung diese Aufgabe übernehmen und sie aus Steuern und Gebühren finanzieren. Wenn diese Projekte gut konzipiert und verwaltet werden, können sie auf lange Sicht helfen, wirtschaftliche Vitalität und Wachstum zu generieren und mehr als genug Einnahmen und Steuern produzieren, um sich selbst zu unterhalten. Das ist bei Infrastrukturprojekten in den USA geschehen, zum Beispiel bei der Tennessee Valley Authority, die Strom in die ärmsten Gemeinden des ländlichen Südens brachte und das Interstate-Highway-System baute, das die ganze Region mit einem Netzwerk von effizienten Schnellstraßen überzogen hat und so half, das rasche Wirtschaftswachstum der 1960er- und 1970er-Jahre zu ermöglichen.

Heute werden öffentlich-private Partnerschaften eine immer beliebtere Form für den Aufbau von Infrastruktur. Eine private Firma oder ein Konsortium geht eine Partnerschaft mit der Regierung ein, um eine Schnellstraße, einen Tunnel, ein U-Bahnsystem, ein Kraftwerk oder einen Flughafen zu bauen. Die Einzelheiten können variieren, aber im Allgemeinen übernimmt der private Sektor alle Investitionen unter der Bedingung, dass er für eine bestimmte längere

Zeit, gewöhnlich 25 Jahre oder mehr, das Exklusivrecht von Management und Einnahmen aus dieser Investition erhält.

Leider besteht immer die Gefahr, dass Infrastrukturprojekte zur Bereicherung von Politikern und ihren Freunden missbraucht werden, statt der Gesellschaft zugutezukommen. Megaprojekte der Infrastruktur, die politisch sehr attraktiv sind und auch das Potenzial von riesigen Schmiergeldern für die Entscheidungsträger haben, sind für Regierungsmitglieder und -beamte eine sichere und bequeme Korruptionsmöglichkeit. Habgierige und korrupte Unternehmer haben diese Geheimgeschäfte verfeinert, damit ihre Entdeckung so schwierig ist, dass die beteiligten Politiker sich vor jeglicher öffentlichen Überprüfung gefeit fühlen.

Hier kommen die entscheidenden Qualitätsmerkmale von guten Regierungen ins Spiel. Schwellenländern fehlt aus historischen Gründen die Infrastruktur zum Aufbau von modernen Einrichtungen, die ihnen die volle Teilnahme an der globalen Wirtschaft ermöglichen. Die Bürger müssen einfach darauf bestehen, dass essenzielle Mittel zu gutem Regieren angewandt werden, um die von der Korruption verursachte Verschwendung und Ungerechtigkeit zu minimieren. Es gibt keinen Ersatz für die akribischen Überprüfungen durch Gruppen der Zivilgesellschaft, Überwachungsagenturen und Non-Profit-Organisationen, die das möglich machen.

Gebrauch von Technologie, um die Effizienz und Transparenz der Regierung zu erhöhen. Im Privatsektor sind wir sowohl begeistert als auch besorgt wegen des Potenzials neuer Technologien wie Robotertechnik, maschinellen Lernens und künstlicher Intelligenz. Wir sind begeistert vom Nutzen, den sie uns bringen werden, aber wir sind auch besorgt über die möglichen Verluste von Arbeitsplätzen und die Verlegung von Wirtschaftsstandorten, die sie verursachen können.

Aber während wir über die Auswirkung dieser Technologien im Privatsektor diskutieren, dränge ich auf ihre Übernahme in Bereichen wie Regierungsdiensten und Weltfinanzen, besonders in Ländern und Regionen, in denen die Korruption das Leben von einfachen Bürgern unerträglich macht. Ich glaube, dass Regierungen effizienter, bürgerfreundlicher und korruptionsfreier werden können, wenn wir sie ermutigen, Beamte und Angestellte durch Roboter, künstliche Intelligenz und Plattformnetze zu ersetzen, die Menschen den Zugang zu Daten und gut gestalteten Softwarealgorithmen eröffnen. Wenn Menschen eine Smartphoneapp oder eine Internetseite benutzen können, um Informationen von Regierungswebsites herunterzuladen, Formulare für Genehmigungen oder Lizenzen abzuschicken, Beschwerden über mangelhafte Regierungsleistungen einzureichen oder Unterstützung bei Problemen vor Ort zu beantragen, kann das Problem der Korruption stark reduziert werden. Die Macht von beamteten Türhütern, die ein Schmiergeld verlangen, bevor sie die Türen zur Regierung öffnen, kann stark geschwächt werden, und das macht es für Menschen einfacher und angenehmer, Zugang zu den Regierungsdiensten zu erhalten, die sie brauchen und verdienen.

Gute Regierungen sollten nicht von dem seltenen Glück abhängen, nur ethisch hochstehende Personen in ihren Reihen zu haben. Wir können die Technologie gebrauchen, um bestechlichen Beamten die Gelegenheiten zu nehmen, das Regieren zu ihrem eigenen Vorteil umzufunktionieren.

Einbringen von Social Business in gesellschaftliche Projekte. Einige Regierungsprogramme, wie zum Beispiel Infrastrukturprojekte, können als Social Business gestaltet werden. Zum Beispiel habe ich in meinem Buch *Die Armut besiegen* erklärt, wie große Infrastrukturprojekte wie ein Megahafen von einem Social Business-Unternehmen gebaut werden können, das armen Menschen der Region gehört.[9] Wenn wir für öffentliche Projekte verlangen, dass Regierungen dem Social Business Priorität geben bei der Auswahl von

Unternehmen für alle kleinen oder großen Käufe und Verträge, dann reduzieren wir die Beteiligung von habgierigen gewinnmaximierenden Unternehmen in öffentlichen Angelegenheiten.

Ein Risiko ist, dass skrupellose Besitzer von gewinnmaximierenden Unternehmen ein Fake-Social Business als Coverunternehmen gründen und sich mit ihm um Regierungsverträge bewerben. Aber sogar wenn das geschieht, ist die Situation nicht schlimmer als vorher. Eine genaue Überprüfung durch unabhängige Überwachungsgruppen und Journalisten kann das Problem reduzieren. Und mit der Zeit werden echte Social Business-Unternehmen derart wachsen, dass sie mit den falschen konkurrieren können.

Das Social Business ermöglicht Regierungen, auf nachhaltige Weise eine ihrer zentralen Verantwortungen wahrzunehmen, nämlich sich um Menschen am unteren Ende der wirtschaftlichen Leiter zu kümmern und ihnen Gelegenheiten zu geben, sich selbst um ihren Unterhalt zu kümmern und so menschenwürdig leben zu können. Meistens wird diese Verantwortung durch die staatliche Wohltätigkeit auf eine nicht nachhaltige Weise wahrgenommen. In bestimmten Fällen sind Regierungsunterstützungen für die Armen notwendig, aber sie sollten nicht als dauerhafte Lösung für das Problem der Armut betrachtet werden. Eine Dauerlösung sollte eine sein, die hilfsbedürftigen Menschen nicht ihre Initiative und Würde wegnimmt. Da die Armut nicht von den Armen verursacht wird, sondern von dem System, das wir um sie herum errichtet haben, ist es die vorrangige Aufgabe einer Regierung, dieses System in Ordnung zu bringen und einen Prozess anzustoßen, durch den sich die Konzentration des Reichtums allmählich von selbst umkehrt und eine Gesellschaft geschaffen wird, in der alle am Reichtum des Landes teilhaben. Wie ich in diesem Buch erklärt habe, kann das Social Business helfen, das zu verwirklichen.

Regierungen sollten es vermeiden, selbst Finanzinstitute und Unternehmen zu betreiben. Sie in Regierungshänden zu halten, macht gutes Regieren schwieriger und schafft Versuchungen für Regierungspolitiker, zusammen mit anderen Beamten diese Unternehmen für ihre persönlichen und politischen Zwecke zu benutzen. Regierungsbetriebene Unternehmen sollten so schnell wie möglich in Nichtregierungshände übergeben werden, vorzugsweise durch die Schaffung eines von der Regierung getrennten Social Business. Bei der Übertragung des Vermögens müssen Regierungen besonders vorsichtig sein, damit es nicht in habgierige Hände gerät. Wie wir in vielen Ländern gesehen haben, ist der Transfer von Vermögenswerten in den auf persönlichen Gewinn ausgerichteten Privatbesitz ein weiteres Einfallstor für Korruption.

Beteiligung der Armen bei Planung und Durchführung von Entwicklungsprojekten. Ein entscheidender Aspekt bei der Erhöhung der Chancen für gute Regierungen ist es, normalen Menschen eine starke Stimme bei den Beschlüssen zu geben, die ihr Leben betreffen. Bei der Entwicklung von Infrastrukturen, die das Wirtschaftswachstum fördern, bedeutet das zum Beispiel, armen Menschen die Gelegenheit zur Beteiligung am Entwurf der Pläne für Infrastrukturprojekte zu geben.

In der Grameen-Bank geben wir ein Beispiel für diese Art von Beschlussfassung, denn ihr Vorstand besteht aus Frauen, die Kreditnehmerinnen der Bank und gleichzeitig ihre Besitzerinnen sind. Die Vorstandsmitglieder werden von den Kreditnehmerinnen selbst gewählt und sind umfassend an der Unternehmenspolitik der Grameen-Bank beteiligt.

Manche Menschen scheinen anzunehmen, dass es eine unkluge oder unpraktische Idee ist, arme Menschen an Beschlüssen zu beteiligen, die eine Auswirkung auf ihr Leben haben. Aber die Einwände, die gegen diese Art von partizipativen Beschlussfassungen gemacht werden könnten, sind zumeist unbedeutend. Armen Menschen mögen gewisse Kenntnisse fehlen, die beim Entwurf von Infrastrukturprojekten nützlich sind. Aber wenn es um Entscheidungen geht, die ihr Leben beeinflussen, sind sie die Topexperten. In solchen Situationen sind ihre Erfahrungen unverzichtbar.

Ich habe gesehen, wie das bei der Grameen-Bank funktioniert. Die Mitglieder des Bankvorstandes achten die Bankmanager, vertrauen ihnen und lassen sich vom Management bei ihren strategischen Beschlüssen beraten. Und die Bankmanager sind bereit, die Wünsche des Vorstands umzusetzen. Meine Erfahrung zeigt, dass es wichtig ist, den Vorstandsmitgliedern die nötigen Informationen und Kenntnisse in einer Sprache zu vermitteln, die sie verstehen können, um sie zu wirklichen Partnern bei der Gestaltung von Strategien und Projekten zu machen. Dazu gehören Basisinformationen zu Finanzberichten, zu grundlegenden Prinzipien von Organisation und Planung sowie Daten zu den wirtschaftlichen und sonstigen Parametern eines Plans. Wenn das gelingt, ist die Qualität der von den Vorstandsmitgliedern gefassten Beschlüsse in aller Regel sehr hoch.

Natürlich kostet es Zeit und Energie, einem Team von armen Menschen diese Fähigkeiten zu vermitteln. Aber der Nutzen ist weit höher als die Kosten. Es gibt viel zu viele Beispiele von Regierungsprogrammen, die ohne die Beteiligung der angezielten Nutznießer aufgestellt werden und die den wirklichen Bedürfnissen dieser Menschen nicht entsprochen haben, sondern hauptsächlich dazu dienten, die Taschen der politisch verklüngelten Vertragspartner zu füllen. Ich bin überzeugt, dass unter Beteiligung von armen Menschen konzipierte Infrastrukturprojekte weitaus effektiver zur Verbesserung des Lebens der Armen beitragen als jene aufgeblähten Projekte, die typischerweise von Experten geschaffen werden, die kein oder wenig Verständnis für die Probleme der armen Menschen haben.

Bildung und Gesundheitsversorgung von guter Qualität allen Menschen zugänglich machen als Grundelement wirtschaftlicher Entwicklung. Die Infrastrukturmaßnahmen, die das Wirtschaftswachstum anregen und es armen Menschen leichter macht, sich aus der Armut zu befreien, erschöpfen sich aber nicht im Bau von Straßen, Brücken, Flughäfen und Ähnlichem. Zu ihnen gehört auch die *menschliche Infrastruktur* – Projekte, die die Rahmenbedingungen für Wertschöpfung und Kreativität jedes einzelnen Menschen verbessern. Deshalb müssen wir bei Diskussionen über die Notwendigkeit von regierungsgeförderter Infrastruktur, die die Wirtschaft ankurbelt, auch über die Bedeutung von Bildung und Gesundheitsversorgung für alle Menschen sprechen.

Wie bei anderen Arten von Infrastrukturprogrammen kann auch hier das Social Business eine wichtige Rolle spielen. An einer anderen Stelle dieses Buches habe ich einige der Bildungs- und Gesundheitsprogramme vorgestellt, die die Grameen-Unternehmenskette aufgebaut hat. Damit soll nicht gesagt werden, dass Regierungsinitiativen völlig durch zivilgesellschaftliche Initiativen ersetzt werden sollten. Regierungen müssen die fundamentalen Leistungen für Bildung und Gesundheitsversorgung bereitstellen. Bürgerinitiativen können die Lücken füllen, wenn Regierungsprogramme fehlen oder von schlechter Qualität sind, und so als Back-up für Regierungsleistungen dienen oder als Ansporn, der zeigt, dass Regierungen keine Entschuldigung für ihr Versagen bei der Bereitstellung dieser Leistungen haben.

In anderen Fällen mögen Regierungsbeamte ein Outsourcing der Versorgung mit Basisleistungen bei Bildung und Gesundheitsversorgung beschließen und diese in den Zivilsektor verlagern. Wenn das geschieht, sollten Regierungen die notwendige Unterstützung leisten, die die Arbeit des Zivilsektors effektiver und effizienter macht. Zum Beispiel können Regierungen Investitionsmittel für Social Business-Unternehmen zur Verfügung stellen, die auf Bildung oder Gesundheit konzentriert sind. Sie können auch separate Social Business-Fonds für Bildungs- und Gesundheitsprojekte schaffen.

Regierungen müssen auch Mindeststandards von Qualität, Inklusivität und Transparenz festlegen, denen unabhängige Bildungs- und Gesundheitsorganisationen zu entsprechen haben. Wenn gewinnorientierte private Unternehmen im Bildungs- und Gesundheitssektor tätig werden, müssen Regierungen sicherstellen, dass sie sich nicht nur auf das Gewinnemachen konzentrieren und dabei die Qualität ihrer Leistungen vernachlässigen.

Bankgeschäfte und andere finanzielle Dienstleistungen allen zugänglich machen. Regierungen müssen den Zugang zu sonstigen Formen von sozialer Infrastruktur ermöglichen, die grundlegend sind für die Menschen – Männer und Frauen – in der unteren Hälfte der Gesellschaftspyramide, nämlich finanzielle Dienstleistungen. Das ist eine vielfach übersehene Form von sozialer Infrastruktur, vielleicht deshalb, weil das konventionelle Denken niemals die Rolle von finanziellen Dienstleistungen im Leben von armen Menschen verstanden hat. Dienstleistungen wie Kredite, Sparkonten, Versicherungen, Investitions- und Rentenmittel schaffen unternehmerische Möglichkeiten für die Menschen und sichern das Wachstum auf allen Ebenen. Deshalb ist es so fundamental wichtig für Regierungen zu gewährleisten, dass solche Dienstleistungen allen zugänglich sind.

Natürlich illustriert die Geschichte der Grameen-Bank sehr lebendig die Auswirkungen der Maßnahme, finanzielle Dienstleistungen allen zugänglich zu machen, besonders armen Frauen, die niemals auf dem Radar von traditionellen gewinnmaximierenden Banken erschienen sind. Die Grameen-Bank ist selbsttragend, arbeitet mit ihren eigenen Mitteln, hat eine hohe Rate von Kreditrückzahlung und ist überwiegend im Besitz von armen Kreditnehmerinnen. Sie unterstützt das Sparen, bietet Versicherungs- und Rentenleistungen an, fördert das Unternehmertum und gibt Millionen von nicht alphabetisierten Frauen auf dem Land Macht, Freiheit und Menschenwürde. Die vierzigjährige Erfolgsgeschichte der Grameen-Bank erklärt, warum dieser Bank 2006 der Friedensnobelpreis verliehen wurde.

Angesichts dieser Geschichte ist es überraschend, dass die Regierungen und Zentralbanken der Welt ihre Verantwortung bei der Verfügbarmachung von finanziellen Dienstleistungen für arme Menschen weitgehend ignoriert haben. Ich bin auch enttäuscht, dass internationale Frauenorganisationen die Garantie solcher Dienstleistungen nicht als ein Schlüsselelement ihrer Agenden zur Ermächtigung von Frauen übernommen haben. Und noch schockierender ist die Art und Weise, wie die Grameen-Bank von Bangladeschs Regierung unter Beschuss genommen wird. Die Statuten der Grameen-Bank wurden geändert, um aus ihr eine Regierungsbank zu machen, und so wurde den Kreditnehmerbesitzerinnen die Kontrolle genommen. Die Regierung hat der Bank noch nicht einmal erlaubt, ihren eigenen Vorstandsvorsitzenden aufzustellen, seitdem ich im März 2011 diesen Posten verloren habe.

Was da mit der Grameen-Bank geschieht, bedeutet einen großen Rückschritt für die ganze Welt. Angesichts der Geschichte von regierungsgeführten Banken in Bangladesch kann man leicht vorhersehen, dass die Grameen-Bank jetzt einer Katastrophe entgegengeht. Es ist herzzerreißend, wenn eine Institution, die Geschichte gemacht und einen Nobelpreis erhalten hat, die Konzept und Praxis von Bankgeschäften für die Armen geschaffen und die ganze Welt zu einer neuen Dimension von Bankgeschäften inspiriert hat, wegen dieser drastischen Eingriffe in geltendes Recht zu einer Kehrtwende gezwungen wird. Die einzige Möglichkeit, die Bank zu retten, ist die Rückgängigmachung der Veränderungen, und ich hoffe, dass der gesunde Menschenverstand sich durchsetzen wird, bevor es zu spät ist.

Entwicklung und Durchsetzung gerechter Regeln zum Umweltschutz. Ein anderes wichtiges Element für gutes Regieren ist der Umweltschutz. Freie und faire Märkte allein können nicht verhindern, dass Unternehmen und andere Organisationen – einschließlich der Regierungsbehörden selbst – Luft und Wasser verschmutzen, natürliche Ressourcen verschwenden und das katastrophale Problem des globalen Klimawandels weiter eskalieren.

Das wohlbekannte Dilemma der *Tragödie des Allgemeingutes* erklärt, warum. Im Fall des Umweltschutzes divergieren individuelle Interessen und Gruppeninteressen scharf. Jede einzelne Person oder Organisation – sagen wir zum Beispiel, eine gewinnorientierte Firma – kann von Verletzungen des Umweltschutzes profitieren: indem sie die Regeln für den Kohlenstoffausstoß nur teilweise beachtet, durch Überfischung einer gefährdeten Art, durch die Verwendung von Plastik bei Verpackungen und anderen Konsumprodukten wie Strohhalmen und Wasserflaschen. Aber wenn jeder Mensch dasselbe egoistische Verhalten praktiziert, werden mit der Zeit die Güter zerstört sein, die allen gehören, und das schadet letzten Endes allen.

In Fällen wie diesen muss eine Kraft von außen eingreifen, die größer ist als jeder einzelne Beteiligte und im Namen der Gesamtgemeinschaft spricht. Normalerweise ist diese Kraft die Regierung. Um der zukünftigen Generationen willen müssen Regierungen in aller Welt die Verantwortung übernehmen, faire und wissenschaftlich solide Bestimmungen zu erlassen und durchzusetzen, welche die Luft, das Wasser, den Boden und die natürlichen Ressourcen schützen, von denen das menschliche Leben abhängt.

Stärkung von Institutionen der Zivilgesellschaft, die die menschlichen Freiheiten fördern. Ich habe immer argumentiert, dass das kapitalistische System, wie wir es kennen, schädlich ist, wenn nicht ein neuer Sektor hinzukommt, nämlich der Social Business-Sektor, der sich der Lösung der

Probleme widmet, die wir um uns herum auftürmen. Er wird von einem weitgehend übersehenen Faktor im menschlichen Verhalten beflügelt: dem Impuls, menschliche Probleme selbstlos zu lösen, allein wegen der Freude und Genugtuung, die das bringt.

Aus demselben Grund behaupte ich, dass unsere Sicht der Gesellschaft zum Nachteil der meisten Menschen unvollständig und schief ist, wenn wir nur in Größen von Regierungen sowie Unternehmen und Bürgern denken, die ihren persönlichen Gewinn suchen, und die sich alle bemühen, gemäß der vereinbarten Prinzipien zu handeln, die die Gesetze eines Landes ausmachen. In diesem Schema fehlt eine wichtige Kraft, die unverzichtbar ist, damit das Gesamtsystem auf ausgewogene Weise funktioniert. Diese Kraft ist das Social Business, das hauptsächlich von Bürgern zu dem alleinigen Zweck geschaffen wird, um die Probleme zu lösen, die vom gewinnorientierten Unternehmenssektor verursacht werden. Bürger können ein Social Business individuell, gemeinsam, zusammen mit anderen Social Business- oder gewinnorientierten Unternehmen, mit Regierungen oder mit Non-Profit-Organisationen schaffen. Auch Regierungen und gewinnorientierte Unternehmen können ein Social Business gründen.

Institutionen der Zivilgesellschaft spielen ebenfalls eine wichtige Rolle bei der Vervollständigung weiterer Schlüsselfunktionen der Gesellschaft. Sie können viele Formen annehmen. In den USA umfassen Initiativen der Zivilgesellschaft zum Beispiel politische Denkfabriken, Lobbygruppen und Bürgerinitiativen, NGOs für Anliegen wie Umwelt, Bürgerrechte, Bildung, Gesundheit und so fort, Berufsverbände und Gewerkschaften, Stiftungen und Wohlfahrtsverbände, Verbraucherorganisationen und vieles mehr.

Diese Institutionen der Zivilgesellschaft spielen eine enorme Rolle bei der Bemühung, Regierungen und die Gesellschaft auf die Bedürfnisse und Wünsche der Bürger aufmerksam zu machen. Sie setzen sich ein für wichtige rechtliche und gesetzliche Veränderungen, verbreiten wichtige Informationen, schützen die Interessen von spezifischen Gruppen innerhalb der Gesellschaft, wenn diese Interessen bedroht werden, vertreten abweichende Standpunkte, die sonst übersehen werden könnten, und enthüllen das Fehlverhalten von Regierungsvertretern, Wirtschaftsführern und anderen Menschen an der Macht. Ein weites Netzwerk von freien, starken und aktiven Einrichtungen der Zivilgesellschaft trägt entscheidend dazu bei, gutes Regieren und auch die Achtung der Menschenrechte zu ermöglichen.

Leider sind Initiativen der Zivilgesellschaft in vielen Ländern nicht so frei, stark und aktiv, wie sie es sein müssten. Regierungen benutzen manchmal ihre Macht, um Institutionen der Zivilgesellschaft zu schikanieren, einzuschränken und physisch zu bedrohen. Nachrichtendienste werden eingesetzt, um leitenden Menschen und Organisationen der Zivilgesellschaft ihre Arbeit unmöglich zu machen. Klagen werden aufgrund aufgebauschter Beschuldigungen eingereicht, die zum Schließen von Institutionen der Zivilgesellschaft führen, die die Regierung kritisch beobachten. Und politische Organisationen mobilisieren ihre Mitglieder, um Leiter von Bürgerinitiativen einzuschüchtern oder anzugreifen, deren Ansichten sie nicht teilen. Mit der Zeit werden einfache Bürger, die sich durch solche Angriffe bedroht fühlen, zu schweigenden Beobachtern oder passen sich den Regeln der Unterdrücker an, weil sie sich ohnmächtig fühlen, etwas anderes zu tun.

Wenn wir eine Gesellschaft wollen, in der Menschenrechte geachtet und geschützt werden, müssen wir die Bedeutung von Institutionen der Zivilgesellschaft anerkennen und sie gegen Angriffe verteidigen. Und mehr noch, wir sollten darauf bestehen, dass Regierungen nicht nur davon absehen, zivilgesellschaftliche Initiativen zu unterminieren, sondern auch Regeln und Maßnahmen einführen, die sie stärken und unterstützen.

Regierungen, die all die genannten grundlegenden Elemente erfüllen – die wichtige Infrastrukturprojekte unterstützen, während sie Korruption und Verschwendung reduzieren und arme Menschen an der Entwicklung von Plänen für solche Projekte beteiligen; die sicherstellen, dass die Basisbedürfnisse an Bildung, Gesundheit und finanziellen Dienstleistungen für alle Menschen erfüllt werden, einschließlich der Armen; die sicherstellen, dass ein unabhängiges Justizwesen, die Rechtsstaatlichkeit und die Pressefreiheit funktionieren und die Umwelt für die zukünftigen Generationen schützen – solche Regierungen können als wahrhaft gut geführt beschrieben werden. Wenn die Bürger der Welt in jedem Land der Erde solche guten Regierungen einfordern, werden wir einen großen Schritt weiterkommen auf dem Weg zu einer Welt, in der ein neues Wirtschaftssystem möglich sein wird, das allen Menschen zugutekommt.

Die Menschenrechte achten: die wirtschaftliche Freiheit hängt mit allen anderen Freiheiten zusammen

Die Notwendigkeit einer guten Regierung und der Schutz der Menschenrechte sind aufs Engste miteinander verzahnt. Ein Blick in die Geschichte zeigt, dass wir auf lange Sicht das eine nicht ohne das andere haben können. Und dieselbe Geschichte bestätigt auch, dass ein nachhaltiges Wirtschaftswachstum, das allen Menschen einer Gesellschaft zugutekommt, statt Reichtum und Privilegien in die Hände einiger weniger fließen zu lassen, von beidem abhängt. Freiheit und die Ausmerzung von Armut gehen Hand in Hand. Die menschliche Zivilisation wird eines Tages beides erreichen – oder keins der beiden haben.

Kurzsichtige Entscheidungen, Angst und Habgier haben dazu geführt, dass in den meisten Gesellschaften Randgruppen existieren, entweder durch explizite Gesetze und politische Rahmenbedingungen oder durch subtile Praktiken von Diskriminierung und Vorurteilen: benachteiligte ethnische Gruppen, Anhänger bestimmter Religionen, Unterstützer der falschen politischen Parteien und vor allem die Armen. In fast jeder Gesellschaft existieren Millionen Menschen, deren angeborene Talente und Begabungen keine Chance erhalten aufzublühen.

Wenn wir die Geschichte in einem größeren Bogen betrachten, sehen wir Fortschritte: In Südafrika wurde die Apartheid abgeschafft; die Rassendiskriminierung in den USA ist weitgehend ausgemerzt worden; die schlimmsten Praktiken des indischen Kastensystems sind ausgerottet. Aber der Einsatz für die Freiheit in aller Welt erlebt leider Höhen und Tiefen. In der letzten Zeit sehen wir besorgniserregende Gegenreaktionen gegen die Bewegung, alle Menschen zu befreien und ihnen die ihnen zustehende Macht zu verleihen. In vielen Ländern wächst die Popularität von rechtsgerichteten nationalistischen Gruppen, die rassische und ethnische Minderheiten sowie Migranten und Flüchtlinge verteufeln. Der Trend, Frauen und Menschen mit abweichenden sexuellen Orientierungen die gleichen Rechte zu geben, stößt auf Widerstand bei fundamentalistischen Gruppen, die sich bei ihren Ansichten auf religiöse Argumente berufen.

Die Freiheit und das Wachstum der Wirtschaft hängen unauflöslich mit den Menschenrechten und der Achtung aller Menschen zusammen. Wenn wir ein Wirtschaftssystem wollen, das menschliche Kreativität freisetzt, Ungleichheit verringert und alle Menschen befähigt, ihre Träume von einer besseren Welt zu verwirklichen, müssen wir die Rechte aller gegen diejenigen verteidigen, die sie einschränken wollen.

Wenn arbeitende Männer und Frauen aus ihren Jobs aussteigen wollen oder sie verlieren, weil sie eine Altersgrenze überschreiten, sollten sie die Gelegenheit haben, die zweite Phase ihres Lebens zu beginnen – die Freiheitsphase. Die

Gesellschaft sollte das ermöglichen, indem sie Kapital für Social Business-Unternehmen zur Verfügung stellt, das diese Menschen in die Lage versetzt, unabhängige Unternehmer zu werden und ihre kreativen Fähigkeiten umzusetzen.

Ich habe stets betont, wie wichtig es ist, junge Menschen von dem Irrglauben abzubringen, ihr Leben und ihr Glück seien abhängig von den Wünschen und Plänen von Firmen oder von einer Menschengruppe, die wir als Unternehmer kennen. Diesem Mythos zufolge sind diese einzigartigen Menschen »Jobschaffende«, die allein durch ihre Kreativität und Brillanz Wachstum und Wohlstand produzieren.

Ich glaube, dass es keine bestimmte Gruppe von Menschen gibt, die man Unternehmer nennen sollte. Jeder Mensch ist ein potenzieller Unternehmer, und allen jungen Menschen sollte dieser Weg offen stehen. Wir alle können Unternehmer sein, und als Unternehmer bringen wir die Welt und die Wirtschaft zum Erblühen.

Aber wenn erfolgreiche Unternehmen wachsen, sowohl Social Business als auch traditionelle gewinnmaximierende Unternehmen, brauchen sie Angestellte. Und wenn unser Wirtschaftssystem ein gerechtes, freies und gleiches System sein soll, das das Potenzial aller Menschen freisetzt, damit die Welt ein besserer Ort werden kann, dann müssen auch die Rechte der Angestellten geachtet und geschützt werden – zumindest bis zu dem Tag, an dem alle Angestellten ebenfalls Partner in dem Unternehmen sind, für das sie arbeiten. So müssen wir den arbeitenden Menschen, die es vorziehen, angestellt zu bleiben, die Organisationsfreiheit garantieren, also die Rede- und Versammlungsfreiheit, den Zugang zur Presse und die Freiheit der Abstimmung über solch grundlegende Rechte wie faire Löhne, sichere Arbeitsbedingungen, Aufstiegschancen und Selbstbestimmung.

Alle Menschen verstehen, dass eine tyrannische Regierung schlecht ist. Wenn Regierungen Dissidenten zermalmen und die Rechte der Bürger missachten, entsteht ein

Klima der Angst, das die Kreativität erstickt, Verdächtigungen begünstigt und den Hass nährt. Auf lange Sicht sind Gesellschaften, die auf Repression beruhen, niemals erfolgreich.

Aber das Problem der Tyrannei eines engstirnigen, aber allmächtigen Wirtschaftssystems kann fast genauso schlimm sein. Wenn Menschen Angst haben zu sagen, was sie denken, weil sie ihre Bosse nicht kränken und möglicherweise ihre Arbeit verlieren wollen, von der ihre Existenz abhängt, dann schrumpft die Kreativität.

Schriftsteller und Künstler, die von gewinnorientierten Medien abhängen, werden eingeschüchtert. Konzerne benutzen die Macht politischer Spenden, um politische Maßnahmen und Gesetze zu beeinflussen. Gesetze und Verordnungen werden geändert, um den Präferenzen von Wirtschaftsführern zu entsprechen. So konzentriert sich die Macht, die mit dem Reichtum einhergeht, unvermeidlicherweise immer mehr in den Händen von einigen wenigen.

Wirtschaftsführer müssen bei der Ausarbeitung ihrer Strategien ihre Verantwortung der Gesellschaft gegenüber wahrnehmen und die Bedeutung der öffentlichen Meinung respektieren. Immer mehr Wirtschaftsführer spüren die Notwendigkeit, das Unternehmenskonzept zu reformulieren, indem sie es von der engen Perspektive des persönlichen Gewinns befreien. Einige von ihnen akzeptieren ein umfassenderes Unternehmenskonzept, das auf drei gleichwertigen Zwecken aufbaut – Mensch, Planet, Gewinn – statt nur auf Gewinn allein. Bis sich dieses Konzept weltweit durchsetzt, wird es immer wieder Spannungen geben zwischen den Unternehmen, den Menschen und dem Planeten. Bürgerinitiativen werden weiterhin gegen Konzernpraktiken protestieren müssen, die die Umwelt zerstören, unterprivilegierten Regionen schaden oder Arbeitnehmer ausbeuten.

Wirtschaftsführer werden auf diesen Druck antworten müssen, entweder freiwillig oder gezwungenermaßen. Sonst werden sie auf lange Sicht einen hohen Preis für ihr egoistisches Verhalten zahlen müssen.

Das neu gestaltete Wirtschaftssystem, das Thema dieses Buches ist, erfordert bedeutende Veränderungen auf vielen Ebenen, von unseren Schulen und Hochschulen bis zur Infrastruktur unserer Unternehmen, von unseren Finanzsystemen bis zu den Gesetzen, die die Konzerne regieren. Einige der notwendigen Veränderungen sind bereits in Gang gesetzt worden, wie die Geschichten zeigen, die ich hier erzählt habe. Aber die Transformation wird ihre volle Verwirklichung nur erreichen, wenn die Menschen der Welt es verlangen und darauf bestehen, dass ihre Leiter sie unterstützen – und das schließt eine Verpflichtung auf die guten Regierungspraktiken und den Schutz der Menschenrechte ein, die ich in diesem Kapitel skizziert habe.

Wenn Ihnen jemand sagt, dass diese Themen nichts mit Wirtschaft zu tun haben, beachten Sie es gar nicht. Sie haben sehr viel, sogar alles mit Wirtschaft zu tun, weil sie unauflöslich verbunden sind mit der Freiheit der Menschen, ihre angeborene Kreativität in allen nur möglichen Formen auszudrücken. Wenn jeder Mensch in der Lage ist, zum Wohlergehen aller beizutragen, dann wird die Welt, an der Millionen von uns schon arbeiten, in greifbare Nähe kommen: eine Welt, in der die Armut beseitigt ist, die Arbeitslosigkeit abgeschafft und in der die Nachhaltigkeit gefördert wird.

VIERTER TEIL

**SPRUNGBRETTER IN
DIE ZUKUNFT**

10 DIE RECHTLICHE UND FINANZIELLE INFRASTRUKTUR, DIE WIR BRAUCHEN

Ich habe in diesem Buch stets die Rolle von individuellen Menschen – Unternehmern, Hausfrauen, jungen Leuten, Wirtschaftsführern, zivilgesellschaftlich Engagierten, Wissenschaftlern, Lehrern – bei der Schaffung des neuen Wirtschaftssystems betont, das unsere Welt so dringend braucht. Ich glaube fest, dass jeder von uns die Macht hat, die Gesellschaft zu erneuern. Der erste, wichtigste und vielleicht schwerste Schritt dazu ist die Transformation unseres Denkens, um den engen Denkschubladen zu entkommen, die unsere Verhaltensweisen begrenzen.

Gleichzeitig aber müssen wir bedenken, dass das kapitalistische System nicht in einem Vakuum operiert. Freie Märkte sind nur innerhalb eines ganzen Gefüges von Gesetzen und Institutionen möglich. Dazu gehört ein Gesetzessystem, das die Gültigkeit von Verträgen sichert, Maßnahmen gegen Betrug und Ausbeutung bereithält und die Rechte aller Menschen auf menschenwürdige Arbeitsbedingungen, faire Löhne und Aufstiegschancen schützt. Dazu gehören Regierungen, die einen Teil des nationalen Reichtums in Maßnahmen lenken, die Infrastruktur aufbauen, junge Menschen bilden, die Umwelt schützen, die öffentliche Gesundheitsversorgung fördern und das Land gegen innere und äußere Feinde verteidigen. Und dazu gehört ein Finanzsystem, das solides Geld als ein zuverlässiges Tauschmittel bereitstellt, das grundlegende Bankgeschäfte, Versicherungen, Investitionen und andere Dienstleistungen allen Menschen zugänglich macht und Kreditquellen schafft, die die Gründung und das Wachstum von Unternehmen fördern.

All das ist wichtig, um der Welt zu helfen, auf vielfältigen Ebenen Erfolge zu erzielen. Aber ich komme nicht umhin, mit dem Finger auf ein massives Versagen zu zeigen, das einen einfachen Grund hat: seine Fehlinterpretation des Menschen in zwei Aspekten. Erstens nimmt es an, dass die Menschen nur von ihrem Egoismus angetrieben werden. Und zweitens betrachtet es die Menschen hauptsächlich als Jobsuchende. Wenn Menschen auf eine umfassendere Weise gesehen würden, die mehr der Realität entspricht, könnten wir ein neu gestaltetes Wirtschaftssystem erreichen, wie ich es in diesem Buch zu skizzieren versuche.

Ich sage nicht, dass wir einfach ein System verwerfen sollten, das zu technologischen Durchbrüchen, enormem Reichtum und einer steten, wenn auch ungleichen Verbesserung der Lebensstandards von Menschen in aller Welt geführt hat. Aber ich empfehle, dieses System auszuweiten, indem wir die heutige optionslose Unternehmenswelt mit ihrem Schema von »eine-Größe-passt-für-alle« ersetzen durch eine Welt, in der die Menschen zwischen zwei Formen von Unternehmen wählen und so alle Marktkräfte voll nutzen können, die in der Gesellschaft am Werk sind. Die beiden Unternehmensformen, von denen ich hier spreche, sind natürlich das herkömmliche Unternehmen, das Gewinne maximieren will, und das Social Business-Unternehmen, das den Nutzen für alle Menschen maximieren will. Und ich möchte unsere Karriereoptionen ausweiten durch das Anerkennen der Tatsache, dass alle Menschen das Potenzial haben, Unternehmer zu sein – dass sie ihre eigenen Arbeitsmöglichkeiten schaffen können statt davon abzuhängen, dass jemand anderer ihnen einen Job anbietet.

Die Menschen sollten die Freiheit haben, aus diesem erweiterten Menu von Optionen auszuwählen oder sie so zu mixen, wie sie wollen. Sie können die eine Option wählen, die andere oder beide. Das System, das ich vorschlage, wird niemandem aufgezwungen. Wenn die Menschen die neuen Optionen nicht wählen, kann die Welt bei dem bestehenden System bleiben. Aber wenn immer mehr Menschen die neuen Optionen wählen, haben wir eine riesige Chance, eine andere Welt zu schaffen – jene Welt, von deren Errichtung wir alle träumen.

Was sind die Konsequenzen, wenn man das Social Business und das Unternehmertum aller in die theoretischen Rahmenbedingungen der Wirtschaft einfügt? Es entsteht sofort die Notwendigkeit, jeden Aspekt unseres Wirtschaftssystems zu ändern. In diesem Kapitel werde ich skizzieren, wie sich unsere gesetzlichen und finanziellen Rahmenbedingungen ändern und erweitern müssen, um die dringenden Reformen zu umfassen, die nötig sind, um den heutigen massiven gesellschaftlichen Problemen zu begegnen. Wie ich schon erklärt habe, sind einige der notwendigen Veränderungen bereits auf den Weg gebracht. Aber es gibt noch eine Menge zu tun, um sie zu unterstützen und zu beschleunigen.

Probleme der bestehenden Gesetzes- und Finanzsysteme

Es gibt keinen besseren Zeitpunkt als den heutigen für eine ernsthafte Diskussion über die notwendigen Reformen der Gesetzes- und Finanzsysteme, die sich in den reichen Ländern der Welt entwickelt haben.[1] Vor ein paar Jahren, 2008-2009, erlebte die Welt eine schwere Wirtschaftskrise, die Hunderte Millionen Menschen in eine unglaubliche Notlage gebracht hat. Diese Krise begann mit Problemen in den Gesetzes- und Finanzsystemen jenes Landes, das viele als das fortgeschrittendste und ausgeklügeltste der Geschichte betrachten – in den Vereinigten Staaten von Amerika.

Während der Krise erlitt eine Reihe von hochregulierten Banken der USA riesige Verluste, und in einigen Fällen waren enorme Finanzspritzen aus Regierungsmitteln erforderlich, um den völligen finanziellen Zusammenbruch zu vermeiden. Riesige Summen aus öffentlichen Geldern wurden ausgegeben, um der neu definierten öffentlichen Verantwortung zum Schutz von Finanzunternehmen gerecht zu werden, die nach Ansicht der Politiker »zu groß waren, um zu scheitern«. Das Problem hatte viele Ursachen, unter anderem die betrügerischen Kreditpraktiken einiger Banker. Aber die meisten Experten sind sich einig, dass die Hauptursache in den Fehlern der Preis- und Handelssysteme lag, die auf den Märkten für hypothekarisch gesicherte Wertschriften und andere komplexe Finanzinstrumente angewandt wurden, die sogenannte »Raketenwissenschaftler« an der Wall Street entwickelt hatten. Die von diesen Instrumenten geschaffenen komplizierten Wechselbeziehungen bedeuteten, dass eine auftauchende Schwäche auf den zugrunde liegenden Märkten eine Panik unter Bankern und Investoren auslöste, die erst jetzt verstanden, dass sie nicht wirklich wussten, was sie besaßen oder welchen wirklichen Wert ihr Besitz hatte. Das Ergebnis des Marktzusammenbruchs war ein enormes Leid für Millionen von einfachen Menschen in aller Welt, die nichts Unrechtes getan hatten. Viele verloren ihr Heim, ihre Arbeit und die bescheidenen Ersparnisse, die sie in langen Jahren harter Arbeit angesammelt hatten.

Es mag paradox erscheinen, dass die komplexen Finanzstrukturen der Wall Street zusammenbrachen, trotz ihrer komplizierten Netze von gesetzlichen Garantien und Schutzmaßnahmen, während auf Vertrauen basierende Mikrofinanzierungsbanken wie die Grameen-Bank in Bangladesch weiterhin gediehen, unberührt von der finanziellen Unsicherheit in der restlichen Welt. Das Gleiche galt für Grameen in den Vereinigten Staaten, der US-Version der Mikrofinanzierung, die erst in jenem Jahr in New York City eröffnet hatte, also im Epizentrum der Finanzkrise. Anscheinend schaffen die Integrität und die harte Arbeit von Frauen auf den Dörfern von Bangladesch und in den Stadtvierteln von New York eine zuverlässigere Basis für dauerhafte wirtschaftliche Werte als die cleveren Konstruktionen von Finanziers.

Eine ähnliche Situation hatte es 1997 gegeben. Die Makroökonomien in einer Reihe von asiatischen Ländern waren steil abgestürzt, als eine Blase von spekulativen Krediten platzte, aber die Mikrofinanzierungsorganisationen in diesen Ländern florierten weiter. Es scheint, dass in einer Wirtschaftskrise die Mikrofinanzierungsorganisationen eine Insel der Stabilität sind, während »Mainstream«-Geldinstitute wanken.

Wie ich schon erklärt habe, vergibt die Grameen-Bank ihre Kredite aufgrund von einfachen Abkommen auf Vertrauensbasis. Gesetzliche Dokumente spielen keine Rolle. Wir entwarfen ein System, das frei ist von Sicherheiten – und das ganz bewusst, weil wir die Armen und die Ärmsten erreichen wollten. Von der Notwendigkeit getrieben, errichteten wir ein System ohne Sicherheiten, das zur Sicherstellung der Kreditrückzahlungen nur auf Vertrauen und auf den positiven Anreizen von ständigem Zugang zu Krediten und anderen Unterstützungen basiert. Die Grameen-Bank hat niemals Anwälte oder Gerichte bemüht, um irgendeinen ihrer Kredite einzufordern.

Außerdem sind die Unternehmensregeln von Grameen einfach, unkompliziert und transparent. Die Zinssätze für Kredite und Spareinlagen können von allen auf der Grameen-Website (www.grameen.com) eingesehen werden. Kredite werden ausschließlich für Einkommen produzierende Aktivitäten, Wohnungsbau und Bildung vergeben, nicht für den Konsum. Der Basiszinssatz für die meisten Unternehmerkredite beträgt 20 Prozent, kann sich verringern und enthält keine Aufzinsung. Das liegt unterhalb des von der Regierung festgelegten Mikrofinanzierungszinssatzes von 27 Prozent. Grameen hat auch ungefähr hunderttausend Bettlern Kredite gewährt, die »sich abmühende Mitglieder« genannt werden. Diese Kredite sind zinsfrei und zeitlich unbegrenzt. Ihr Ziel ist, diese Mitglieder zu ermutigen, das Betteln einzustellen und reguläre Sparer und Kreditnehmer zu werden. Eine steigende Zahl dieser Kreditnehmer hat das Betteln völlig eingestellt und arbeitet stattdessen als Haustürverkäufer oder in anderen Einkommen erzeugenden Tätigkeiten.

Der Besitz und die Managementstruktur der Grameen-Bank sind so gestaltet, dass sie klare Linien von Rechenschaft und Transparenz fördern. Die Bank ist zu 75 Prozent im Besitz der Kreditnehmer, die Mitglieder genannt werden. Neun ihrer zwölf Direktionspersonen sind Kreditnehmerinnen, die von den anderen Kreditnehmerinnen gewählt werden.

Die Resultate sprechen für sich selbst. Die Grameen-Bank hat eine Rückzahlungsquote von über 98 Prozent, sogar in wirtschaftlich schwierigen Zeiten. Die Bank ist gewinnbringend und selbstfinanzierend, und sie erwirtschaftet durch ihr einfaches System von Kreditvergabe, Kreditrückzahlung und Spareinlagen der Mitglieder genug Geld, um solvent und unabhängig zu bleiben. Und im Unterschied zum Mainstream-Banksystem haben Mikrokredite sicherlich niemals finanzielle Krisen verursacht, die die gesamte Gesellschaft betroffen und die Stabilität der nationalen oder internationalen Wirtschaft bedroht haben.

Angesichts dieser Tatsachen kann man sich fragen, welchen Nutzen komplexe gesetzliche Verträge für die vielen Millionen Menschen und Tausenden von Institutionen der Mainstream-Finanzindustrie haben. Statistiken zeigen, dass es bei 50 Prozent der letzten Zwangsversteigerungen von Wohnungen und Häusern in den USA keine direkte Kommunikation zwischen den Kreditnehmern und den Kreditgebern gegeben hat. Dagegen treffen sich die Bankvertreter und die Kreditnehmer von Grameen und schauen einander in die Augen bei ihren Versammlungen im »Zentrum«, die Woche für Woche in achtzigtausend Dörfern in ganz Bangladesch stattfinden.

Komplexe Verträge, die für normale Menschen unmöglich zu verstehen sind, bieten keine solide Basis für gesunde

Beziehungen zwischen einer Bank und den Menschen, denen sie dienen soll. Es macht die Sache auch nicht besser, wenn die Verträge so kompliziert werden, dass sogar die Bankleute sie nicht mehr völlig verstehen!

Als Teillösung angesichts des Versagens von Verträgen beim Schutz der Rechte von Kreditnehmern und sonstigen Bankkunden haben Regierungsbestimmungen in Ländern wie den USA gut gemeinte Regeln geschaffen, die für jede finanzielle Übereinkunft die Abfassung der wichtigsten Begriffe und Konditionen in klarer Sprache fordern. Aber man muss fragen, wie erfolgreich diese Abfassungsbestimmungen sind, wenn sie unter einem großen Stapel anderer Dokumente begraben liegen, die so lang und komplex sind, dass niemand ihre Implikationen voll zu verstehen scheint.

Ich sage damit nicht, dass wir versuchen sollten, die Gesetzes- und Finanzsysteme der entwickelten Länder radikal zu vereinfachen und sie auf eine reine Vertrauensbasis zu stellen wie bei der Grameen-Bank. Ich sage nur, dass die gesetzliche und finanzielle Herausforderung der Schaffung eines ganz neuen Wirtschaftssektors, der auf Selbstlosigkeit, Teilen und der Bemühung um sozialen Nutzen basiert und weitgehend durch gegenseitiges Vertrauen statt durch formelle Sanktionen zusammengehalten wird, nicht so komplex oder beängstigend sein muss, wie man annehmen könnte. Wenn Sie eine Organisation aufbauen, deren Mission nicht ist, irgendeinen Menschen reich, sondern die Welt zu einem besseren Ort für bedürftige Menschen zu machen, dann unterstützen die meisten Menschen das gerne in dem gleichen Geist von Selbstlosigkeit. Der Wettbewerb unter Marktteilnehmern, die sich gegenseitig auszustechen versuchen, wird überflüssig. Ausgefeilte Garantien zur Vermeidung von Ausbeutung sind hier weniger wichtig als in der Welt der gewinnmaximierenden Unternehmen.

Solange wir klar trennen zwischen dem Bereich des Social Business und dem Bereich der herkömmlichen gewinnmaximierenden Unternehmen, können beide Bereiche erfolgreich sein. Und wenn immer mehr Menschen mit dem Konzept von selbstlosen Unternehmen vertraut werden, an der Gründung von Social Business-Unternehmen teilnehmen und den Nutzen genießen, den sie schaffen, wird sich das Verständnis für eine Ökonomie der gegenseitigen Unterstützung ausbreiten. Das wird es den Menschen leichter machen, im Geist des gegenseitigen Vertrauens zusammenzuarbeiten, ohne dass ausgefeilte Verträge ihre Interaktionen kontrollieren müssen.

Wie Menschen in Rechtsberufen helfen können

Was das auf Vertrauen basierende Modell von Grameen so wertvoll macht, ist sein Aufbau von menschlichem, familiärem und gesellschaftlichem Kapital, indem es armen Menschen – besonders armen Frauen – hilft, einander auf eine freiwillige und unternehmensähnliche Weise zu helfen, die Achtung, Selbstachtung und Gemeinschaft wachsen lässt. Wir können dieselbe direkte Vorgehensweise wahrscheinlich nicht auf jede wirtschaftliche Interaktion anwenden, zumindest noch nicht. Aber Menschen in Rechtsberufen können heute schon Schritte unternehmen, die bei der Ausbreitung des Vertrauensmodells auf andere Sektoren der Gesellschaft helfen. So werden sie den Weg ebnen für das umgestaltete Gesetzessystem, das wir einmal zur Unterstützung des neuen Wirtschaftssystems brauchen werden, mit dessen Aufbau wir schon begonnen haben.

Hier folgen ein paar Gebiete, auf die Juristen sich konzentrieren können, die an diese Vision glauben.

Gesetze zu Mikrofinanzierungsprogrammen vereinfachen. Ich vertrete seit Jahren die Notwendigkeit von neuen Bankgesetzen, die das Eröffnen von Banken für die Armen ermöglichen, im Gegensatz zu den heutigen Gesetzen, die sich auf die Gründung von Banken für die Reichen konzentrieren. An den bestehenden Gesetzen herumzuflicken, um Kredite ohne Sicherheiten für die Banklosen zu ermöglichen, kann nur wenig Erfolg haben – besonders heute, wo der Bedarf an Bankleistungen für die Banklosen und Bankunterversorgten noch so groß ist.

Ich möchte diese Ansicht durch ein Bild veranschaulichen: Finanzielle Dienstleistungen sind der Sauerstoff des individuellen wirtschaftlichen Lebens. Den Menschen an der Spitze der Gesellschaftspyramide wird dieser Sauerstoff äußerst großzügig geliefert. Sie genießen eine Art von wirtschaftlicher Befeuerung, die fast allen verfügbaren Sauerstoff aufzehrt. Dadurch trägt das Finanzsystem zu der extremen Reichtumskonzentration in der Welt bei.

Und trotz der Fortschritte, die inzwischen bei der Bereitstellung und Lieferung finanzieller Dienstleistungen gemacht wurden, erreicht der wirtschaftliche Sauerstoff gerade einmal die Hälfte der Weltbevölkerung. Das Ergebnis ist, dass Hunderte Millionen Menschen ein extrem fragiles wirtschaftliches Leben haben, das sie zu einem ständigen Kampf ums Überleben zwingt. Geben Sie ihnen Sauerstoff, und Sie werden sehen, wie lebendig und wirtschaftlich gesund sie werden!

Es geht beim Mikrokredit nicht einfach nur darum, armen Frauen winzige Kredite zu gewähren. Er ist eine Herausforderung für das gesamte Finanzsystem. Die Grameen-Bank tut alles, was herkömmliche Banker für unmöglich hielten. Es ist eine einfache Wahrheit, dass man auf derselben Straße immer an dasselbe Ziel kommt. Wenn Sie ein neues Ziel erreichen wollen, werden Sie eine neue Straße finden müssen; und wenn es diese neue Straße nicht gibt, werden Sie sie bauen müssen. Die Straße ist der Weg, nicht das Ziel. Im heutigen Finanzsystem ist die Straße zum Ziel geworden, und das wirkliche Ziel hat man vergessen.

Überall in der Welt sind einfachere Gesetze nötig, damit Mikrofinanzierungsprogramme die Spareinlagen von allen Menschen empfangen und dieses Geld den Armen leihen können. Das kann durch beschränkte Banklizenzen für NGOs geschehen, die Mikrokreditorganisationen betreiben. In zu vielen Gesetzessystemen ist diese Praxis des gesunden Menschenverstandes nicht erlaubt. Verbesserte Bestimmungen sollten einer Mikrofinanzierungsorganisation erlauben, durch die Nutzung von Einlagen zu expandieren – das ist der wichtigste Schritt zur globalen Ausweitung der Mikrofinanzierung.

Kurzfristig werden wir vielleicht nicht erwarten können, dass Regierungen ein völlig neues Gesetz über die Mikrofinanzierung verabschieden. Doch während wir tun, was wir können, um ein neues Gesetz möglich zu machen, könnten bestehende Gesetze über verschiedene Arten von Geldinstituten angepasst werden, um die Ausbreitung von Mikrokrediten besser zu fördern und bestehenden Einrichtungen mehr Möglichkeiten zu geben. Zum Beispiel vergibt die Reserve Bank of India, die indische Zentralbank, schon begrenzte Banklizenzen an erfolgreiche als Non-Profit-Organisationen geführte Mikrofinanzierungsinstitute, die ihnen erlauben, vollwertige Mikrofinanzierungsbanken zu werden. Ich habe den indischen Finanzbehörden diesen einfachen Schritt schon vor vielen Jahren vorgeschlagen, und so bin ich sehr glücklich, dass er jetzt getan wird. Aber ich empfehle den Behörden, die neuen Mikrofinanzierungsbanken genau zu überwachen, um sicherzustellen, dass sie ihren ursprünglichen Charakter nicht verlieren, wenn sie erst einmal mit dem großen Geld und den durch das Geld geschaffenen größeren Chancen und Versuchungen in Berührung kommen.

Im Allgemeinen wäre die beste Lösung jedoch, wenn die zuständigen Stellen in jedem Land neue Gesetze schaffen würden, die exklusiv für die Einrichtung von Mikrofinanzierungsbanken für Menschen mit niedrigem Einkommen bestimmt sind.

Bestimmungen abbauen, die kleine Unternehmer abschrecken. Insbesondere in den USA erleben viele Unternehmer mit niedrigem Einkommen, dass der Start und die Verwaltung eines kleinen Unternehmens unnötig schwierig sind, weil Gesetze und Verordnungen ursprünglich für größere Unternehmen gedacht oder entworfen wurden. Im Bundesstaat Louisiana zum Beispiel darf man nicht mehr als eine Blumenart zu einem Strauß zusammenstellen und verkaufen, ohne eine Prüfung absolviert zu haben.[2] Diese Bestimmung entmutigt neue Unternehmer, reduziert den Wettbewerb und hält die Kosten von Blumensträußen hoch. Das ist nur ein Beispiel für Hunderte von Regierungsregeln, die es den Menschen schwerer machen, kleine Unternehmen zu starten, wenn es dafür keine Vergünstigungen gibt. Die Bestimmung könnte dahin gehend geändert werden, dass eine solche Erlaubnis freiwillig und optional wird, sodass Käufer von Blumensträußen entscheiden können, ob sie ihre Blumen von einem lizenzierten oder unlizenzierten Unternehmer zusammengestellt haben wollen.

Natürlich muss sichergestellt werden, dass Regeln zum Schutz der Öffentlichkeit und der Umwelt sowie zur Betrugsvermeidung nicht ausgehebelt werden. Die Gesetzgeber sollten überlegen, ob nicht Ombudsmänner oder eigens bestimmte Kommissionen eingesetzt werden könnten, die die existierenden Bestimmungen überprüfen, und unparteiischen fachlichen Rat darüber einholen, welche gestrichen oder vereinfacht werden sollten.

Freistellungen von Formalitäten für die Armen entwerfen. Sehr arme Menschen, die sich als Unternehmer betätigen, sollten eine Freistellung von Formalitäten erhalten, die es ihnen erlaubt, mit einer möglichst geringen Beeinträchtigung durch Gesetze zu arbeiten, bei deren Verabschiedung man nicht an Menschen wie sie gedacht hat. Ich habe in vielen

Ländern – in reichen mehr als in armen – gesehen, wie Gesetzesbestimmungen es armen und jungen Menschen fast unmöglich machen, Unternehmen zu eröffnen. Ein Freistellungsprogramm, das ihnen solche Bestimmungen erspart, könnte errichtet werden in Analogie zu den Freihandels- oder Sonderunternehmenszonen, die gewöhnlich eingerichtet werden, um Steuerlasten an Orten zu senken, an denen die wirtschaftliche Bedürftigkeit am größten ist. In ähnlicher Weise sollten wir Zonen schaffen, in denen bestimmte gesetzliche Vorgaben nicht gelten, sodass es die Armen und die Jungen leichter haben, sich selbstständig zu machen und ihren Lebensunterhalt selbst zu verdienen. Natürlich dürfen solche Programme nicht wichtige Bestimmungen von Sicherheit und Umweltschutz umgehen.

Gesetze zu Wohlfahrt und Gesundheitsversorgung entwerfen, die individuelle Unabhängigkeit stärken. Regierungsprogramme zur Schaffung eines Sicherheitsnetzes für arme Menschen sind oft schlecht ausgearbeitet und fördern eher die Abhängigkeit als die Unabhängigkeit. Zum Beispiel begrenzen sie oft scharf, wie viel Geld ein Mensch mit niedrigem Einkommen sparen oder verdienen darf, um noch Regierungsunterstützung für Ernährung, Wohnung oder Gesundheit erhalten zu können. Es sollte kreative Veränderungen geben, um Menschen zu helfen, Selbstachtung und Unabhängigkeit aufzubauen, indem sie sich durch Einkommen schaffende Aktivitäten selbst versorgen. Unterstützungen sollten stufenweise und nicht auf einmal eingestellt werden, wenn eine bestimmte Einkommensgrenze erreicht ist. Das wird die Empfänger der Unterstützungen ermutigen, versuchsweise Schritte in Richtung eines Unternehmens zu tun, um schließlich von Unterstützungen unabhängig zu werden.

Und wie wäre es mit der Verabschiedung von Steuergesetzen, die dem Social Business spezielle Steuervergünstigungen gewähren? Wäre das nicht ein Gesetzgebungsschritt, den wir tun sollten, um die Ausbreitung dieses neuen Unternehmenstyps zu fördern?

Im heutigen Wirtschaftssystem nehmen Social Business-Unternehmen einen eigenartigen Zwischenstatus ein. Sie passen in keine der beiden Hauptkategorien von Organisationen, denn sie sind weder echte gewinnorientierte Unternehmen noch echte Non-Profit-Organisationen. Wie die gewinnorientierten Unternehmen sind sie nach dem Unternehmensgesetz registriert, haben Besitzer, sind finanziell nachhaltig, haben Kunden, die ihre Waren oder Dienstleistungen kaufen, und geben mit der Zeit den Investoren das investierte Kapital zurück. Aber wie die Non-Profit-Organisationen widmen sie sich ausschließlich der Wohlfahrt der Menschen und des Planeten; sie suchen weder Gewinnmaximierung, noch dienen sie dem Zweck des Reichtumserwerbs für ihre Besitzer. Sie ähneln Non-Profit-Organisationen in dem Sinne, dass sie einem höheren Gut dienen wollen – aber sie tun das auf unternehmensähnliche Weise. Dadurch ergibt sich ein großer Unterschied zwischen Wohltätigkeit und Social Business: Ein Wohltätigkeitsdollar kann nur einmal ausgegeben werden, während ein Social Business-Investitions Dollar immer wieder eingesetzt und investiert werden kann.

Angesichts dieser komplizierten Umstände wird folgendermaßen argumentiert: Die bestehenden Gesetze bieten wohltätigen Organisationen Steuervorteile, also brauchen wir neue Steuergesetze, die das Social Business den Wohlfahrtsverbänden gleichstellen. Diesem Vorschlag stimme ich nicht zu. Der Hauptgrund dafür ist mein Wunsch, den Missbrauch des Social Business durch skrupellose Menschen zu vermeiden, die clever genug wären, die persönlichen Gewinne zu verbergen, die sie in ihrem Unternehmen machen, und es den Behörden als Social Business zu präsentieren, um Steuervorteile zu genießen. Wenn solche Steuerbefreiungen erlaubt wären, befürchte ich, dass sie zu einer offenen Einladung zur Schaffung von Fake-Social Business würden und schließlich zu einer Situation führen könnten, in der das Fake-Social Business zahlreicher wäre als das echte. Steuerbeamte, die entscheiden müssen, welche Unternehmen ein Social Business sind, werden im Endeffekt eine willkürliche Macht haben, die der Korruption Tür und Tor öffnet.

Um der Transparenz und der Integrität des Social Business willen ist es wichtig, ein Social Business unter denselben Steuergesetzen zu führen wie konventionelle Unternehmen. Social Business-Unternehmen basieren auf der Selbstlosigkeit der Menschen. Lassen wir sie von dieser Selbstlosigkeit angetrieben werden, ohne Förderung durch Steuerbefreiungen.

Visums-, Einreise- und Passsysteme vereinfachen, um internationales Reisen zu fördern. Heutige Systeme, die die Freiheit des weltweiten Reisens beschneiden, sind eine große Quelle von Frustration sowie Zeit- und Talentverschwendung. Zu denen, die am meisten unter den Folgen der bürokratischen Reisebarrieren leiden, gehören die armen und die jungen Menschen – zum Beispiel auch junge Bangladeschis, die auf der Suche nach Bildungschancen, einem menschenwürdigen Lebensunterhalt und einer besseren Zukunft ins Ausland reisen wollen.

Interessanterweise gab es bis vor etwa hundert Jahren die Notwendigkeit eines Visums zum Grenzübertritt noch gar nicht. Wenn Bürger der großen Kolonialmächte durch die ganze Welt reisten, brauchten sie weder Pass noch Visum. Ein Visum wurde erst während des Ersten Weltkriegs notwendig. Nach dem Zweiten Weltkrieg, als Menschen in Europa die großartige Idee der Europäischen Union (EU) entwickelten, war das ein großer Schritt zur Rückkehr zu der früheren Welt mit weniger Visa und öffnete die Grenzen der EU-Länder für freies, ungehindertes Reisen. Wir müssen unsere Fortschritte in Richtung einer Welt ohne Visa beschleunigen, statt diese rückgängig zu machen.

Die jüngsten Maßnahmen der US-Regierung, den internationalen Reiseverkehr weiter zu erschweren, werden eine der wenigen Hoffnungsquellen auslöschen, die unterprivilegierte Menschen in aller Welt haben. Den Armen der Welt mögliche Chancen zu verschließen wird zu einem Sturm der Entrüstung der Massen führen. Wir müssen auf freiem Reiseverkehr zwischen den Ländern dieser Welt bestehen – das ist ein wichtiger Schritt auf dem Weg zu einer Welt, in der Reichtum und Chancen fair unter allen Menschen verteilt sind.

Sie werden gemerkt haben, was allen meinen Vorschlägen für Gesetzesänderungen gemein ist. Sie alle schlagen den Abbau von Barrieren vor, die Menschen und Gesellschaften davon abhalten, ihre Fähigkeiten voll zu entfalten. Meine grundlegende Kritik an der Mainstreamökonomie ist, dass sie Menschen in ein System einsperrt, das sie ihrer Möglichkeiten beschneidet. Die Menschen, die unsere Gesetze machen – Regierungsbeamte, Juristen, Politiker, gesellschaftliche Aktivisten und andere – sollten genau hinschauen, um zu verstehen, dass die bestehenden wirtschaftlichen und gesetzlichen Rahmenbedingungen die Freiheit von Individuen einschränken, besonders die Freiheit der Armen, die dadurch ihre angeborenen Talente nicht voll nutzen können. Arme Menschen durch Gesetzesbarrieren und restriktive Bestimmungen zu hemmen hat ihnen noch nie geholfen, sich aus der Armut zu befreien.

Woher soll das Geld kommen?

Eine der Frage, die mir immer wieder gestellt wurden, als ich über das Social Business zu sprechen begann, war: »Woher soll das Geld zu seiner Finanzierung kommen?« Heute, mit Tausenden von laufenden Social Business-Unternehmen, die von Konzernen, Non-Profit-Organisationen, Investoren und individuellen Unternehmern gegründet wurden, ist klar geworden, dass viele Menschen und Institutionen sehr gern bereit sind, Unternehmen zu unterstützen, die die herausforderndsten Probleme der menschlichen Gesellschaft lösen wollen.

Aber die Frage wird weiterhin gestellt. Manchmal nimmt sie Formen an wie diese: »Heutzutage gehen Regierungsprogramme zur Hilfe für die Armen in so vielen Ländern betteln! Wie kann man Menschen dazu bringen, Geld für ein Social Business auszugeben, das zur Hilfe für dieselben Menschen entwickelt wird?«

Diese Frage scheint vorauszusetzen, dass wir in einer Welt leben, in der Geldmittel für wichtige Bedürfnisse schwer zu finden sind. Aber das ist ein Irrtum, wie ein einfacher Blick in unsere Umgebung zeigen kann. Die Staatsbudgets belaufen sich auf Hunderte Milliarden Dollar und steigen stetig weiter. In allen Ländern der Welt fließen freizügig Gelder für Armeen und Waffenarsenale. Städte auf allen Kontinenten sind voll mit Kränen, die riesige Wolkenkratzer hochziehen, in die blühende Unternehmen und reiche Menschen einziehen. An den Weltbörsen steigen die Unternehmensbewertungen auf neue Rekordhochs. Globale Finanzmärkte schwelgen derzeit in Investitionsgeldern von geschätzten 210 Billionen US-Dollar, und viele davon fließen ständig von einem vorübergehenden Besitzer zu einem anderen, immer auf der Suche nach mehr Wachstum.

Es herrscht keine Geldknappheit. Die Menschen schwimmen in Strömen von Geld. Nur die Armen bekommen keinen Tropfen davon ab. Die Welt hat eine Reihe von Blasen geschaffen, die voll sind mit Menschen, die nicht wissen, was in den unteren Blasen geschieht. Die oberste Blase enthält die Konzentration des ganzen Reichtums, und die unterste Blase enthält die meisten Menschen und den wenigsten Reichtum. Mit der Zeit werden in der obersten Blase immer weniger Menschen mit immer mehr Reichtum leben und das Reichtumsmonopol immer extremer machen.

Die Reformen des Wirtschaftssystems, die ich in diesem Buch beschrieben habe, wollen all das ändern. Um diese Veränderungen mit Schwung zu beginnen, müssen wir einen Teil der riesigen Geldströme, die es in der ganzen Welt schon gibt, in eine neue Richtung lenken – zu Unternehmen, die dazu konzipiert sind, die größten Probleme der Welt zu lösen und dabei auch den Armen helfen, ihre angeborenen Talente und Ressourcen produktiv gebrauchen zu können. Mit der Zeit wird dieser umgelenkte Strom das brutale Ungleichgewicht, an dem wir heute leiden, verwandeln in eine Welt mit größerer wirtschaftlicher Gleichheit, in der jeder Mensch Zugang zu diesem Geldstrom hat – um von diesem Strom zu trinken und um mit ihm die Gärten der Zukunft zu bewässern, in der die richtige Art von Wachstum sprossen wird.

Die Grameen-Bank war eine Pionierleistung bei der Umleitung von ein bisschen finanziellem Wasser zu den Armen, damit sie ihren Teil davon trinken und finanziell aktiv und kreativ werden konnten. Mit der Ausbreitung des Social Business sind schon weitere finanzielle Pipelines im Bau, die Geld zu Menschen und Organisationen leiten können, die sich für die Lösung globaler Probleme einsetzen.

Es ist nicht schwer zu entdecken, woher die Mittel für diese Bemühungen kommen können. Hier nur ein Beispiel von vielen: Wir kennen die Namen der acht Menschen, die mehr Reichtum besitzen als die untere Hälfte der Weltbevölkerung zusammen, und wissen auch, wie groß der Reichtum von jedem Einzelnen ist. Wenn diese hyperreichen Zeitgenossen bereit wären, die Hälfte ihres Reichtums zum Nutzen der Welt abzugeben, würde der Geldfluss sofort seine Richtung ändern.

Ich kann schon Ihren Einwand hören: »Wie können wir diese acht Menschen an der Spitze der Pyramide überreden, so viel von ihrem unglaublichen Reichtum wegzugeben?« Überraschenderweise ist das kein Problem. Wir brauchen sie nicht zu überreden. Sie haben schon beschlossen, es zu tun! Alle acht haben *Giving Pledge* unterschrieben und sich so verpflichtet, nach ihrem Tod die Hälfte ihres Reichtums für wohltätige Zwecke zu geben. Diese acht Menschen gehören zu den vielen Milliardären in aller Welt, die Giving Pledge unterzeichnet haben. (Mitte 2016 überstieg ihre Zahl schon 150, und ständig kommen weitere Unterzeichner dazu.)[3]

Einer von diesen acht reichsten Milliardären ist Mark Zuckerberg, der Gründer und Vorstandsvorsitzende von Facebook. 2015, als sein erstes Kind geboren wurde, eine Tochter namens Max, gab Zuckerberg bekannt, dass er eine wohltätige Spende von 99 Prozent seiner Facebook-Anteile plante, die den größten Teil seines persönlichen Reichtums ausmachen. Die Erklärung wurde bei der Börsenaufsichtsbehörde eingereicht, und so wurde die Schenkung offiziell. Was veranlasste Zuckerberg zu diesem Schritt? Er gab eine einleuchtende Erklärung: Er wollte sein Geld gebrauchen, um zu einer besseren Welt für seine Tochter beizutragen, statt ihr eine Welt zu hinterlassen, die an furchtbaren menschlichen Problemen leidet.[4]

Die Existenz von Giving Pledge und seine Beliebtheit unter den Reichsten dieser Welt ist ein gutes Zeichen. Jetzt müssen wir sie nur noch davon überzeugen, dass zumindest ein Teil dieses Geldes für das Social Business genutzt werden sollte. Wenn sie dem zustimmen, wird es Geld ohne Ende für alle Social Business-Unternehmen geben, die wir jemals schaffen können. Das so investierte Geld wird niemals verschwinden; es wird immer weiter zirkulieren und wachsen, denn das Social Business wird expandieren und sich vervielfachen. Währenddessen können die anderen gegenwärtigen und zukünftigen Unterzeichner von Giving Pledge ermuntert werden, das Social Business in ihrer Selbstverpflichtung mitzuberücksichtigen.

Hier möchte ich einen wichtigen Aspekt betonen: Man muss kein Milliardär sein, um sein eigenes Giving Pledge zu machen. Jeder von uns kann das tun. Ich ermutige jeden Menschen, mit seinen jeweiligen individuellen Mitteln seinen eigenen Social Business-Trust zu gründen und so in Phase Zwei seines Lebens die Hälfte oder mehr seines Reichtums in Social Business-Investitionen zu stecken, ohne auf die Ersparnisse zu verzichten, die er für seine persönlichen Bedürfnisse braucht. Sie können der Vorstandsvorsitzende Ihres Social Business-Trusts bleiben, solange Sie leben, und aus ihm sogar ein Gehalt für sein Management beziehen.

Ich werde oft gefragt: »Was bringt einen Menschen dazu, sein Geld in ein Social Business oder in einen Social Business-Trust zu stecken?« Die Antwort ist einfach. Geldmachen macht glücklich, aber andere Menschen glücklich machen, macht superglücklich! Wenn Sie dieses Superglück einmal probiert haben, können Sie nicht aufhören, immer mehr davon haben zu wollen.

Alle anderen Typen von Investitionsfonds der Welt können ebenfalls zum Wachstum des Social Business beitragen. Stellen Sie sich vor, dass alle Rentenfonds, Pensionsfonds, Familienfonds, Hochschulstiftungen und sonstigen Fonds sich dazu verpflichten würden, 1 Prozent ihres Vermögens in einen Social Business-Trust zu investieren! Überlegen Sie einmal, was das für die Welt bedeuten könnte!

Auch Entwicklungshilfepolitik könnte auf diese Weise umgestaltet werden. Die Geberländer könnten in jedem Empfängerland ihre eigenen Social Business-Trusts oder Fonds gründen und mindestens die Hälfte ihrer Förderungsmittel in diese Trusts investieren.

Wie kann jemand unter diesen Umständen glauben, dass eine Knappheit an Geld für das Social Business besteht?

Manche Menschen argumentieren, dass es die Aufgabe einer Regierung ist, Organisationen zum Wohl der Armen zu schaffen und dass dazu auch Mikrokreditbanken gehörten, die ihnen finanzielle Dienstleistungen bieten. Ich lehne Letzteres ab. Ich wäre sehr vorsichtig beim Gebrauch von Regierungsmitteln für ein Social Business, das Menschen mit niedrigem Einkommen Geld leiht. Ich rate davon ab, Regierungen in den Betrieb von Mikrokreditbanken oder -programmen einzubinden. Für eine politische Instanz ist es extrem schwierig, Gelder zurückzuerhalten, die sie armen Menschen geliehen hat. Selbst wenn diese armen Menschen bereit und fähig sind, Rückzahlungen zu machen (was normalerweise der Fall ist), sind Rückzahlungsforderungen für eine Regierung oft politisch unverträglich. Die Bürger leben in dem Glauben, dass die Regierung für die Versorgung der Armen und Benachteiligten verantwortlich ist. Das gehört zu den Pflichten einer Regierung. Wenn dann aber eine Regierungsbehörde von armen Menschen die Rückzahlung von Krediten verlangt, erscheint das als Widerspruch zu ihrer Regierungsverantwortung, und das hält arme Menschen davon ab, die Mittel zurückzuzahlen, die sie aus einem Regierungsprogramm erhalten haben. Und außerdem bestehen Regierungen nun einmal aus Politikern und sind daher mehr an den Wählerstimmen seitens der Empfänger von Regierungsmitteln interessiert als an der Rückzahlung des Geldes. Die Disziplin zur Rückzahlung eines Kredits oder einer Investition droht also verloren zu gehen, wenn seine Quelle ein Regierungsprogramm ist.

Doch mit Ausnahme von Kreditprogrammen können Regierungen soziale Probleme oft effizienter durch ein Social Business als durch Wohltätigkeitsorganisationen oder regierungseigene kommerzielle Unternehmen bekämpfen. Die Grundvoraussetzung ist, dass jedes Social Business als ein unabhängiges, eigenständiges Unternehmen betrieben werden sollte, das gemäß den regulären Firmengesetzen gegründet wurde und nur von seinem Vorstand kontrolliert wird. Alle Mitarbeiter sollten Angestellte der Firma sein und nicht Regierungsangestellte. Alle Gewinne sollten entweder in das Social Business reinvestiert werden, aus dem sie stammen, oder in ein anderes Social Business. Wie bei jedem anderen Social Business auch sollte jedes mit Regierungsinvestitionen gestartete Social Business das Recht haben, nach Bedarf zu expandieren und sich zu restrukturieren, um die gesellschaftlichen Ziele erreichen zu können, für die es gegründet wurde.

Auch eine Infrastruktureinrichtung in Regierungsbesitz könnte als Social Business konzipiert werden statt als Regierungsbehörde. Staatliche Fabriken, Unternehmen, Fluggesellschaften, Flughäfen, Eisenbahngesellschaften, Energiefirmen, Bergwerke und andere Basisindustrien können als Social Business konzipiert und betrieben werden. Regierungen können Social Business-Joint-Ventures mit gewinnmaximierenden Unternehmen aus dem Privatsektor und mit Social Business-Unternehmen in Privatbesitz eingehen.

Die Regierungsunterstützung der Social Business-Struktur hat eine ganze Reihe von Vorteilen. Als Besitzer eines Social Business werden die Regierungsbehörden, die die Investitionsmittel zur Verfügung gestellt haben, ihre Investition zurückerhalten und so dem Steuerzahler Geld sparen. Die finanziellen Details eines jeden Social Business werden veröffentlicht und zeigen so den Bürgern, dass die Unternehmen frei von Korruption sind und dass der gesellschaftliche Nutzen, für den sie gegründet wurden, auch wirklich erzeugt wird.

Finanzstrukturen schaffen, die Wirtschaftsreformen fördern können

Wie ich schon schrieb, ist eins der mächtigsten Werkzeuge zur Umleitung von Investitionsgeldern in Social Business-Unternehmen die Schaffung von *Social Business-Fonds*. Ein

Social Business-Fonds ähnelt einem herkömmlichen gewinnorientierten Investitionsfonds, der von einem erfahrenen Investitionsteam gemanagt wird. Die Fondsmanager wählen Unternehmen aus, in die sie investieren, und beobachten die Ergebnisse sehr sorgfältig. Aber im Unterschied zu Investitionsfonds, die auf persönlichen Gewinn abzielen, konzentrieren sich Social Business-Fonds auf das Social Business statt auf gewinnmaximierende Firmen. Da ein Social Business-Fonds keine Gewinne aus den finanzierten Unternehmen erhalten kann, muss er eine Betriebsgebühr von den Unternehmen fordern, um seine Kosten zu decken. Aber sein Ziel ist nicht, in Unternehmen zu investieren, die große Gewinne versprechen, sondern Unternehmen zu unterstützen, die großen gesellschaftlichen Nutzen produzieren – die Armut reduzieren, die Ernährung verbessern, Gesundheitsversorgung anbieten und so fort. Wer in einen Social Business-Fonds investiert, profitiert vom Know-how und von dem wachsamen Auge der Fondsmanager sowie von dem Bewusstsein, dass sein Geld eine Reihe von Social Business-Unternehmen unterstützt, die Gutes in der Welt bewirken.

Einer der ersten Social Business-Fonds wurde von *Crédit Agricole* geschaffen, einer alten und angesehenen französischen Bank, die ursprünglich gegründet worden war, um durch ein Netzwerk von regionalen und lokalen Genossenschaftsbanken den Bedürfnissen von Bauern zu dienen. Heute ist sie ein diversifiziertes Finanzunternehmen, das größte in Frankreich.

Jean-Luc Perron, damals ein leitender Manager, der bei Crédit Agricole für europäische Themen verantwortlich war, begann 2006, sich für Mikrokredite zu interessieren. Georges Pauget, der damalige Vorstandsvorsitzende von Crédit Agricole, teilte dieses Interesse und befürwortete eine aktive Rolle von Banken bei der Unterstützung von Mikrokrediten zur Beseitigung der Armut. Perron erarbeitete einen Plan.

Im Rahmen der Umsetzung dieses Plans besuchten Perron und Pauget im Juli 2007 für ein paar Tage Bangladesch, um sich vor Ort einen Eindruck über die Arbeit der Grameen-Bank zu verschaffen und sie für eine Partnerschaft mit dieser Initiative von Crédit Agricole zu gewinnen.

Bei ihrem Aufenthalt in Bangladesch bereisten sie das Hinterland, konnten sich vom Funktionieren der Grameen-Bankfilialen überzeugen und trafen sich schließlich mit mir, um meine Hilfe zu erbitten. Sie schlugen eine Partnerschaft mit Crédit Agricole zur Unterstützung von Mikrokrediten sowie des weiteren Konzepts des Social Business vor.

Nach der Ausarbeitung der Grundregeln vereinbarten wir die Zusammenarbeit auf globaler Ebene. So startete Crédit Agricole zusammen mit Grameen Trust eine Stiftung unter dem Namen *Grameen Crédit Agricole Microfinance Foundation* (GCA). Der Zweck des Trusts war, Gelder für Mikrofinanzierungsprogramme zur Verfügung zu stellen, die wegen fehlender Mittel ihre Aktivitäten nicht ausweiten konnten. Crédit Agricole brachte 50 Millionen Euro in die neue Stiftung ein, und Jean-Luc Perron wurde ihr Geschäftsführer.

Heute unterstützt GCA etwa fünfzig Mikrofinanzierungsprogramme in 27 Schwellenländern, besonders auf dem afrikanischen Kontinent. Im Jahr 2012 schuf die Stiftung ein neues Programm zur Unterstützung des Social Business in Form eines separaten Social Business-Fonds.

Dieser Fonds ist selbst als Social Business konzipiert. Sein Ziel ist es, Investitionsgelder von einer Reihe sozial interessierter Investoren und von der Stiftung selbst zu generieren. Die Fondsmanager wählen dann Social Business-Unternehmen aus, in die sie unter Abwägung der Nachhaltigkeit der vorgeschlagenen Unternehmen und ihres gesellschaftlichen Nutzens investieren. Der Fonds stellt seinen Social Business-Partnern auch technische Unterstützung zur Verfügung.

Perron erklärt, dass der Fonds vorsichtig zu Werke gehe, die potenziellen Investitionen sorgfältig prüfe und nur die vielversprechendsten auswähle. »In Social Business zu investieren ist schwieriger und mit ein bisschen mehr Risiko verbunden als die Investition in Mikrokredite«, erklärt Perron. »Mikrokredite sind eine gut etablierte finanzielle Technologie, die sich in langer Erfahrung bewährt hat. Dagegen ist jedes neue Social Business einzigartig! So investieren wir viel Zeit in die Arbeit mit den Firmengründern, bevor wir entscheiden, ob wir ihnen Unterstützung gewähren oder nicht.«

Anfang 2017 hatte der GCA-Social Business-Fonds in fünfzehn Social Business-Unternehmen investiert, die in den Bereichen Gesundheitswesen, Landwirtschaft, regenerative Energien und Kultur tätig sind. Hier folgen ein paar Beispiele:

- *Laiterie du Berger*, eine Molkerei, die Milch von Fulanihirten im Nordsenegal aufkauft und daraus Joghurt und andere Produkte herstellt, die unter dem Markennamen Dolima verkauft werden.
- *Green Village Ventures*, die ländliche Haushalte in Uttar Pradesh, einem der ärmsten Bundesstaaten Indiens, mit Solarenergie versorgt.
- *Phare Performing Social Enterprise*, ein Unternehmen in Kambodscha, das in Siem Reap einen Zirkus mit Kuppelzelt betreibt und Vorstellungen gibt, die von heutiger Zirkuskunst und traditionellen Schauspielformen der kambodschanischen Kultur bestimmt sind. Es beschäftigt eine Truppe von sechzig Artisten aus unterprivilegierten Familien, die von *Phare Ponleu Selpak* ausgebildet wurden, einer NGO, die sich diesem Zweck widmet.

Zu den weiteren von GCA unterstützten Social Business-Unternehmen gehört auch *Agriculture and Clima Risk Enterprise Ltd.* (ACRE), jenes afrikanische Unternehmen der Ernteversicherungen für Kleinbauern, das ich in Kapitel 8 beschrieben habe.

Danone ist eine weitere Organisation, die in die Finanzierung von Social Business eingestiegen ist. Im Kapitel 3 habe ich berichtet, wie Danones Präsident und damaliger Vorstandsvorsitzender Franck Riboud begann, sich für das Konzept des Social Business zu interessieren und das erste Joint Venture-Social Business startete – *Grameen Danone Foods*, das nährstoffreichen Joghurt an arme Familien in Bangladesch verkauft. Die Anteilseigner und Angestellten von Danone waren so begeistert von der Beteiligung an dieser neuen Unternehmensform, dass Danone beschloss, seine Unterstützung des Social Business auf institutionelle Weise auszuweiten.

Das Ergebnis ist *Danone Communities*, ein Investitionsfonds für Social Business-Unternehmen. Die Anteilseigner und Angestellten von Danone investierten eine anfängliche Summe von 65 Millionen Euro in den Fonds. Heute kommt das Geld von den Danone-Angestellten sowie von außenstehenden Investoren. In seiner derzeitigen Struktur investiert der Fonds 90 Prozent seines Vermögens in Sicherheiten mit festgelegtem Ertrag (Bonds), die ein traditionelles Investitionseinkommen erzeugen. Die restlichen 10 Prozent werden in einen Venture-Kapitalfonds investiert, der Social Business unterstützt. Zu den derzeitigen Investitionen des Danone Communities Fonds gehören die folgenden:
- *NutriGo*, eine Firma in China, die die Unterernährung von Babys durch den Verkauf eines Nahrungsergänzungsmittels namens YingYangBao bekämpft.
- *Naandi Community Water Services*, die armen Gemeinden in Indien sauberes Trinkwasser zu erschwinglichen Preisen zugänglich macht.
- *Isomir*, eine französische Firma, die kleine Betriebe zur Lebensmittelverarbeitung schafft, die von Gruppen einheimischer Bauern betrieben werden können und so ein höheres Einkommen für Agrarproduzenten ermöglicht, die sonst am Rand der Nachhaltigkeit wären.

Genau wie GCA bietet auch der Danone Communities Fonds den unterstützten Unternehmen Know-how und Beratung, auch durch Ernährungs-, Produktions- und Vermarktungsexperten bei Danone.

In aller Welt entstehen weitere Social Business-Fonds. Jeder funktioniert auf seine eigene Art und Weise, investiert in ausgewählte Social Business-Unternehmen in einem oder mehreren Ländern und bezieht die Investitionsmittel von Individuen oder Organisationen, die sich an der neuen Wirtschaft beteiligen möchten, die heute im Aufbau ist.

Jeder Social Business-Fonds hat seine eigene und einzigartige Geschichte. Hier ist eine von ihnen:

Im Jahr 2010 hielt ich eine Rede bei einer Konferenz in Mumbai (Indien). Unter anderem erklärte ich, wie das Social Business durch einen Social Business-Fonds von Finanzinstituten unterstützt werden kann. Als ich die Bühne verließ, stoppte mich ein Herr, den ich noch nie gesehen hatte, mit einer Frage. »Was sollte Ihrer Meinung nach die Mindestgröße eines Social Business-Fonds in Indien sein?«, fragte er. Ich antworte sofort: »Er sollte mit mindestens einer Million Dollar beginnen.«

Der Mann nickte, begleitete mich auf meinem Weg zum Ausgang des Hotels und stellte noch ein paar andere Fragen zum Funktionieren eines Social Business-Fonds. Als ich die Ausgangstür erreichte, schüttelte er mir die Hand und sagte: »Auf Wiedersehn, Professor Yunus, und danke. Ich werde einen Social Business-Fonds für Indien starten.«

Ich wünschte ihm alles Gute, aber ich nahm ihn nicht ernst. Ich dachte, dass sein Plan in einem Moment der Begeisterung entstanden sei und vermutete, dass diese Begeisterung angesichts der Unternehmensrealitäten dahinschmelzen würde. Ich hatte den Verdacht, dass er nicht einmal die Probleme des konkreten Auftreibens der Mittel für den Fonds überleben würde.

Ich hatte mich geirrt. Nach weniger als einem Monat

erhielt ich einen Brief von Herrn S. K. Shelgikar, dem Mann, mit dem ich in Mumbai geplaudert hatte. Ich war sprachlos, denn er entpuppte sich als Finanz- und Investitionsexperte. In seinem Brief teilte er mir mit, dass ein Social Business-Fonds in Höhe von 1 Million US-Dollar, die aus seinem eigenen Geld stammten, zur Genehmigung in Mumbai bereitliege. Er bat um meine Erlaubnis, ihn »Yunus Social Business-Fund Mumbai« zu nennen, und dem stimmte ich gerne zu. Dieser Fonds arbeitet seit sieben Jahren und unterstützt in Mumbai örtliche Social Business-Unternehmen unter der liebevollen Überwachung von Mr. Shelgikar.

Es sind noch weitere Social Business-Fonds im Entstehen begriffen. Zum Beispiel wurde 2016 ein Yunus-Social Business-Fonds in Bengaluru (Indien) gegründet. Er plant, mit der Unterstützung von vier oder fünf Social Business-Unternehmen in Sektoren wie Bildung, Gesundheit, Wohnungsbau und Bildung zu beginnen und in jedes etwa 75.000 US-Dollar zu investieren. Seine Gründer sind Vinatha Reddy, der auch *Grameen Koota* eröffnet hat, eine Nachahmung der Grameen-Bank in den ersten Jahren der Mikrofinanzierung in Indien, und Suresh Krishna, der Vorstandsvorsitzende von Grameen Koota. Sie arbeiten mit Mitteln aus Vinathas Familienstiftung.

In den USA begann der *Grameen America Social Business Fund* im Jahr 2016 mit anfänglicher finanzieller Unterstützung durch die Sara Blakely Foundation, die nach der Unternehmerin benannt wurde, die Spanx Inc. gegründet hat. Dieser Fonds will Social Business-Unternehmerinnen in den USA unterstützen.

Yunus Social Business hat in den Ländern, in denen es arbeitet, auch Social Business-Fonds geschaffen. Weitere Social Business-Fonds funktionieren schon in Ländern in aller Welt, von Europa und Asien bis Lateinamerika und Afrika, oder werden gerade gegründet.

Regierungen können verschiedene Arten von Social Business-Fonds schaffen. Zum Beispiel könnte sich ein Fonds auf einen bestimmten Bereich wie Umwelt, Armut, Unternehmertum, Landwirtschaft oder Gesundheit spezialisieren. Regierungen können auch regionale oder lokale Social Business-Fonds gründen zur Unterstützung von Gebieten mit besonderen Bedürfnissen. Die Mittel für solche Fonds können aus Startkapital seitens der Regierung bestehen und aus den Gewinnen von schon existierenden Social Business-Unternehmen in Regierungsbesitz, die reinvestiert werden, um ein neues Social Business zu unterstützen.

Geberländer, die die globale Entwicklungshilfe unterstützen, können in jedem Land, in dem sie arbeiten, einen Social Business-Fonds schaffen, in den sie einen Teil ihrer Unterstützungsmittel einzahlen. Der Fonds kann in Projekte investieren, die vom Unterstützerland festgelegt werden. Jedes Social Business wird sein eigenes nachhaltiges Leben haben, während die Unterstützungsgelder in den Fonds zurückfließen, von wo aus sie in Zukunft noch viele weitere Male investiert werden, statt nach einmaligem Gebrauch zu verschwinden, wie es bei Wohltätigkeitsgeldern der Fall ist. Die Spender können einheimische Firmen und internationale Konzerne – besonders Konzerne mit Hauptsitz in ihren eigenen Ländern – ermutigen, mit Hilfe des Fonds ein Joint-Venture-Social Business zu eröffnen. Konzerne können zur Expansion der Fondskapazität auch beitragen, indem sie ihre Erfahrung, Managementfähigkeiten und Technologie zur Verfügung stellen.

Der Social Business-Fonds ist nicht die einzige neue Finanzierungsform, die Innovatoren entwickelt haben, um Veränderungen in der globalen Wirtschaft zu unterstützen. Es laufen schon viele andere Experimente, die zum einen die große Nachfrage nach Social Business-Fonds beweisen und die zum anderen die kreativen Möglichkeiten zur Umlenkung eines Teils der riesigen finanziellen Ressourcen der

Welt in diesen lebendigen und schnell wachsenden Sektor zeigen.

Ein Beispiel ist *Social Success Note*, eine geniale neue Struktur zur Finanzierung von Social Business, die kürzlich durch ein Team des Yunus Social Business (YSB) und der Rockefeller Foundation entwickelt wurde, das mit innovativen Finanzinstrumenten arbeitet. Social Success Note kann als eine Variante jenes Finanzierungsmechanismus betrachtet werden, den wir als *ergebnisorientierte Finanzierung* kennen. In diesem System garantiert eine Regierungsbehörde oder eine Wohltätigkeitsorganisation Kredite, die private Investoren an eine gemeinnützige Organisation vergeben, die ein Projekt mit sozialem Zweck starten will. Wenn das Programm der Organisation die vereinbarten Performanceziele erreicht, stellt die Regierung Mittel zur Verfügung, die eine bondsähnliche Rückzahlung der Kredite erlauben. Diese Strategie wird schon erfolgreich genutzt, um Mittel zur Finanzierung sozialer Programme von privaten Investoren wie Goldman Sachs zu erhalten.

Bei Social Success Note erhält diese Vorgehensweise einen neuen Aspekt, nämlich die Zusammenarbeit von drei Beteiligten: ein Social Business, ein Investor und ein philanthropischer Spender wie zum Beispiel eine Stiftung. Der Investor gibt Fördermittel in der Form eines Kredits an das Social Business, das damit einen genau definierten sozialen Zweck verfolgt – zum Beispiel den Bau von Wohnungen für eine bestimmte Zahl von Obdachlosen oder die Ausweitung der Krankenversicherung auf eine bestimmte Zahl von Familien. Das Social Business ist verantwortlich für die Rückzahlung des Kredits. Aber wenn es das festgesetzte Ziel innerhalb einer vereinbarten Frist erreicht, vergibt der philanthropische Spender eine zusätzliche *Impaktzahlung* an den Investor.

Wie ich in einem Artikel der Zeitschrift *Bloomberg View* geschrieben habe, schafft die Social Success Note ein »Win-Win-Win-Szenario«:

Investoren erhalten dank der Impaktzahlung eine risikoadäquate kommerzielle Rendite, Stiftungen entfalten mit ihren philanthropischen Dollars eine weit größere Wirksamkeit bei gleichzeitigem Erreichen des gewünschten sozialen Resultats, und Social Business-Unternehmen haben Zugang zu kostengünstigem Kapital und können sich so auf die Verbesserung der Welt konzentrieren ohne den Druck, finanzielle Rendite zu Marktpreisen bieten zu müssen.[5]

Social Success Note ist eine clevere Form, bei drei interessierten Parteien die Anreize so zu koordinieren, dass sie den Fluss von Investitionsmitteln in Projekte fördern, die der Menschheit zugutekommen. In dem Maße, wie Unternehmen mit dieser neuen Form von Finanzierung zu experimentieren beginnen, werden mit Sicherheit weitere innovative Variationen geschaffen werden. Und mit der Zeit wird sich zeigen, welche finanziellen Mechanismen bei der Förderung des zukünftigen Wachstums des Social Business-Sektors den größten Erfolg haben.

Auf lange Sicht werden sich die Finanzierungsinstrumente, die ich in diesem Kapitel beschrieben habe, wahrscheinlich als vorübergehende, Lücken füllende Maßnahmen erweisen. Ich glaube fest daran, dass es eines Tages Social Business-Banken, Social Business-Maklerfirmen und Social Business-Risikokapitalfonds geben wird, die den Social Business-Sektor routinemäßig finanziell fördern werden.

Die schwierigste Phase bei der Schaffung eines neuen Wirtschaftssystems ist, den Anfangsimpuls für die Veränderung zu erreichen. Diese Impulse setzen wir heute, und die Reformen der Gesetzes- und Finanzsysteme der Welt sind Teil dieser Bemühung. Jede Reform beseitigt ein paar der Barrieren, die heute noch viele Menschen vom kreativen Experimentieren mit wirtschaftlicher Veränderung abhalten.

In den nächsten Jahren, in denen der Erfolg des Social Business sich vervielfachen und immer weiter ausweiten wird, werden mehr und mehr Menschen und Organisationen sich unserer Sache anschließen. Und am Ende werden wir fragen, warum die Welt so lange gebraucht hat, um die offenkundige Notwendigkeit eines Wirtschaftssystems anzuerkennen, das wahrhaft den menschlichen Bedürfnissen dient.

DIE WELT VON MORGEN NEU GESTALTEN 11

Der konzeptionelle Rahmen des Kapitalismus wurde von dem großen schottischen Wirtschaftswissenschaftler und Philosophen Adam Smith ausgearbeitet, hauptsächlich in seinem 1776 erschienenen Buch *Der Wohlstand der Nationen* (*An Inquiry into the Nature and Causes of the Wealth of Nations*). Dieser Rahmen ist über die Jahrhunderte hin verbessert und weiter ausgebaut worden, aber die grundlegenden Prinzipien blieben unverändert. Mit der Zeit sind viele Alternativen zum Kapitalismus angeboten und ausprobiert worden, und inzwischen hat sich auch die Welt enorm verändert. Die Notwendigkeit zur Überarbeitung und Neubewertung der grundlegenden Strukturen des Kapitalismus ist immer wieder geäußert worden. Aber noch nie war sie so dringend wie heute.

Die Welt steckt in einer tiefen Krise. Wie Millionen anderer Menschen glaube ich, dass der Kapitalismus die Wurzel dieser Krise ist. Dennoch plädieren nur sehr wenige Menschen dafür, ihn zugunsten eines anderen Systems aufzugeben, zum Beispiel des Sozialismus, weil fast jeder meint, dass der Kapitalismus trotz all seiner Fehler immer noch das bessere Wirtschaftssystem sei. Doch angesichts der gegenwärtigen Krise befürworten viele die Idee einer Generalüberholung dieses Systems.

Ich habe in diesem Buch erklärt, warum ich bestimmte grundlegende Veränderungen der theoretischen und praktischen Rahmenbedingungen des Kapitalismus für notwendig halte – und zwar Veränderungen, die den Menschen vielfältige Wege eröffnen, um die Probleme anzugehen, die wegen der bestehenden konzeptionellen Rahmenbedingungen ungelöst bleiben oder sich dadurch sogar verschlimmern. Und obwohl mein Vorschlag eine erhebliche Veränderung in der Struktur des Kapitalismus bedeutet, sehe ich keine andere

Möglichkeit, als die fundamentalen Fehler innerhalb der bestehenden Struktur anzugehen.

Meiner Ansicht nach sind die heute weithin akzeptierten theoretischen Rahmenbedingungen des Kapitalismus eine lediglich halbfertige Struktur. Aus Adam Smith's »unsichtbarer Hand« ist eine stark voreingenommene Hand geworden, die die Marktaktivitäten zugunsten der Reichsten lenkt. Man könnte fast meinen, dass die »unsichtbare Hand« in Wirklichkeit den Reichsten dieser Welt gehört!

Wie ich dargelegt habe, besagt die heutige Kapitalismustheorie, dass der Markt für diejenigen reserviert ist, die ausschließlich an Gewinn interessiert sind. Diese Interpretation definiert die Menschen als auf ein einziges Ziel ausgerichtet. Aber die Menschen haben viele Facetten. Sie haben egoistische Seiten, aber sie haben auch selbstlose Seiten. Die Kapitalismustheorie und der Markt, die um die Menschen herum entstanden sind, lassen ihnen keinen Raum für ihre selbstlosen Seiten. Mein Vorschlag zur Veränderung baut auf einer Neuinterpretation des Kapitalismus auf, indem er eine umfassendere Sicht der Menschheit einführt – eine Sicht, die mehr dem Wesen des Menschen entspricht als dem Kapitalistischen Menschen der heutigen Theorie. Darin besteht der große Unterschied in unseren Konzepten, in unserem praktischen Handeln und in den institutionellen Rahmenbedingungen der Wirtschaft. Ich habe in diesem Buch gezeigt, dass nur wenige unlösbare Probleme übrig bleiben würden, wenn die selbstlose Motivation, die allen Menschen innewohnt, im unternehmerischen Umfeld umgesetzt werden kann.

Adam Smith hat das bereits vor über 250 Jahren klar erkannt. Sein 1759 erschienenes Buch *Theorie der ethischen Gefühle* (*The Theory of Moral Sentiments*) beginnt folgendermaßen:

Für wie egoistisch wir auch immer den Menschen halten mögen, in seiner Natur gibt es offensichtlich ein paar

Prinzipien, die sein Interesse am Wohlergehen der anderen bedingen und deren Glück für ihn notwendig machen, obwohl er nichts davon hat außer der Freude, es zu sehen. Dieser Art ist das Mitleid oder Erbarmen, jene Emotion, die wir angesichts des Elends von anderen spüren, wenn wir es sehen oder auf sehr lebendige Weise dazu gebracht werden, es uns vorzustellen. Dass unser Leid oft durch das Leid anderer verursacht wird, ist eine so offenkundige Tatsache, dass zu ihrem Beweis keine Beispiele nötig sind; denn wie alle anderen ursprünglichen Leidenschaften der menschlichen Natur ist dieses Gefühl keinesfalls auf die tugendhaften und humanen Menschen beschränkt, obwohl sie es vielleicht mit der größten Sensibilität spüren. Selbst dem schlimmsten Rohling, dem abgebrühtesten Übertreter der gesellschaftlichen Gesetze fehlt es nicht völlig.

Anschließend stellt Smith die fundamentale Frage: Warum stimmen wir gewissen Handlungen oder Intentionen zu und verurteilen andere? In der damaligen Zeit waren die Meinungen darüber geteilt: Einige meinten, dass der einzige Maßstab für richtig oder falsch das Gesetz und der Herrscher seien, der es geschaffen hat; andere meinten, dass ethische Prinzipien rational ausgearbeitet werden können wie mathematische Theoreme.

Smith war der Ansicht, dass die Menschen mit einem ethischen Sinn geboren werden, genau wie sie auch angeborene Vorstellungen von Schönheit und Harmonie besitzen. Unser Gewissen sagt uns, was richtig und was falsch ist, und dieses Gewissen ist etwas Angeborenes und nicht etwas, das uns von Gesetzgebern verliehen wird oder aus einer rationalen Analyse stammt. Und zu seiner Unterstützung haben wir auch ein natürliches Zusammengehörigkeitsgefühl, das Smith *Sympathie* nennt. Diese natürlichen Gefühle von Gewissen und Sympathie sorgen dafür, dass die Menschen in geordneten und nützlichen gesellschaftlichen Organisationen zusammenleben können und es auch tatsächlich tun.

In seinem anderen großen Buch, *Reichtum der Nationen*, entfernte sich Smith völlig von dieser These zu den ethischen Gefühlen. Seine Grundthese in diesem Buch wird zusammengefasst in der Behauptung, dass alles gut wird, wenn man den Menschen erlaubt, ihrem »Eigeninteresse« zu folgen. Wir wissen nicht, was Smith wirklich unter dem Wort »Eigeninteresse« verstand, aber die Welt hat es auf jeden Fall als gleichbedeutend mit Gewinnmaximierung interpretiert. Infolgedessen wurde Eigeninteresse als Äquivalent von Egoismus angesehen. Im Ergebnis ist die Welt jenseits des »eigenen« weitgehend aus dem Blick der Unternehmen verschwunden.

In *Theorie der ethischen Gefühle* hat Smith die große Bedeutung von Gerechtigkeit und von anderen ethischen Tugenden dargestellt. Aber er hat sie niemals mit dem Konzept des Eigeninteresses in Beziehung gebracht, auf dem sein Buch *Reichtum der Nationen* aufbaut. Wenn er seine beiden Bücher dazu genutzt hätte, theoretische Grundlagen für zwei verschiedene Arten von Unternehmen vorzuschlagen, wäre der Welt vielleicht die schwere Krise erspart worden, in der wir heute stecken.

Die derzeitige Struktur der Wirtschaftstheorie erlaubt es den Menschen nicht, ihre selbstlosen Seiten auf einem Markt auszuleben, der von Unternehmen bestimmt ist, die vom Eigeninteresse angetrieben werden. Aber, wie ich in diesem Buch gezeigt habe, wenn sie die Gelegenheit dazu erhalten, werden Menschen auf diesen Markt kommen, um ihren selbstlosen Impulsen zu folgen. Sie werden solche Unternehmen gründen, die eigens dazu konzipiert wurden, das Schicksal der Menschheit als solcher zu verbessern – und das ist weitaus effektiver als die Arbeit von Wohlfahrtsverbänden. Wohltätige Bemühungen hat es schon immer gegeben. Sie sind edel, und sie sind notwendig. Aber im Vergleich zu Wohltätigkeitsorganisationen haben Wirtschaftsunternehmen klare Vorteile: Sie sind innovativ, sie können expandieren und sie können durch die Möglichkeiten des freien Marktes immer mehr Menschen erreichen. Die Möglichkeiten sind grenzenlos, wenn talentierte Unternehmer und Wirtschaftsführer in aller Welt sich Zielen widmen wie der Beendigung der Unterernährung und der Arbeitslosigkeit, der Schaffung von Wohnraum für Wohnungslose und der Bereitstellung regenerativer Energien und menschenwürdiger Gesundheitsversorgung für alle Menschen.

Kapitalismus in der Krise

Die Weltbevölkerung ist inzwischen auf nahezu 8 Milliarden Menschen angewachsen, und es ist wichtiger denn je, das Konzept des Kapitalismus zu überdenken. Wollen wir immer weiter die Umwelt, unsere Gesundheit und die Zukunft unserer Kinder der unerbittlichen Jagd nach Geld und Macht opfern? Oder wollen wir stattdessen das Schicksal unseres Planeten in die Hand nehmen und eine Welt entwerfen, in der die Bedürfnisse aller Menschen im Mittelpunkt stehen und in der wir unsere Kreativität, unseren Reichtum und alle unsere Ressourcen zum Nutzen aller Menschen einsetzen?

Unser Wirtschaftssystem neu zu denken und neu zu gestalten ist nicht einfach nur eine nette Idee. Nein, wir haben keine andere Wahl, wenn wir eine Zukunft auf diesem Planeten haben wollen. Während kurzlebige Trends einigen wenigen auf Kosten vieler anderer zugutekommen, ist auf lange Sicht nur eine Politik, die alle Menschen der Welt am Fortschritt teilhaben lässt, wirklich nachhaltig. Das Schicksal der vermögenden Privatinvestoren, für die die Banker an der Wall Street arbeiten, und das Schicksal der armen Frauen, die in den Textilfabriken von Bangladesch schuften, hängen unauflöslich zusammen. Das Schicksal eines Hirsebauern in Uganda, eines Maisbauern in Mexiko und eines Sojabauern in Iowa sind aufs Engste miteinander verflochten.

In den vergangenen zehn Jahren stürzte unsere Welt von einer Krise in die nächste: Finanzkatastrophen, Hungersnöte, Energiekrisen, Umweltkatastrophen, Kriege, Flüchtlingsströme, steigende politische Instabilität. Populistische Staatslenker rufen dazu auf, Mauern zwischen Ländern zu bauen; sie rufen Länder dazu auf, plötzlich internationale Vereinigungen zu verlassen, die in Jahrzehnten von engagierter Diplomatie und hochfliegenden Hoffnungen auf gemeinsamen Frieden und Wohlstand aufgebaut wurden. Es ist an der Zeit, die Welt zu vereinen, um diese Probleme gemeinsam anzugehen. Wir haben jetzt die Chance, neue wirtschaftliche und finanzielle Strukturen zu entwerfen und aufzubauen, um solche Krisen endgültig zu überwinden. Mit neuen Wirtschafts- und Finanzstrukturen können wir seit Langem bestehende globale Probleme effektiv lösen und die Fehler und Unzulänglichkeiten der heutigen wirtschaftlichen und gesellschaftlichen Ordnung endlich beseitigen.

Der wichtigste Aspekt dieser neuen globalen Wirtschaftsstruktur ist, die halb fertigen theoretischen Rahmenbedingungen des Kapitalismus zu vervollständigen durch die Einbindung des zweiten Unternehmenstyps, also des Social Business, und die bisherige Theorie des Kapitalismus zu überarbeiten, damit endlich anerkannt wird, dass alle Menschen Unternehmer sind und nicht nur Jobausführende, wie die heutige Theorie annimmt. Nachdem diese grundlegenden Veränderungen am System des Kapitalismus greifen, werden sie eine wichtige Rolle spielen bei der Lösung der Finanzkrise, der Ernährungskrise, der Energiekrise und der Umweltkrise. Die neue Wirtschaftsstruktur liefert uns den effektivsten institutionellen Mechanismus zur Bekämpfung der ungelösten Probleme von Armut und Krankheit. Das Social Business ist die Antwort auf alle Probleme, die von gewinnorientierten Unternehmen vernachlässigt wurden, und kann deren Auswirkungen korrigieren.

Die höchste Form menschlicher Kreativität

Das Social Business ist aber nicht einfach nur ein großartiges Werkzeug zur Lösung der Krise, in der die Menschheit steckt. Es ist auch ein wundervoller Ausdruck der menschlichen Kreativität – vielleicht die höchste Form von Kreativität, zu der Menschen fähig sind.

Wir wissen, dass es der Zweck eines Social Business-Unternehmens ist, menschliche Bedürfnisse zu befriedigen und sich der Sorgen und Nöte der Menschen anzunehmen. Wenn wir ein Social Business gründen, müssen die zu befriedigenden Bedürfnisse genau definiert werden, weil das Design des gesamten Unternehmens diesem Zweck entsprechen muss. Das ist bei herkömmlichen Unternehmen kein Problem, weil im Grunde genommen der Zweck eines jeden konventionellen Unternehmens derselbe ist, nämlich die höchstmögliche Kapitalrendite zu erzielen. Beim Social Business ist das anders. Der konkrete Zweck variiert von Unternehmen zu Unternehmen, und deshalb ist es so wichtig, den Unternehmenszweck genau zu definieren.

Erst danach erfolgt der Entwurf des Unternehmens, der so gestaltet sein muss, dass er diesem Zweck dient. Und weil die konkreten Zwecke von Social Business-Unternehmen so stark variieren, verlangt das Design eines Social Business eine enorme kreative Fähigkeit. In den meisten Fällen wird ein Social Business-Designer etwas entwerfen, das es noch nie gegeben hat. Deshalb verlangt diese Aufgabe ein hohes Maß an Kreativität, und deshalb ist sie auch so spannend.

Meine eigenen Erfahrungen haben mir gezeigt: Wenn Sie einmal als Gründer eines Social Business erfolgreich waren, dann wollen Sie gar nicht mehr damit aufhören. Wenn das Social Business-Fieber Sie einmal gepackt hat, wollen Sie immer weitermachen und ein anderes Unternehmen entwerfen, das noch großartiger ist als das erste, das Sie konzipiert haben ... und dann noch eins und noch eins.

Das Social Business ist ein wundervoller Weg, sich selbst zu entdecken und Neues auszuprobieren. Und das Beste ist: Den ganzen gesellschaftlichen Nutzen zu sehen, den das Unternehmen geschaffen hat – Essen für hungrige Kinder, Unterkunft für wohnungslose Familien, Heilung für kranke Menschen –, verschafft eine ungeheure innere Befriedigung, an die kein anderes kreatives Projekt herankommt. Glauben Sie mir, nichts im Leben bereichert mehr als die Erfüllung der kreativen Leidenschaft, wenn man ein Social Business entwirft und es dann allmählich Wirklichkeit wird.

Lassen wir alle jungen Menschen aufwachsen in dem Wissen, dass sie als kreative Unternehmer in die Arbeitswelt eintreten können. Lassen wir sie reifen und sich jeden Tag vorstellen, was sie als Erwachsene tun wollen – etwas, womit sie für ihre Familien sorgen können und dabei gleichzeitig Großes für die Welt bewirken. Viele junge Menschen werden sich ineinander verlieben und mit ihren Partnern eine gemeinsame Zukunft aufbauen, weil sie dieselbe Lebensausrichtung haben und an dieselben Ziele für die Welt glauben. Zusammen können sie ein Social Business entwickeln, ein Familienleben voller Glück und Zufriedenheit führen und dabei gleichzeitig die Welt zu einem glücklicheren Ort machen.

Wir haben das Glück, in einer Zeit großer Möglichkeiten zu leben – in einem Zeitalter von beeindruckenden Technologien, großem Reichtum und grenzenlosem menschlichen Potenzial. Die Lösungen für so viele brennende Probleme unserer Welt sind heute in Reichweite – Probleme wie Hunger, Armut und Krankheit, unter denen die Menschheit seit Anbeginn der Geschichte gelitten hat. Die meisten dieser Lösungen können durch die Schaffung einer neuen Wirtschaftsordnung beschleunigt werden, und zu dieser neuen Wirtschaftsordnung gehört auch das mächtige Instrument des Social Business.

In einer Welt voller Katastrophenmeldungen können wir ein Feuerwerk der Hoffnung entfachen und zeigen, dass der unbezähmbare menschliche Geist sich nie der Frustration und der Verzweiflung beugen muss. Der Sinn des menschlichen Lebens auf diesem Planeten ist nicht, einfach nur zu überleben, sondern ein Leben voller Glück, Schönheit und Zufriedenheit führen zu können. Es liegt an uns, das wahr zu machen. Wir können eine neue Zivilisation schaffen, die nicht auf Habgier basiert, sondern auf der ganzen Fülle menschlicher Werte. Lassen Sie uns heute damit beginnen.

ANMERKUNGEN

Erster Teil: Die Herausforderung

1 *Lowrey, Annie*: Is It Better to Be Poor in Bangladesh or the Mississippi Delta?, in: The Atlantic, 8.3.2017, online unter: https://www.theatlantic.com/business/archive/2017/03/angus-deaton-qa/518880/, aufgerufen am 15.10.2017.
2 *Oxfam International*: Just 8 Men Own Same Wealth as Half the World, in: Oxfam International, 16.1.2017, online unter: https://www.oxfam.org/en/pressroom/pressreleases/2017-01-16/just-8-men-own-same-wealth-half-world, aufgerufen am 15.10.2017.
3 *Carroll, Lauren/ Kertscher, Tom*: At DNC, Bernie Sanders Repeats Claim That Top One-Tenth of 1 % Owns as Much Wealth as Bottom 90 %, in: Politico, 26.7.2016, online unter: http://www.politifact.com/truth-o-meter/statements/2016/jul/26/bernie-s/dnc-bernie-sanders-repeats-claim-top-one-tenth-1-o/, aufgerufen am 15.10.2017.
4 *Gorman, Sean*: Bernie Sanders Says Walmart Heirs Are Wealthier Than Bottom 40 Percent of Americans, in: Politico, 14.3.2016, http://www.politifact.com/virginia/statements/2016/mar/14/bernie-s/bernie-sanders-says-walmart-heirs-are-wealthier-bo/, aufgerufen am 15.10.2017.
5 Es gibt schon eine Reihe von Experimenten zur Entwicklung eines neuen, besseren Systems, um das Wirtschaftswachstum zu messen. Siehe z.B. *Wallis, Stewart*: Five Measures of Growth That Are Better Than GDP, in: World Economic Forum, 19.4.2017, online unter: https://www.weforum.org/agenda/2016/04/five-measures-of-growth-that-are-better-than-gdp/, aufgerufen am 15.10.2017.
6 *Kinver, Mark*: Earth Warming to Climate Tipping Point, Warns Study, in: BBC News, 30.11.2016, online unter: http://www.bbc.com/news/science-environment-38146248, aufgerufen am 15.10.2017.
7 *Rowling, Megan/MacKinnon, Morag*: ›No Planet B.‹ Marchers Worldwide Tell Leaders Before UN Climate Summit, in: Reuters, 29.11.2015, online unter: http://www.reuters.com/article/us-climatechange-summit-demonstrations-idUSKBN0TI00720151129, aufgerufen am 15.10.2017.

Zweiter Teil: Ein anderer Kapitalismus

1 *Savage, Rachel*: The Most Entrepreneurial Country in the World Is ... Uganda?, in: Management Today, 25.06.2015, online unter: http://www.managementtoday.co.uk/entrepreneurial-country-world-is-uganda/article/1353317, aufgerufen am 15.10.2017.

2 Die folgende Diskussion über Krisen im Bereich von Ernährung, Energie, Umwelt und Finanzen basiert teilweise auf: *Yunus, Muhammad*: Adam Smith Lecture at Glasgow University, Vortrag vom 1.12.2008, online unter: http://www.muhammadyunus.org/index.php/news-media/speeches/210-adam-smith-lecture-at-glasgow-university, aufgerufen am 15.10.2017.
3 *UNO*: World Food Situation: FAO World Food Price Index, in: Food and Agriculture Organization of the United Nations, 2.2.2017, online unter: http://www.fao.org/worldfoodsituation/foodpricesindex/en/, aufgerufen am 15.10.2017.
4 Zum Beispiel haben Formen der Agrarpolitik, die von der EU gefördert werden, negative Auswirkungen für Bauern in Lateinamerika und Afrika, s. *Overseas Development Institute*: Making the EU's Common Agricultural Policy Coherent with Development Goals, Overseas Development Institute, Informationspapier vom September 2011, online unter: https://www.odi.org/sites/odi.org.uk/files/odi-assets/publications-opinion-files/7279.pdf, aufgerufen am 15.10.2017.
5 *Hoffman, Beth*: How Increased Meat Consumption in China Changes Landscapes Across the Globe, in: Forbes, 26.3.2014, online unter: http://www.forbes.com/sites/bethhoffman/2014/03/26/how-increased-meat-consumption-in-china-changes-landscapes-across-the-globe/#3ba5c62d2443, aufgerufen am 15.10.2017.
6 *Europäische Kommission*: Climate Change to Shift Global Spread and Quality of Agricultural Land, in: Science for Environment Policy, 12.2.2015, online unter: http://ec.europa.eu/environment/integration/research/newsalert/pdf/climate_change_to_shift_global_spread_quality_agricultural_land_403na1_en.pdf, aufgerufen am 15.10.2017.
7 *Sazawal, Sunil et al.*: Impact of Micronutrient Fortification of Yoghurt on Micronutrient Status Markers and Growth – A Randomized Double Blind Controlled Trial Among School Children in Bangladesh, in: BMC Public Health 2013, 13, S. 514.
8 *Parry, Simon*: The True Cost of Your Cheap Clothes: Slave Wages for Bangladesh Factory Workers, in: Post Magazine, 11.6.2016, online unter: http://www.scmp.com/magazines/post-magazine/article/1970431/true-cost-your-cheap-clothes-slave-wages-bangladesh-factory, aufgerufen am 15.10.2017.
9 Zur Diskussion über den französischen Aktion Tank und die Social Business-Unternehmen, bei deren Aufbau er geholfen hat, s. *Yunus, Muhammad et al*: Reaching the Rich World's Poorest Consumers, in: Harvard Business Review, März 2015, online unter: https://hbr.org/2015/03/reaching-the-rich-worlds-poorest-consumers, aufgerufen am 15.10.2017.
10 *Statista*: Youth Unemployment Rate in Europe (EU Member States) as of December 2016 (Seasonally Adjusted), in: Statista – The Statistics Portal, online unter: https://www.statista.com/statistics/266228/youth-unemployment-rate-in-eu-countries/, aufgerufen am 15.10.2017.

11 Ein Beispiel: Die Arbeitslosenquote U-6, die das US Bureau of Labor Statistics zusammengestellt hat und die Arbeiter einschließt, die »unwesentlich eingebunden« sind und »demotiviert« werden, beträgt generell etwa das Doppelte der U-3-Quote, die normalerweise von den Medien berichtet wird. S. *Amadeo, Kimberly*: What Is the Real Unemployment Rate?, in: The Balance, 20.2.2017, online unter: https://www.thebalance.com/what-is-the-real-unemployment-rate-3306198, aufgerufen am 15.10.2017.

12 *Viscusi, Gregory*: Europe Sacrifices a Generation with 17-Year Unemployment Impasse, in: Bloomberg, 7.10.2014, online unter: http://www.bloomberg.com/news/articles/2014-10-07/europe-sacrifices-a-generation-with-17-year-unemployment-impasse, aufgerufen am 15.10.2017.

13 *International Labour Organization*: Decent Work and the 2030 Agenda for Sustainable Development, online unter: http://ilo.org/global/topics/sdg-2030/lang—en/index.htm, aufgerufen am 15.10.2017.

14 *Leitartikel*: Lowering the Recidivism Rate, in: Japan Times, 24.11.2014, online unter: http://www.japantimes.co.jp/opinion/2014/11/24/editorials/lowering-recidivism-rate/#.WNjw3hjMyqB, aufgerufen am 15.10.2017.

15 *Harris, Gardiner*: Borrowed Time on Disappearing Land: Facing Rising Seas, Bangladesh Confronts the Consequences of Climate Change, in: New York Times, 28.3.2014, online unter: https://www.nytimes.com/2014/03/29/world/asia/facing-rising-seas-bangladesh-confronts-the-consequences-of-climate-change.html, aufgerufen am 15.10.2017.

16 Zum B-Team s. online unter: http://bteam.org/about/, aufgerufen am 15.10.2017.

17 *UNO – Erziehungs- und Bildungsdepartment*: Sustainable Development Goals: 17 Goals to Transform Our World, online unter: http://www.un.org/sustainabledevelopment/sustainable-development-goals/, aufgerufen am 15.10.2017 [Deutsch: https://www.globalpolicy.org/images/pdfs/GPFEurope/Agenda_2030_online.pdf, aufgerufen am 10.01.2018].

18 *UNO – Erziehungs- und Bildungsdepartment*: Goal 1: End Poverty in All Its Forms Everywhere. Goal 1 Targets, online unter: http://www.un.org/sustainabledevelopment/poverty/, aufgerufen am 15.10.2017 [Deutsch: https://www.globalpolicy.org/images/pdfs/GPFEurope/Agenda_2030_online.pdf, aufgerufen am 10.01.2018].

19 *Nowak, Daniel*: Investing in Social Businesses in the Western Balkans, in: European Venture Philanthropy Association blog, 30.8.2016, online unter: http://evpa.eu.com/blog/investing-in-social-businesses-in-the-western-balkans, abgerufen am 15.10.2017.

20 *Manisera, Sara*: She's Helped Change the Prospects of Women Affected by the Bosnian War, Christian Science Monitor, 15.9.2016, online unter: http://www.csmonitor.com/World/Making-a-difference/2016/0915/She-s-helped-change-the-prospects-of-women-affected-by-the-Bosnian-war, aufgerufen am 15.10.2017.

21 *McCain*: McCain CE Collaborates to Launch Social Business, in: McCain website, 11.7.2014, online unter: http://www.mccain.com/information-hub/news/some-test-news, aufgerufen am 15.10.2017.

Dritter Teil: Die Megakräfte zur Veränderung der Welt

1 *Ehrenfreund, Max*: A Majority of Millennials Now Reject Capitalism, Poll Shows, in: Washington Post, 26.4.2016, online unter: https://www.washingtonpost.com/news/wonk/wp/2016/04/26/a-majority-of-millennials-now-reject-capitalism-poll-shows/?utm_term=.cb8dbd4baf70, aufgerufen am 15.10.2017.
2 *Munger, Michael*: Why You Can't Just 'Reject' Capitalism, in: Learn Liberty, 15.5.2016, online unter: http://www.learnliberty.org/blog/why-you-cant-just-reject-capitalism/, aufgerufen am 15.10.2017.
3 *Kendzior, Sarah*: Why Young Americans Are Giving Up on Capitalism, in: Foreign Policy, 16.6.2016, online unter: http://foreignpolicy.com/2016/06/16/why-young-americans-are-giving-up-on-capitalism/, aufgerufen am 15.10.2017.
4 *Nawal, Syeda Nafisa*: Redefining ›Win-Win‹: Youth in Social Business, in: Daily Star [Dhaka, Bangladesh], 29.7.2016, online unter: http://www.thedailystar.net/next-step/youth-social-business-1261174, aufgerufen am 15.10.2017.
5 Der folgende Abschnitt über Alter und Rente basiert teilweise auf einer Rede, die Muhammad Yunus am 10. Juni 2014 bei der 12. Globalen Alterungskonferenz der International Federation on Ageing (IFA) in Hyderabad (Indien) hielt.
6 *Choi, Jason*: Emerging Markets Can Be Wildly Profitable – If You Aren't Focused on Mobile and Cloud, in: Forbes, 8.6.2016, online unter: https://www.forbes.com/sites/groupthink/2016/06/08/emerging-markets-can-be-wildly-profitable-if-you-arent-focused-on-mobile-and-cloud/#1806387038fe, aufgerufen am 15.10.2017.
7 *MakeSense*: How Does MakeSense Work?, in: MakeSense, November 2015, online unter: https://makesense.s3.amazonaws.com/resources/social_entrepreneurs.pdf, aufgerufen am 15.10.2017.
8 Transparency International Corruption Perceptions Index 2016, 25.1.2017, online unter: https://www.transparency.org/news/feature/corruption_perceptions_index_2016, aufgerufen am 15.10.2017.
9 *Yunus, Muhammad, unter Mitarbeit von Weber, Karl*: Die Armut besiegen. Berlin 2008, Kap. 5.

Vierter Teil: Sprungbretter in die Zukunft

1 Die folgenden Überlegungen zu Gesetzesreformen im Weltwirtschaftssystem sind eine Überarbeitung des Textes in: *Yunus, Muhammad*: How Legal Steps Can Help to Pave the Way to Ending Poverty, in: Human Rights Maga-

zine, Winter 2008, online unter: http://www.americanbar.org/publications/human_rights_magazine_home/human_rights_vol35_2008/human_rights_winter2008/hr_winter08_yunus.html, aufgerufen am 15.10.2017.

2 *Louisiana Horticulture Commission*: Retail Florist License, online unter: http://www.ldaf.state.la.us/ldaf-programs/horticulture-programs/louisiana-horticulture-commission/, aufgerufen am 15.10.2017.

3 *The Giving Pledge*, online unter: https://givingpledge.org, aufgerufen am 15.10.2017.

4 *Dolan, Kerry A.*: Mark Zuckerberg Announces Birth of Baby Girl & Plan to Donate 99 % of His Facebook Stock, in: Forbes, 1.12.2015, online unter: https://www.forbes.com/sites/kerryadolan/2015/12/01/mark-zuckerberg-announces-birth-of-baby-girl-plan-to-donate-99-of-his-facebook-stock/#16d43dc218f5, aufgerufen am 15.10.2017.

5 *Yunus, Muhammad A./Rodin, Judith*: Save the World, Turn a Profit, in: Bloomberg View, 25.9.2015, online unter: https://www.bloomberg.com/view/articles/2015-09-25/save-the-world-turn-a-profit, aufgerufen am 15.10.2017.

SACHREGISTER

A
Abkommen von Paris 110, 136
    Sieg der Menschen beim 24-28
    Trump und 26
Ackerbau S. Landwirtschaft
ACRE S. Agriculture and Climate Risk Enterprise Ltd.
Action Tanks 68
    S. auch Französische Aktionsfabrik
Agriculture and Climate Risk Enterprise Ltd. (ACRE) 265
    Social Business und 203
    Technologie und 205
    Versicherung und 205
Ahmed, Ashir 210
Aktionsfabrik 68
Albanien 144, 196
Alte Menschen 182
Alternde Bevölkerung 178
    Junge Menschen und 178
    Langlebigkeit und 178
    Phase Zwei des Lebens für die 180
    Probleme für die 178
    Rente/Pensionierung und 179
    Übergänge für die 180
    S. auch Alte Menschen 182
Anteilsübertragungsgebühr 91, 93
Arbeit 104
    Social Business und 80
    Überwindung von Barrieren für die 79-81
    Zweck der 161
Arbeitslosigkeit
    Anteilsübertragungsgebühr und 91
    Armut und 75
    Automatisierung und 80
    in Bosnien 144
    Lösung für die 82
    Mythen der 79
    Nobin-Udyokta-Program und 81-90
    Probleme der 77-79
    Ungleichheit und 75
    Unternehmertum und 101-105
    Wirtschaftssystem und 78
Arbeitslosigkeit abschaffen 101-105, 112
Arbeitsmarkt 77, 161
Arme Länder
    IWF und 132
    Menschliche Kreativität und 279
    Umweltverbrechen und 113
Arme Menschen
    Armut und 55
    Beschlussfassung für 228
    Finanzinstitute und 32
    Frankreich und 69
    Freistellung von Formalitäten für 252
    Geldverleih für 82
    Gesundheitsversorgung und 57, 208
    Golden Bees und 45
    Grameen America und 95
    Handys und 194
    Jugendarbeitslosigkeit und 77
    Klimawandel und 141
    Kreativität für 116
    Kriminalität und 138
    Mikrokredit und 250
    Mobiliz und 70
    Probleme für 57
    Regierungen und 260
    Reiche Länder und 68
    Spitzentechnologie und 39
    Technologie und 188, 202-211
    Unternehmertum und 45, 100
    Wirtschaftssystem und 56
Armut
    Action Tank in Frankreich und 68-73
    Arbeitslosigkeit und 75
    Arme Menschen und 56
    Beseitigung der 73
    IKT und 206
    in ländlichen und städtischen Gebieten 99
    Menschliche Kreativität und 280
    Mikrokredit und 8

Neues Wirtschaftssystem und 73
Probleme der 130
Reduzierung von 133, 140
Schere zwischen Arm und Reich 9
Social Business und 38, 55-63
Teufelskreis der 57
S. auch Null Armut
Armut beseitigen 73
Aufsichtsgremien
S. Überwachungsagenturen
Automatisierung 76, 80, 94

B
B-Team 117
Bach, Thomas 174
Bahtiar, Hendriyadi 171
Balkan
    Landwirtschaft auf dem 146
    Social Business auf dem 144
    Unternehmer auf dem 144
    wirtschaftlicher Übergang 143
    YSB und 143
Bangladesch 29
    Bevölkerungsdichte und 53, 111
    Klimawandel und 53, 110
    Reduktion der Armut in 56, 132
    Social Business in 57
    Wirtschaftswachstum und 110
Bangladesh Agricultural Research Institute (BARI) 208
Bangladesh Centre for Advanced Studies 108
Banken
    Crédit Agricole und 203, 263
    Finanzinstitute und 231
    Herkömmliches System der 8
    Investitionen und 277
    auf Vertrauensbasis 17, 246, 248
    während der Wirtschaftskrise 244
    S. auch konventionelle Banken
BARI S. Bangladesh Agricultural Research Institute
Barrett, Craig 206
BCG S. Boston Consulting Group
Benioff, Marc 117

Bereinigtes BIP 20
Berger, Jacques 68
Bernou, Jean 117, 147
Beschäftigung 75
Bevölkerungsdichte 106, 111
Bildung
    Junge Menschen und 159
    Neues System der 159
    Onlineprogramme für 164
    Qualität der 139
    System der 161
    Verbesserungen bei der 133
    Wirtschaftsentwicklung als Teil von 230
    Wirtschaftssystem und 78
Biotreibstoffe 51
BIP S. Bruttoinlandsprodukt
Bloomberg L.P. 202
Bon et Bien 151
Bosnien 144
Boston Consulting Group (BCG) 64
Branson, Richard 117
Bruttoinlandsprodukt (BIP) 18
    S. auch bereinigtes BIP 20
Bruysten, Saskia 64, 196

C
Campo Vivo 147, 149, 152
Chapiro, Cecilia 169
China 108, 142
Clinton, Hillary 95
Clinton Foundation 119
Coel 209
Computertechnologie
    Kiva und 195
    MakeSense und 198, 201
    in Wachstumsmärkten 191
COP21 S. Pariser Klimakonferenz
Crédit Agricole 263
Crowdfunding 195

D
Dalio, Matt 190-193
Dalio, Ray 190

Danone 58, 66, 68, 266
Danone Communities 266
Darlehen 98
Deaton, Angus 8
Doctor in a Box 210
Düngemittel 53

E
Egoismus S. Eigeninteresse
Ehrenfreund, Max 156
Eigeninteresse
    Menschliche Natur des 34
    Probleme mit 243
    Smith zu 276
    Triebfeder des 23
Eigenkapital 90-93
Eisenmann, Sophie 64
Endless 190
Energiemarkt 113
    S. auch Ethanol
Entwicklungsländer 43, 52, 109, 141, 203
Ethanol 50
EU S. Europäische Union
Euglena 60
Europäische Union (EU) 166
ExxonMobil 51

F
Faber, Emmanuel 68, 117
Faivre-Tavignot, Bénédicte 69, 164
Finanzielle Dienstleistungen
    S. Finanzinstitute
Finanzierung
    Grameen-Bank und 258
    Regierungen und 256
    Social Business und 256-262
    S. auch Mikrofinanzierung
Finanzinstitute
    Arme Menschen und 30
    Banken und 231
    Banklose und 31
    Komplexe Verträge von 247
    Konventionelle Banken und 30
    Korruption und 228
    Mikrofinanzierung und 249
    Regierungen und 228
    Reichtumskonzentration und 250
    ZNE [Ziele der Nachhaltigen Entwicklung] und 140
Finanzmärkte S. Finanzsysteme
Finanzsysteme
    Gesetzessysteme und 244-249
    Grameen-Bank und 28-32
    Grundlegender Zweck der 54
    Wirtschaftskrise und 244
    Wirtschaftsreform und 262-272
Flannery, Matt 195
Food Assembly 200
Fossile Brennstoffe 51
Foundation for Economic Education 156
Frankreich
    Arme Menschen in 69
    Landwirtschaft und 203
    Social Business und 70
    S. auch Paris
Französische Aktionsfabrik 68
    Armut und 68-72
    Social Business und 68-72
    Wirtschaftliche Erneuerung in der 164
Freier Markt
    Egoistische Teilnehmer und 23
    Lebensstandard und 12
    Möglichkeiten des 277
    Pessimismus und 130
    Rahmenbedingungen des 242
    als Regulator des Reichtums 12
    Reichtumskonzentration und 23
Fukushima 111

G
GAI S. Grameen America, Inc
GAIN S. Global Alliance for Improved Nutrition
GAPPI S. Verband der französischen Kartoffelanbauer
GCL S. Grameen Creative Lab

Gegenökonomien
   Mainstreamwirtschaften und 37
   Social Business und 23
   des Unternehmertums 38
Geld S. Finanzierung
Geldverleih 29
GEM S. Global Entrepreneurship Monitor
Geschlechtergerechtigkeit 131, 139
Gesellschaftliche Institutionen
   Drohungen gegen 235
   Menschliche Freiheiten und 233
   Regierungen und 235
Gesellschaftliche Probleme
   S. Soziale Probleme
Gesellschaftliche Projekte 226
Gesetzessysteme 242
   Finanzsysteme und 244
   Hilfe von 249
Gesundheitsversorung
   Arme Menschen und 57, 209
   Grameen Caledonian College of Nursing und 61
   Grameen Intel und 209
   Doctor in a Box und 210
   IKT und 209
   Wirtschaftsentwicklung als Teil der 230
   Wohlergehen und 139
   Wohlfahrtsprogramme und 253
Giving Pledge 259
Global Alliance for Improved Nutrition (GAIN) 59
Global Entrepreneurship Monitor (GEM) 42
Globale Umweltverschmutzung 109
Globaler Süden 102
Globalisierung
   Lebensmittelmärkte und 50
   Neue Ära der 20
   Technologie und 187
   Wirtschaftskrise und 55
Golden Bees
   Arbeit von 44
   Arme und 45
   Social Business und 43
   Uganda und 43
   YSB und 43, 65

Good Bee 174
Grameen America
   Arme Menschen und 57
   Mikrokreditbanken von 18
   Wirtschaftliche Not und 95
Grameen America, Inc. (GAI)
   Aufbringung von Mitteln für 95
   Erkenntnisse aus 96
   Gründung von 94
   in städtischen Regionen 99
   US-Kredite von 99
Grameen-Bank
   Beschlussfassung und 229
   Besitz der 247
   Egoimus und 16
   Finanzierung und 258
   Finanzsystem und 28-32
   Geldverfügbarkeit und 231
   Gründung der 28
   Informations- und Kommunikationstechnologie (IKT) und 193
   Kreditnehmer von 81
   Kreditwürdigkeit und 17
   Mikrofinanzierung und 30
   Mikrokredit und 8
   Transparenz der 246
   Unternehmer und 37, 84
   als auf Vertrauen basierende Banken 246, 248
   Wirtschaftskrise und 246
   Wirtschaftssystem und 21
Grameen Caledonian College of Nursing 61
Grameen Communication 89
Grameen Creative Lab (GCL) 64, 67, 166, 173
Grameen Crédit Agricole's Social Business Fund 203
Grameen Danone Foods 59
Grameen Distribution 61
Grameen Healthcare Trust 62
Grameen Intel 206
Grameen Koota 268
Grameen Krishi Foundation 60
Grameen Marketing Network 61
Grameen Phone 185
Grameen Shakti 113

Grameen Telecom Trust 87
Green Bio Energy 123, 127
Große Rezession 75, 133
Grüne Revolution 50
Gruppenfinanzierung (Crowdfunding) 195
Gute Regierungen 240
    Elemente von 223-236
    Infrastruktur und 223
    Korruption und 217-221
    Menschenrechte und 212, 235
    Technologie und 225
    Wahlen und 213

H

Haiti 115-120, 128
Haiti Forest 118
    Nature Conservancy und 119
    Social Business und 119
    YSB und 118
Halbfreier Handel 50
HH S. Human Harbor Corporation
Hidalgo, Anne 177
High-Tech-Ökonomie 39
Hirsch, Martin 68
Huffington, Arianna 117
Human Harbor Corporation (HH) 80
Hunger 48

I

IKT S. Informations- und Kommunikationstechnologie
ILO S. Internationale Arbeitsorganisation
Impact Hub 173
Impact Water 125
Industrielle Revolution
Informations- und Kommunikationstechnologie (IKT) 185
    Armut und 206
    Gesundheitsversorgung und 208
    Grameen-Bank und 193
    Grameen Phone und 185
    Macht der 193
    MakeSense und 197
    Reiche Menschen und 187
    Wahlen und 216
Infrastruktur 139
    Gute Regierungen und 223
    Investitionen in 223
    Öffentlich-private Partnerschaften und 224
    Regierung und 261
    Schmiergelder und 225
    Social Business und 226
    Transformationen bei 240
    Wirtschaftswachstum und 228
    S. auch menschliche Infrastruktur
An Inquiry into the Nature and Causes of the Wealth of Nations S. *Der Wohlstand der Nationen* (Adam Smith) 273
Internationale Arbeitsorganisation (ILO) 76
International Food Waste Coalition 151
Internationaler Währungsfonds (IWF) 30, 132
Internet der Dinge 168
Investitionen
    Banken und 277
    Danone Communities und 266
    in Infrastruktur 223
    für den Privatsektor 224
    Social Business und 260
    Social Business Fond und 263
IWF S. Internationaler Währungsfonds
Izumo, Mitsuru 60

J

Jackley, Jessica 195
Jao, Jezze 171
Jean-Baptiste, Stéphane 120
Jorgensen, Vidar 95
Jugendarbeitslosigkeit 75, 77
Jung, Andrea 96
Junge Menschen
    Alternde Bevölkerung und 178
    Alte Menschen und 182
    Arbeitsmarkt für 161
    Ausbildung und 159
    Führende Politiker und 177
    Grameen Creative Lab (GCL) und 166

Neue Zivilisation durch 158-167
Phase Zwei des Lebens für 181
Selbstständiges Lernen 167
Sozialismus und 157
Unternehmertum und 86, 166-174
Unzufriedenheit der 157
Wirtschaftliche Veränderung durch 178
S. auch Millennials

K
Das Kapital im 21. Jahrhundert (Thomas Piketty) 13
Kapitalismus
    Alternativen für den 158
    Krise des 46-55, 277
    Menschliche Freiheit und 243
    Millenials und 156
    Neue Wirtschaftsstruktur und 43, 27
    Nullsummenannahmen des 20
    Problem des 46
    Rahmenbedingungen des 273
    Schäden durch den 21
    System des 242
    Theorie des 274
    Ungleichheit und 11-16
    Wirtschaftssystem und 11
    Wirtschaftswachstum mit 12
    S. auch freier Markt
Kapitalistischer Mensch
    BIP und 19
    Wesen des Menschen versus 16-21, 274
Kendzior, Sarah 157
Kenia 204
Kernkraftwerke 111
Kilimo Salama 205
Kindersterblichkeit 131, 134
Kiva 195
Klimarahmenkonvention der Vereinten Nationen über Klimaänderungen (UNFCCC) 25
Klimawandel
    Anstieg des Meeresspiegels und 24, 53, 107
    Arme Menschen und 141
    Aufmerksamkeit auf 24, 130
    Bangladesch und 53, 110
    China und 108-110
    Gefahren des 24
    Klimaaktivisten 24-27, 112
    Landwirtschaft und 53
    Maßnahmen gegen 139
    Menschliche Gesellschaft und 27
    Nachhaltigkeit und 136
    Trump und das Pariser Abkommen 26
    Wendepunkt des 130
Kohlenstoffemissionen 136
Kommunismus 158
Konsum 139, 152
Kontrolle durch Konzerne 52, 23
Konventionelle Banken 29, 31
Korruption
    Finanzinstitute und 228
    Gesellschaft und 220
    Gute Regierungen und 218-221
    Rechtsstaatlichkeit und 218
    Vetternwirtschaft und 219
    Weitverbreitetes Problem der 217
    S. auch politische Korruption
Kreditmärkte 54
    S. auch Finanzsysteme
Kreditwürdigkeit
    Grameen-Bank und 17
    Herkömmliche Banken und 30, 95, 196
    Landwirtschaft und 204
Kreyol Essence 120
Kriminalität 138
Krishna, Suresh 268

L
Landwirtschaft
    auf dem Balkan 146
    Düngungstechnologie und 207
    Frankreich und 203
    Haiti und 115
    Klimawandel und 53
    Konzernkontrolle über die 52
    Kreditwürdigkeit und 204
    Mikrokredite für 205

Mikroversicherung und 204
Mrittikā für 207
Ölpreise und 48
Risiken der 203
Technologie und 202
Lebensmittelmärkte 50-55
Lebensmittelpreise
    Anstieg der 49
    Hunger und 49
    Social Business und 58
    Steigender Fleischbedarf und 51
Lebensmittelproduktion 50
Lebensstandard 12
London School of Economics and Political Science (LSE) 63
LSE S. London School of Economics and Political Science

M
Macht
    Ungleiche Verteilung der Macht 10
Mainstream-Wirtschaft 37, 153, 156, 256
MakeSense 197
    Datengebrauch und 198
    IKT und 197
    Schaffung von 168
    Social Business und 168
    Technologie und 201
    Vanizette und 168
Male, William 123
Markt / Märkte 188
McCain Foods 147
Menschen mit niedrigem Einkommen 8
    S. auch Arme Menschen
Menschenrechte
    Fortschritt für die 237
    Gute Regierungen und 236
    Menschliche Kreativität und 212
    Rechtssystem für die 238
    Wirtschaftliche Freiheit und 236-240
    Wirtschaftswachstum und 212
Menschliche Freiheiten 233, 236, 240
Menschliche Gesellschaft
    Klimawandel und 26

Nachhaltigkeit und 138
    Probleme mit 143
Menschliche Infrastruktur 230
Menschliche Kreativität
    Arme Länder und 280
    Bedürfnis der 279
    Formen von 279
    Social Business und 279
    Technologie und 280
Menschliche Natur
    von Eigeninteresse angetrieben 34
    Kreative Fähigkeiten der 76
    Wirtschaftssystem und 46
Mikrofinanzierung 249
    Geldinstitute und 251
    Grameen-Bank und 30
    NGOs und 30
    Vereinfachung von Gesetzen und 249
Mikrokredit
    Arme Menschen und 249
    Armut und 8
    Erfolg von 97
    Grameen-Bank und 8
    für die Landwirtschaft 205
    Millennials und 195
    NGOs und 97
    andere Organisationen für 97
    Programme für 162
    Social Business und 264
    für Unternehmertum 82, 94-101
Mikrokreditbank 18
Mikrounternehmer 102
    Ansammlung von Reichtum bei 102
Mikroversicherung 204
Millennials
    Kapitalismus und 156
    Mikrokredit und 195
    Misstrauen gegenüber dem Wirtschaftssystem bei 156
    Wirtschaftliche Probleme für 157
Millenniumsziele (MDGs) 48
    Bedeutung der 132
    Erfolge der 132
    Erreichen der 131
    Ziele der 131

Milosevic, Slobadan 144
Mingasson, Nadira 146
Mobiliz 70
Momperousse, Yve-Car 120
Mrittikā 207
Munger, Michael 156

N
Nachhaltige Entwicklung 124, 143
Nachhaltige Entwicklungsziele
   Durchbruch der 135
   Entwicklung der 134
   Gesellschaftliche Ziele und 189
   Maßnahmen der 140
   Neue Ökonomie und 143-151
   NGOs und 142
   UNO und 142
   Ziele der 134
   S. auch ZNE-Anwälte
Nachhaltigkeit
   Abholzung und 137
   Bedeutung von 135
   Entwicklung und 136
   Fischfang und 137
   Klimawandel und 136
   Konsum und 139
   Menschliche Gesellschaft und 137
Nachhaltigkeit fördern 106
   Arbeitslosigkeit abschaffen und 112
   Armut beseitigen und 112
   Neue Wirtschaft und 127-129
   Umweltprobleme und 108
National Bureau of Economic Research 11
Nature Conservancy 119
Nepal 112
Neue Gesellschaft S. Neue Zivilisation
Neue Unternehmer 39, 87
Neue Wirtschaft
   Arbeitslosigkeit abschaffen / Null Arbeitslosigkeit und 101-105
   Armut beseitigen / Null Armut und 73
   Nachhaltigkeit fördern / Null Netto-CO_2-Emissionen und 127-129
   Reichtumsfluss in der 103

ZNE und 143-152
Neue wirtschaftliche Rahmenbedingungen
   Gesellschaftliche Zielsetzungen und 129
   Junge Menschen und 161
   Social Business und 32-37
Neue Wirtschaftsstruktur
   S. Neues Wirtschaftssystem
Neues Wirtschaftssystem
   Anderer Kapitalismus des 47
   Armut und 73
   Impuls für 271
   Kapitalismus und 43, 278
   Menschliche Werte und 153
   Notwendigkeit von 244
   Optionen des 243
   Schaffung des 39
   Übergang zu 153
Neue Zivilisation
   Entwickler der 185
   von jungen Menschen 160, 166
   Korruption und 218
   Menschliche Werte und 184
   Schaffung der 281
   Social Business und 143
   Technologie und 184
   ZNE und 189
NGOs S. Nichtregierungsorganisationen
Nichtregierungsorganisationen (NGOs)
   Beratung für 67
   Institutionen der Zivilgesellschaft und 234
   Mikrofinanzierung und 30
   Mikrokredit und 97
   ZNE und 142
Nobin-Udyokta-Programm 36
   Arbeitslosigkeit und 81-90
   für Arme in den USA 99
   Eigenkapitalfinanzierung und 90
   Entwicklung und 86
   Methodologie des 92
   Unternehmer und 86
Non-Profit-Organisationen 43
Null Arbeitslosigkeit S. Arbeitslosigkeit abschaffen
Null Armut S. Armut beseitigen

Null Netto-CO$_2$-Emissionen S. Nachhaltigkeit fördern

O
Öffentliche Meinung 27
Öffentlich-private Partnerschaften 224
Ökosystem der Erde 139
Ölpreis 51
Olympische Spiele 174
Onlinemarkt 200
Onlinenetzwerkarbeit 200
Optique Solidaire 71
Oxfam 10

P
Padilla, Diego 170
Parfitt, Barbara 62
Paris 177
Pariser Abkommen S. Abkommen von Paris
Pariser Klimakonferenz (COP21) 24
Pauget, Georges 263
Perron, Jean-Luc 263
Phase Zwei des Lebens
    für die alternde Bevölkerung 181
    als Freiheitsphase 237
    für junge Menschen 181
    Social Business und 181
Piketty, Thomas 13
Politische Korruption 217
Politische Polarisierung 14
Privatsektor 224

R
Rahman, Atiq 108
Ramada Farm 149
Reddy, Vinatha 268
Regenerative Energie
    Grameen Shakti und 113
    Technologie und 110
    Zunahme der 115
Regierungen
    Arme Menschen und 260

Finanzierung und 257
Finanzinstitute und 228
Finanzkollaps vermeiden durch 244
Infrastruktur und 262
Institutionen der Zivilgesellschaft und 234
Kontrolle von Konzernen und 239
Korruption in 217
Öffentliche Meinung mobilisiert von 26
Probleme für 222
Sicht der Menschen auf 222
Social Business und 261
Social Business Fonds und 269
Staatsbudget 257
Tyrannei in 238
Unternehmer und 222
Vetternwirtschaft und 219
Wirtschaftswachstum und 222
Wohltätigkeit und 227
Reiche Länder 69, 94
Reiche Menschen
    Einfluss von 28
    Einstellungen reicher Menschen zu Armen 15
    IKT und 187
    Wirtschaftlicher Fortschritt und 14
    Wohltätigkeit und 15
Reichtum
    Schere zwischen Arm und Reich 9
    Verteilung des 56
Reichtumskonzentration
    Finanzinstitute und 31, 250
    Freie Marktwirtschaft und 23
    Gefahren der 27
    Kapitalismus und 11
    Länder und 9
    Oxfam und 10
    Probleme der 23, 130
    Sanders und 11
    Unternehmertum gegen 102
    Wachsende Ungleichheit und 9
    Zunahme der 9-11
Reiner, Leon 173
Reisen 255
Reitz, Hans 64, 67, 173

Renault 70
Reserve Bank of India 251
Riboud, Franck 58, 68, 117, 266
Rio de Janeiro 174, 176
Robinson, Jonathan 173
Rozafa 196
Ruhestand 179
Russische Wirtschaft 212

S
Samara, Walaa 171
Sanders, Bernie 11
Sara Blakely Foundation 268
Savco Millers 122, 127
SBYA S. Social Business Youth Alliance
Schere zwischen Arm und Reich 9
Sechzehn Beschlüsse 83
Selbstlosigkeit 17, 21, 23, 35, 38, 117, 167, 213, 221, 248, 255, 274, 276
SenseCube 199
SenseMakers 198
Serbien 144
Shah, Premal 196
Shelgikar, S. K. 268
Sicherheiten 17, 30, 34, 95, 98, 246, 250
Silicon Valley 42, 145, 206
Skora, Emiland 147
Smith, Adam 273
Social Business
    ACRE und 203
    Anteilsübertragungsgebühr und 91
    Arbeit und 76, 80
    Armut und 38, 55-63
    Ausbreitung des 35
    auf dem Balkan 143
    in Bangladesch 22, 35, 63-67
    Beispiele für 265
    Dalio, M. und 190
    Danone und 266
    Definition des 33
    Eigenkapitalfinanzierung und 90-93
    Endless als 190
    EU und 166
    Fake-Social Business und 227, 255

Finanzierung und 256-262
Fonds für 35
Frankreich und 68-72
Französischer Think Tank und 68
Gegenmodell des 23
Gesellschaftliche Projekte und 226
Giving Pledge und 259
Golden Bees als 43
Good Bee und 174
Grameen Danone Foods als 59
Green Bio Energy als 123
Haiti Forest und 118
HH als 80
einzigartige Hintergründe von 267
Ideen für 152
Impact Water als 125
Infrastruktur und 226
Investitionen und 260
Investoren und 91
Lebensmittelpreise und 58
MakeSense und 168
Menschliche Kreativität und 279
Menschliche Probleme und 23, 33
Mikrokredit und 264
Neue wirtschaftliche Rahmenbedingungen und 32-37
Neue Zivilisation durch 143
Operationen und 60
Phase Zwei des Lebens und 181
als Problemlösungsbusiness 147
Regierungen und 261
Selbstlosigkeit und 34
SenseCube, Inkubator für 199
SenseMakers als 198
Soziale Probleme und 33
Sport und 174
Steuergesetze und 254
Umweltprobleme und 128
Unternehmenszweck des 279
Unternehmerprojekte für 165
Unternehmertum und 244
Vorteile des 46
Werkzeug des 153
Wettbewerbe für 162
Wirtschaftskonzepte des 47

Wirtschaftssystem und 254
YSB und 43
Y&Y und 169
Social Business Champ 172
Social Business Denkfabriken 68
Social Business Design Lab
   Finanzierung durch 84
   Projektentwurf für 88
   Unternehmer und 87
Social Business Fonds
   Crédit Agricole und 263
   Investitionen und 263
   Konzept von 264
   Regierungen und 269
   Spender / Geberländer und 268
Social Business House 177
Social Business Think Tanks
   S. Social Business Denkfabriken
Social Business Youth Alliance (SBYA) 171, 174
Social Success Note 270
Soejima, Isao 80
Solarenergie 115, 265
Soziale Ausrichtung 189
Soziale Ideen
   Entwickler sozialer Ideen 185
Soziale Probleme 33, 116
Soziale Unruhen 14
Soziale Verantwortung 15
Soziale Verbesserungen 184, 202
Sozialismus 157
Spender
   Impaktzahlung und 270
   Social Business Fonds und 267
   Social Success Note und 270
Startups 37, 66, 145, 165, 170
St. George Valley Organic Farm 147
Steuergesetze 253
Sundarbans 111
Syngenta Foundation for Sustainable Agriculture 203

T
Tachibana, Taro 81
Technologie 159
   ACRE und 205
   Arme Menschen und 188, 202-211
   Dalio, M. und 190
   Doctor in a Box und 210
   Globalisierung und 187
   Grameen Phone und 185
   Gute Regierungen und 225
   Internet der Dinge und 168
   Kluft auf dem Technologiemarkt 188
   Landwirtschaft und 202
   Menschliche Kreativität und 280
   Mrittikā und 207
   Neue Zivilisation und 184
   Privatsektor und 225
   Regenerative Energie und 110
   Soziale Ausrichtung für 189
   Sozialer Wandel und 184, 202
   Umweltprobleme und 107
   Unternehmer und 47
   Wahlen und 215
   S. auch Automatisierung; Computertechnologie
Theorie der ethischen Gefühle (Adam Smith) (engl. Originaltitel: *The Theory of Moral Sentiments*) 274
TI S. Transparency International
Tragödie des Allgemeingutes 233
Transparency International (TI) 221
Trump, Donald 14, 26, 94

U
Überwachungsagenturen / Überwachungsgruppen 215, 217, 221, 225, 227
Udruzene 145
Uganda 128
   GEM und 42
   Golden Bees und 43
   Umweltprobleme und 121-127
   Umweltverschmutzung und 122
   Unternehmer und 42
Ultraprivilegierte Gruppe 10

UNFCCC S. Klimarahmenkonvention der
    Vereinten Nationen über Klimaände-
    rungen
Ungleichheit
    Arbeitslosigkeit und 75
    Kapitalismus und 16-21
    Lösungsansätze gegen 23
    Nachhaltigkeit und 138
    Politische Polarisierung und 14
    Reichtumskonzentration und 9
    Soziale Unruhen und 14
    Unzureichender Gebrauch des Begriffs
    56
UNO (Vereinte Nationen)
    Sonderabteilungen der 215
    Wahlen und 215
    ZNE und 142
Umweltprobleme
    Entwicklungsländer und 109
    Null Netto-CO_2-Emissionen 108, 127
    Savco Millers und 122
    Social Business und 127
    Technologie und 107, 110
    Uganda und 121-127
    Umweltverschmutzung als 121
Umweltschutz 109, 113
Umweltverletzlichkeit 107
Umweltverschmutzung
    Green Bio Energy und 123
    Impact Water und 125
    Plastik und 122
    Uganda und 121
    als Umweltproblem 121
    S. auch Globale Umweltverschmutzung
Umweltzerstörung 112, 233
Unternehmen
    Organisation von 32
    Problemlösung mit 32
    Zwei Arten von 33
Unternehmer
    Anteilsübertragungsgebühr und 91
    Arbeitslosigkeit und 101
    Balkan und 144
    Besondere Fonds für 35
    Bild von 42

Freiheit für 212
Grameen-Bank und 37, 84
Kreative Fähigkeiten von 38
Menschliche Freiheit und 233
Nobin-Udyokta-Programm und 84, 90
Regierungen und 222
Social Business Design Lab und 87
Social Business-Projekte mit 165
Technologie und 47
Uganda und 41
YSB und 145
Unternehmertum 42
    Arme Menschen und 45, 100
    Beschleunigungsprogramm 145
    Bestimmungen abbauen für 252
    Förderung von 90-94
    Frauen ermächtigen durch 103
    Gegenökonomien 38
    Junge Menschen und 86, 166
    Mikrokredit für 82, 90, 94
    gegen Reichtumskonzentration 102
    Schüler und 166
    Social Business und 244
    Unternehmer-Gen 37
    für Wirtschaftswachstum 116
USA
    GAI-Darlehen in den 95, 99
    Nobin-Udyokta-Programm für die 101
    Städtische Gebiete der 99
    als unternehmensorientierte Wirtschaft
    101

V
Vanizette, Christian 168
Veolia 59, 66
Verband der französischen Kartoffelan-
    bauer (GAPPI) 151
Vereinigte Staaten S. USA
Versicherung 204
    S. auch Mikroversicherung
Vetternwirtschaft 219
Viehfutter 52
Virgin Unite 119
Vollbeschäftigung 101

W

Wachstumsmärkte 42, 191
Wahlen
    für faire und glaubwürdige 213
    Gute Regierungen und 213
    IKT und 216
    Korruption bei 217
    Technologie und 215
    UNO und 215
    Verbesserungen bei 216
Wahlindex 221
Wasserkraft 112
Welternährungsprogramm (WFP) 49
Wesen des Menschen 16-21, 274
WFP S. Welternährungsprogramm
Wikipedia 190, 197
Wirtschaft
    Kapitalistisches System der 11
    Menschen mit niedrigem Einkommen und 8
    Russland und 212
Wirtschaftliche Entwicklung
    Erziehung als Teil der 230
    Gesundheitsversorgung als Teil der 230
    Projekte für 85
Wirtschaftliche Freiheit 236-240
Wirtschaftlicher Fortschritt 14
Wirtschaftliche Innovationen S. Wirtschaftserneuerung
Wirtschaftliche Not 94
Wirtschaftliche Probleme 158
Wirtschaftliche Ungleichheit S. Ungleichheit
Wirtschaftserneuerung 164
Wirtschaftskonzept 16, 47
Wirtschaftskrise
    Banken während der 244
    Finanzsystem und die 244
    Globalisierung und die 55
    andere Krisen und die 55
    Ursachen der 54
Wirtschaftsreformen 262-272
Wirtschaftssystem 21
    Alte Wege des 153
    Arbeitslosigkeit in 78
    Arme Menschen im 56
    Bildungssystem und 78
    Jugendarbeitslosigkeit und 77
    Menschen und 46
    Misstrauen der Millennials gegenüber dem 156
    Probleme des 161
    Reformen des 258, 271
    Reichtumsverteilung und 56
    Social Business und 254
    Staatliche Fürsorge und 79
    Transformation des 240
    Versagen des 46
Wirtschaftswachstum
    Bangladesch und 110
    BIP und 18
    Infrastruktur und 223, 226
    Kapitalismus für 12
    Menschenrechte und 212
    Regierungen und 222
    Umweltschutz und 106
    Unternehmertum für 116
    Wirtschaftliche Freiheit und 236
Wohlfahrtsprogramme 15, 253
Wohlstand 48
Der Wohlstand der Nationen (Adam Smith) (engl. Originaltitel: *An Inquiry into the Nature and Causes of the Wealth of Nations* 273
Wohltätigkeit
    Bemühungen um 276
    Regierungen und 227
    Reiche Menschen und 15
    Wirtschaftssystem und 79, 104

Y

YSB S. Yunus Social Business
YSBCs S. Yunus Social Business Centres
Yunus Social Business (YSB)
    Balkan und 143
    GCL und 64
    Golden Bees und 65
    Social Business und 43
    Social Business-Action Tank und 68
    Unternehmer und 144

Vorstandsvorsitzende und 67
Wirtschaftsführer und 67
Yunus Social Business Centres (YSBCs) 162, 166
Yunus Social Business Fund Mumbai 268
Yunus &Youth (Y&Y) 169
YY Goshti Innovation Camp 172

Z
Ziele der Nachhaltigen Entwicklung (ZNE)
   S. Nachhaltige Entwicklungsziele
Zivilgesellschaftliche Initiativen
   S. Gesellschaftliche Institutionen
Zivilisation
   S. Menschliche Gesellschaft
   S. Neue Zivilisation
ZNE S. Ziele der Nachhaltigen Entwicklung
ZNE-Anwälte 142
Zuckerberg, Mark 259

ZUM AUTOR

Muhammad Yunus, geboren in Bangladesch, studierte an der Dhaka-Universität und erhielt ein Fulbright-Stipendium zum Studium der Ökonomie an der Vanderbilt University. 1972 wurde er der Direktor der wirtschaftswissenschaftlichen Fakultät der Chittagong University. Er ist der Gründer der Grameen-Bank und der Vater der Mikrokredite, einer Wirtschaftsbewegung, die Millionen Familien in aller Welt geholfen hat, sich aus der Armut zu befreien. Außerdem ist er der Vater des Social Business. Yunus und die Grameen-Bank wurden 2006 mit dem Friedensnobelpreis ausgezeichnet.

Internetauftritt des Yunus Centre:
http://www.muhammadyunus.org/

Für alle Lebensliebhaber bietet das Gütersloher Verlagshaus Durchblick, Sinn und Zuversicht. Wir verbinden die Freude am Leben mit der Vision einer neuen Welt.

UNSERE VISION EINER NEUEN WELT

Die Welt, in der wir leben, verstehen.

Wir sehen Menschlichkeit als Basis des Miteinanders: Mitgefühl, Fürsorge und Beteiligung lassen niemanden verloren gehen. Wir stehen für gelingende Gemeinschaft statt individueller Glücksmaximierung auf Kosten anderer.

Wir leben in einer neugierigen Welt: Sie sucht ehrgeizig und mitfühlend Lösungen für die Fragen unseres Lebens und unserer Zukunft. Wir fragen nach neuem Wissen und drücken uns nicht vor unbequemen Wahrheiten – auch wenn sie uns etwas kosten.

Wir leben in einer Gesellschaft der offenen Arme: Toleranz und Vielfalt bereichern unser Leben. Wir wissen, wer wir sind und wofür wir stehen. Deshalb haben wir keine Angst vor unterschiedlichen Weltanschauungen.

**Das Warum und Wofür
unseres Lebens finden.**

**Wir helfen einander,
uns selber besser zu verstehen:**
Viele Menschen werden sich erst
dann in ihrem Leben zuhause
fühlen, wenn sie den eigenen Wesenskern entdecken – und Sinn in
ihrem Leben finden.

....

**Wir ermutigen Menschen, zu ihrer
Lebensgeschichte zu stehen:**
In den Stürmen des Alltags geben
wir Halt und Orientierung. So
können sich Menschen mit ihren
Grenzen aussöhnen und zuversichtlich ihr Leben gestalten.

....

**Wir haben den Mut, Vertrautes
hinter uns zu lassen:**
Neugierde ist die Triebfeder eines
gelingenden Lebens. Wir wagen
Neues, um reich an Erfahrung zu
werden.

**Erfahren, was uns im Leben
trägt und erfreut.**

**Wir glauben an die Vision
des Christentums:**
Die Seligpreisungen der Bergpredigt lassen uns nach einer neuen
Welt streben, in der Vereinsamte
Zuwendung, Vertriebene Zuflucht,
Trauernde Trost finden – und
Gerechtigkeit, Barmherzigkeit
und Frieden herrschen.

....

**Wir geben Menschen die
Möglichkeit, den Glauben (neu)
zu entdecken:**
Persönliche Spiritualität gibt
Kraft, spendet Trost und fördert
die Achtung vor der Schöpfung
sowie die Freude am Leben.

....

**Wir stehen mit Respekt vor
der Glaubenserfahrung anderer:**
Wissen fördert Dialog und Verständnis, schützt vor Fundamentalismus und Hass. Wir wollen
die Schätze anderer Religionen
kennenlernen, verstehen und
respektieren.

GÜTERSDIE
LOHERVISION
VERLAGSEINER
HAUSNEUENWELT

Bibliografische Information der Deutschen Nationalbibliothek
Die Deutsche Nationalbibliothek verzeichnet diese Publikation
in der Deutschen Nationalbibliografie; detaillierte bibliografische
Daten sind im Internet über https://portal.dnb.de abrufbar.

 Verlagsgruppe Random House FSC® N001967

Titel der Originalausgabe:
A World of Three Zeros. The New Economics of Zero Poverty,
Zero Unemployment, and Zero Net Carbon Emissions.
Muhammad Yunus with Karl Weber
© 2017 by Muhammad Yunus

This edition published by arrangement with PublicAffairs, an imprint
of Perseus Books, LLC, a subsidiary of Hachette Book Group, Inc., New York,
New York, USA. All rights reserved.

1. Auflage
Copyright © der deutschsprachigen Ausgabe 2018 Gütersloher Verlagshaus,
Gütersloh, in der Verlagsgruppe Random House GmbH, Neumarkter Str. 28,
81673 München

Sollte diese Publikation Links auf Webseiten Dritter enthalten,
so übernehmen wir für deren Inhalte keine Haftung, da wir uns
diese nicht zu eigen machen, sondern lediglich auf deren Stand
zum Zeitpunkt der Erstveröffentlichung verweisen.

Umschlaggestaltung: Gute Botschafter GmbH, Haltern am See
Umschlagmotiv: © art_of_sun/shutterstock.com
Druck und Bindung: GGP Media GmbH, Pößneck
Printed in Germany
ISBN 978-3-579-08715-3

www.gtvh.de